LARS POECK

KREATIVE FOTO-AUFGABEN

Woche für Woche bessere Fotos

PROJEKT 52

★

DEIN FOTO DER WOCHE

humboldt

INHALT

PROJEKT 52: KREATIVE INSPIRATIONEN FÜR DEIN FOTOJAHR

Hast du Lust auf dein persönliches Projekt 52? In diesem Buch findest du jede Menge fotografische Spielideen, verpackt in 52 kreative Fotoprojekte. Warum 52? Ganz einfach! Für jede Woche gibt es ein neues Projekt – ein ganzes Jahr lang! Damit locke ich dich aus der Komfortzone. So macht das Fotografieren richtig Spaß!

Fordere deine Kreativität heraus und lass uns neue Bereiche der Fotografie entdecken. Die Ideen sind sowohl für Fotoeinsteiger als auch für ambitionierte Fotografieamateure geeignet. Es liegt an dir, wie und in welcher Reihenfolge du die Projekte angehst.

Auf meinem Fotoblog *www.ig-fotografie.de* habe ich weitere Tipps für dich.

Herzlichst
Lars

PS: Wenn du mir zeigen willst, wie du eine der Aufgaben angegangen bist oder selbst Ideen für Aufgaben hast, dann schreib mir eine E-Mail an *lars@ig-fotografie.de*. Ich freue mich drauf!

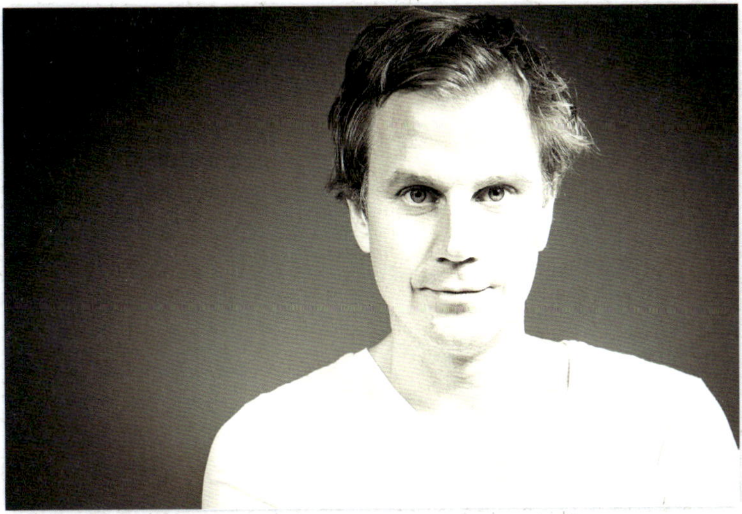

Selfie mit DSLR ISO 100 | 85 mm | f/5,6 | 1/160 s (mit Blitz)

Wie nutzt du dieses Buch?

Das tägliche Foto

Die 52 Projekte und fotografischen Spielideen machen Lust, jeden Tag deine Kamera in die Hand zu nehmen. Du wirst merken, wie die tägliche Routine dich weniger über die Technik nachdenken lässt und stattdessen mehr und mehr Kreativität zutage fördert.

Ein Mal pro Woche

Du findest für jede Woche eine neue Inspiration und Herausforderung. Diese kannst du am Wochenende oder immer mal zwischendurch angehen. Die Themen ergänzen sich. Von Aufgabe zu Aufgabe lernst du hinzu, um mit deiner Fotografie zu wachsen.

Durcheinander und bunt gemischt

Du kennst einige der Herausforderungen schon? Stell dich ihnen erneut – jede Fotoaufgabe verändert sich je nach Zeit und Wissensstand. Oder du springst zwischen den Aufgaben hin und her und suchst dir immer neue Herausforderungen. Vielleicht kommst du auch auf Projektideen, dann schick mir diese gerne zu!

Ganz wichtig!

Denk daran: Alle Fotos in diesem Buch dienen dir als Inspiration. Es geht nicht darum, diese Bilder nachzufotografieren. Ich möchte dich motivieren, deine eigenen Ideen zu entwickeln.

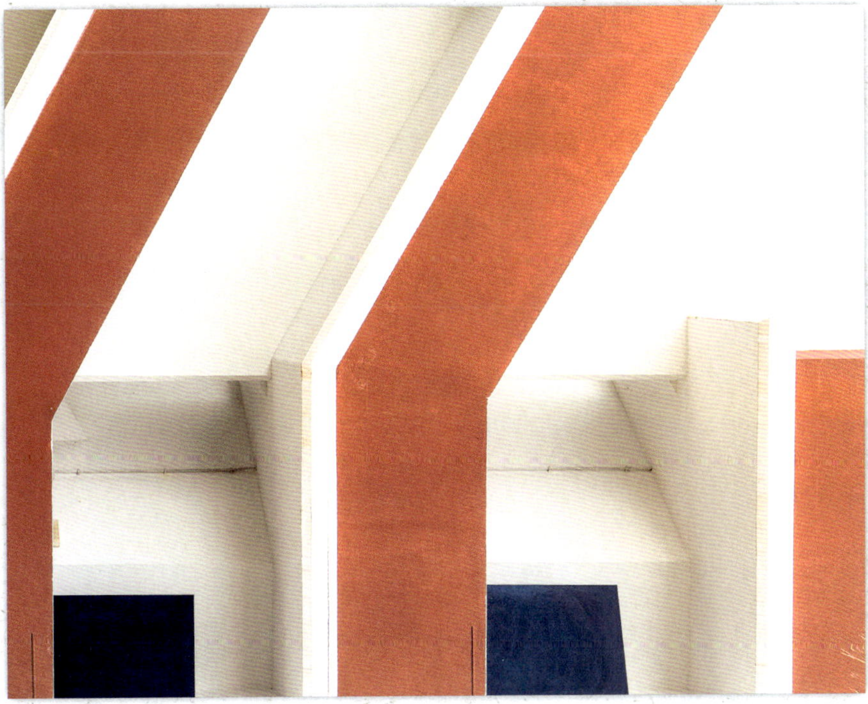

Ein Treppenhaus um 90 Grad gedreht. Ich zeige dir, wie ich meine Fotoideen angegangen bin. Genau das ist es: ausprobieren, rumprobieren, Spaß haben an dem Weg. Fotografiere nicht nach – probiere dich aus!
ISO 250 | 72 mm | f/5 | 1/250 s

Am Anfang steht das Lernen!

Vor einigen Jahren habe ich mir das Fotografierenlernen auf meine Vorsatzliste geschrieben. Ich wollte verstehen, was diese Fotogrundbegriffe ISO, Tiefenschärfe, Blende & Co. eigentlich bedeuten. Nicht mehr so viel über Technikkrams stolpern, sondern einfach ein gutes Foto machen, das hatte ich mir vorgenommen.

Heute findest du auf meinem Fotoblog www.ig-fotografie.de eine spannende Sammlung der Entwicklungsschritte – von Anfängerfehlern zu kompakten Lerntipps, Links und immer neue Herausforderungen auf dem Weg zum besseren Foto.

In den Jahren habe ich gelernt, dass man die Fotografie nicht von heute auf morgen lernt. Man stellt sich neuen Projekten und lernt stetig hinzu. Aber dazu benötige ich immer neue Herausforderungen. Und genau solche Projekte findest du in diesem Buch!

> *„Welches meiner Fotos mein Favorit ist?*
> *Das, welches ich morgen machen werde.“*
>
> Imogen Cunningham, US-amerikanische Fotografin

Wo fange ich an?

Meine erste digitale Spiegelreflexkamera (DSLR) war die Canon EOS 550D. Ein toller Einstieg! Wobei eine teure Kamera nie der Grund für bessere Fotos ist. Denn das Foto machst immer noch du und nicht deine Kamera. Um genau das zu lernen, habe ich mir damals passende Kamerahandbücher zugelegt und vor allem aber viel ausprobiert. Ein Handbuch klingt nach viel Technik und ein bisschen uncool. Ist es auch – aber extrem hilfreich! Es erklärt deine Kamera von Grund auf. Wofür sind welche Knöpfchen? Was kann welche Funktion? Nun klicke ich wie im Schlaf im manuellen Modus durch ISO-Wert, Blende, Belichtungszeit, Intensität der Blitzsteuerung usw.

> **!** Kamerahandbücher zu lesen klingt nach viel Technik und ein bisschen uncool. Aber es ist extrem hilfreich! Denn zum Fotografierenlernen gehört, die Knöpfe an meiner Kamera zu verstehen!

Übung macht den Meister

Auch wenn ich mittlerweile selbst Fotoworkshops gebe, besuche ich immer noch sehr gerne Workshops anderer Fotografen. Die Themen sind bunt gemischt – von klassischen Volkshochschulkursen über geführte Fototouren durch Berlin bis zu Fotoreisen mit professionellen Fotografen. Los gehen diese Kurse oft mit kleinen Einführungsrunden. „Warum seid ihr hier?“, fragt der Referent. „Um wieder mal regelmäßiger zu fotografieren, man kommt ja sonst nie dazu“, entgegnen dann viele der Teilnehmer.

Schade, denn viele haben Technik im Wert von einigen Tausend Euro vor sich liegen. Warum braucht es einen Kurs, um einen Grund zum Fotografieren zu haben? Die besten Motive liegen doch so nah!

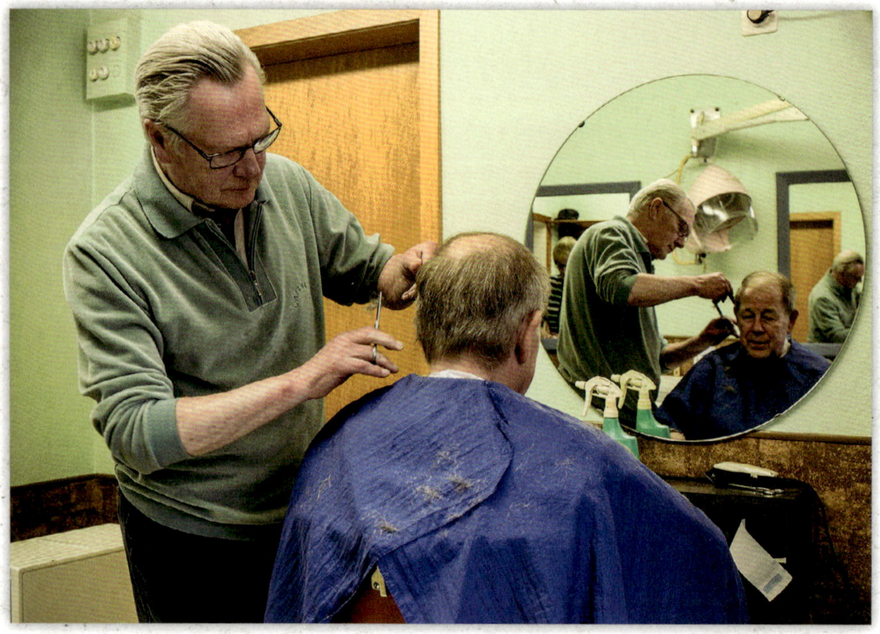

Es braucht nicht viel, um Fotothemen zu finden. Ein Besuch meines Vaters beim Friseur des Dorfes, in dem ich aufgewachsen bin, reicht für eine Vielfalt an tollen Fotomotiven! ISO 640 | 40 mm | f/7,1 | 1/80 s

Dran bleiben und ausprobieren

Ich zwinge mich – nein, ich fange anders an: Ich freue mich, mir mindestens zwei Mal pro Woche Zeit zum Fotografieren zu nehmen. Entweder gehe ich einfach los und fotografiere mich durch die schönsten Fotolocations in Berlin oder, wenn das Wetter nicht mitspielt, probiere ich drinnen Neues aus.

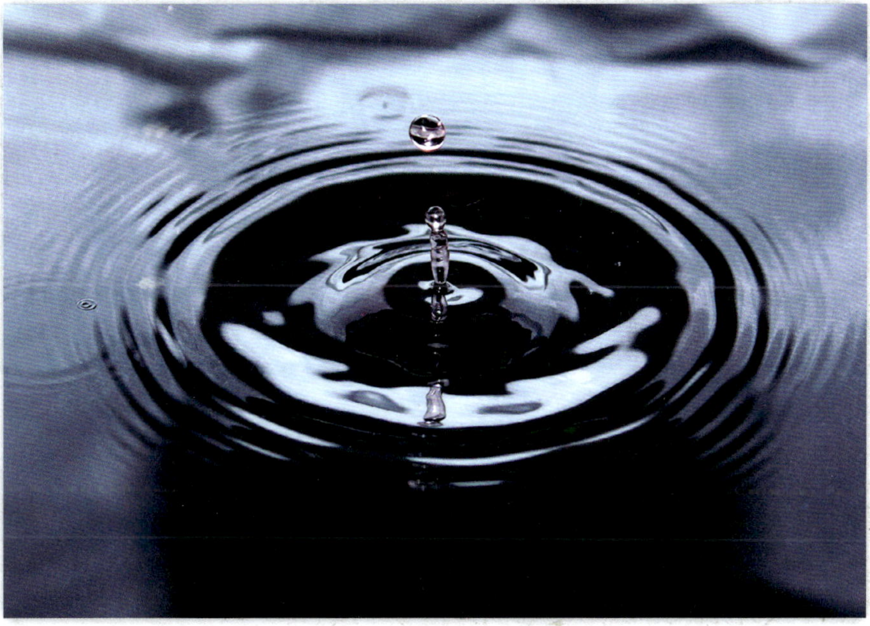

Es gibt auch viel tolle Fotoideen für drinnen. Und wenn es nur der Wassertropfen im Waschbecken ist. Hauptsache, viel ausprobieren!
ISO 800 | 80 mm | f/5,6 | 1/40 s (mit Blitz)

WIE LERNE ICH FOTOGRAFIEREN?

Wichtig ist für mich: dranbleiben, immer weiter lernen, die Kamera ausprobieren, raus aus dem Automatikmodus, Bilder kontrollieren – was war gut, was kann ich noch nicht?

Denn zum Fotografierenlernen gehört, regelmäßig zu fotografieren. Immer wieder – egal was!

Was ist mein Stil?

„Was fotografierst du so?“, ist eine ebenfalls gern gestellte Frage in Workshops. „Immer das, wonach mir ist!“, müsste ich eigentlich sagen. Landschaften, Sonnenuntergänge, Porträts, Tiere (übrigens super, wenn man noch zu schüchtern ist, um Menschen zu fotografieren!), Kaffeetassen, Häuser, Pflanzen, Makro, in Schwarz-Weiss, in Farbe, mit zu viel Licht, zu wenig, genau richtigem Licht. Aber meine größte Leidenschaft liegt in der Porträtfotografie. Denn da habe ich mit Menschen und Charakteren zu tun.

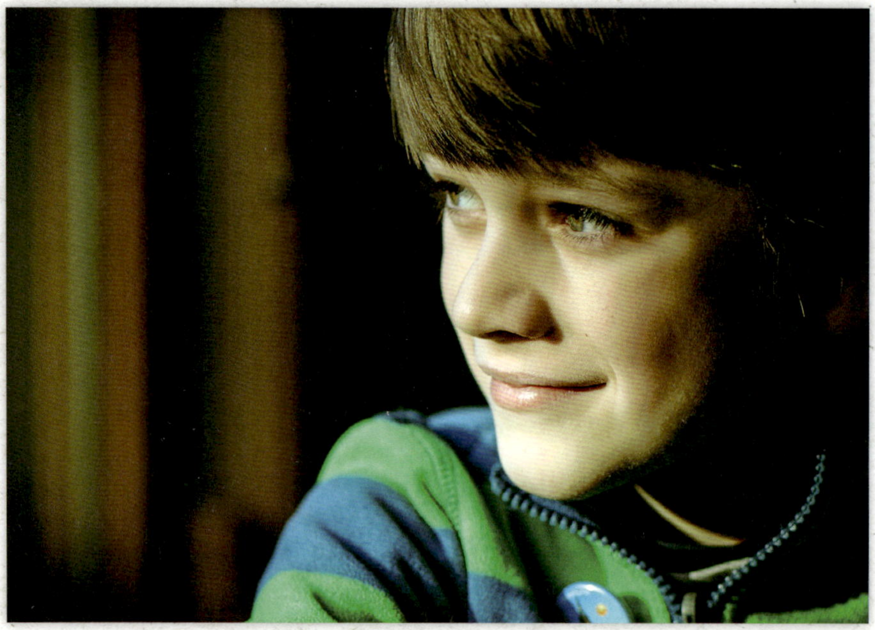

Mein Neffe Neo, wie er aus dem Wohnzimmerfenster schaut. In einem Fotokurs über Porträtfotografie habe ich gemerkt, dass meine größte Leidenschaft im Fotografieren von Gesichtern liegt.

ISO 160 | 85 mm | f/2,8 | 1/320 s

> Zum Fotografierenlernen gehört, seinen Stil zu entwickeln. Aber das braucht Zeit.

Ich weiß, dass ich noch viel lernen will und dass es für mich noch viel zu fotografieren und zu entdecken gibt! Daher: dranbleiben!

Gerade zu Anfang mag es sich wie ein Zufall anfühlen, wenn dir ein gutes Foto gelingt. Du hast wenig Kontrolle über die Komposition und es fällt dir schwer zu verbalisieren, was genau bei dem Foto wirklich gelungen ist. Dafür braucht es Übung - aber keine Angst. Denn genau diese Entdeckungsreise macht großen Spaß, glaub mir!

TIPPS, UM DAS FOTOGRAFIEREN ZU LERNEN:

- Stress dich nicht und hab Geduld mit dir!
- Hab Spaß an dem, was du tust und was du fotografierst!
- Strebe (mal einige Zeit) nicht permanent nach Likes, Lob und Anerkennung.
- Fotografiere wieder und wieder und setze dir kleine Ziele – wie zum Beispiel regelmäßige Fotoaufgaben.
- Stelle dich Herausforderungen, auch wenn du noch nicht weißt, wie du sie lösen sollst. Der Weg ist das Ziel!

IST DAS KREATIV ODER KANN DAS WEG?

Es gibt viele coole Ideen für neue Fotos. Habe ich eine, will ich sofort zur Kamera greifen und loslegen. Ich suche immer wieder nach Inspiration und Tipps für mehr Fotokreativität. Hin und wieder aber klappt gar nichts, und alles dreht sich im Kreis. Dann fotografiere ich immer das Gleiche oder fühle mich uninspiriert. Aber gibt es eine Mindestzahl „guter Bilder", damit mein Tag oder meine Woche erfolgreich ist?

PROJEKT 52 ★ DEIN FOTO DER WOCHE

Es ist gut, sich zu motivieren und sich neue Aufgaben vorzunehmen, eine Technik zu üben (was nichts mit Kreativität zu tun hat). Aber es ist nicht gut, sich unter Druck zu setzen. Das schadet der Kreativität und auch dem Spaß an der Fotografie.

Damit der Spaß erhalten bleibt, helfen mir Aufgaben wie diese, die ich hier im Buch aufgeschrieben habe. Auf inspirierende Weise sammle ich Ideen im Kopf und versuche, sie umzusetzen – motiviert, aber nicht unter Druck!

Wie entsteht Kreativität?

„Kreativität ist allgemein die Fähigkeit, etwas vorher nicht Dagewesenes, Originelles und Beständiges, Neues zu kreieren." So lautet die Definition auf Wikipedia. Aber wie entsteht Kreativität? Das Problem: Ich kann sie niemals erzwingen. Aber ich kann ihr auf die Sprünge helfen! Dazu helfen dir oft erst einmal ein Blatt Papier und ein Stift.

Schreibe auf, was dir in den Sinn kommt

Mein Fotoblog hat mit einem Notizbuch angefangen. Ich habe begonnen, mir Dinge und Fotoideen aufzuschreiben. Heute noch notiere ich mir oft Fotoideen oder speichere sie digital auf meinem Smartphone ab. Sei immer vorbereitet, neue Ideen aufschreiben oder speichern zu können, um sie später einmal ausprobieren oder weiterdenken zu können. Dazu empfehle ich dir Apps wie Evernote oder Wunderlist. Die Einfälle kommen unverhofft – auf dem Weg zur Arbeit oder unter der Dusche.

Ab wann bist du kreativ?

Vielleicht fragst du dich, wie du etwas in einem Foto erschaffst oder sichtbar machst, was vorher so nicht da war? Ab wann ist man kreativ? Wann ist man nicht kreativ? Für mich hat Kreativität immer viel mit der eigenen Idee zu tun.

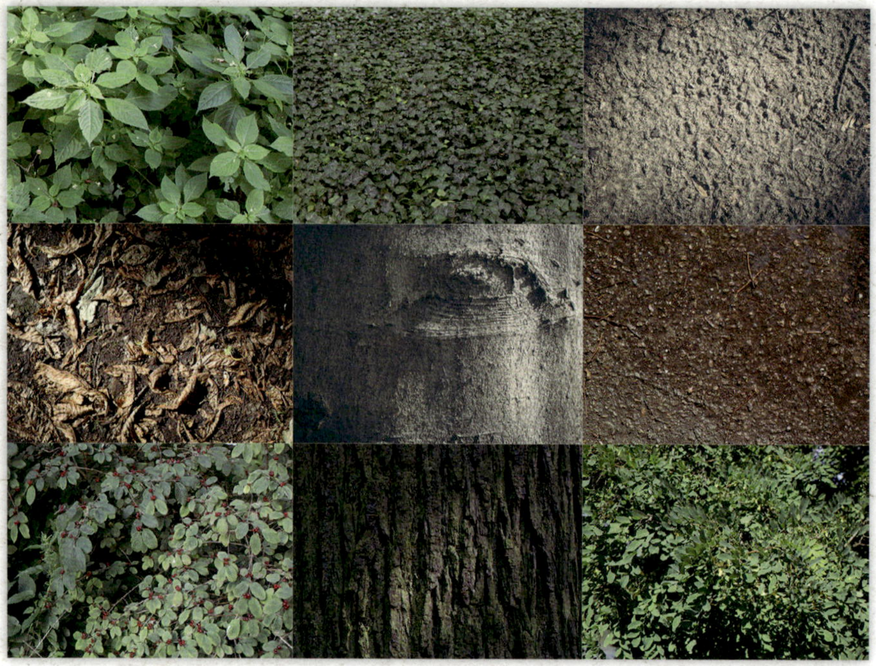

Ein Tag, an dem mir nichts einfallen wollte. Und so habe ich einfach begonnen, Texturen zu fotografieren. Diese habe ich anschließend zu einer Collage zusammengefügt.

Einige Techniken dazu zeige ich dir in den 52 Aufgaben. So ist z. B. die Technik des Gegenteils (s. Aufgabe 51) eine gute Hilfe. Eine tolle Methode ist die Kombinationsmethode: Dinge kombinieren und sich einfach darauf einlassen, was als Idee dabei herauskommt.

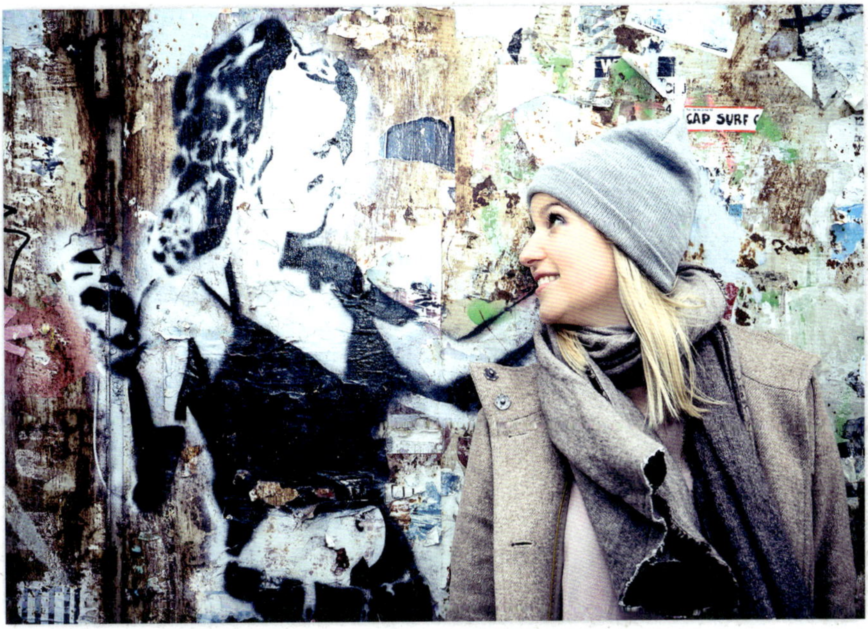

Neue Bildideen finden: Was passiert, wenn ich Graffiti mit Porträt verbinde?
ISO 100 | 57 mm | f/4 | 1/80 s

Mindmapping für die Fotoideen

Hast du schon mal Kreativtechniken ausprobiert? Zum Beispiel das Mindmapping? Dazu brauchst du ein Blatt Papier und einen Stift: In die Mitte schreibst du deine Bildidee oder den Hauptbegriff, der mit deiner Fotoidee oder deinem Thema zu tun hat. Von diesem zentralen Begriff ausgehend notierst du spontan jedes Wort, das dir dazu einfällt. Diese werden mit einer Linie mit dem Hauptbegriff verbunden.

Dein Hauptbegriff ist zum Beispiel „Porträtfoto“. Dazu fällt mir ein: Gesicht, Augen, Augen geschlossen ... Oder: Gesicht, wegdrehen, Rücken, von hinten fotografieren ... So kommst du auf viele neue Ideen für deine Fotos.

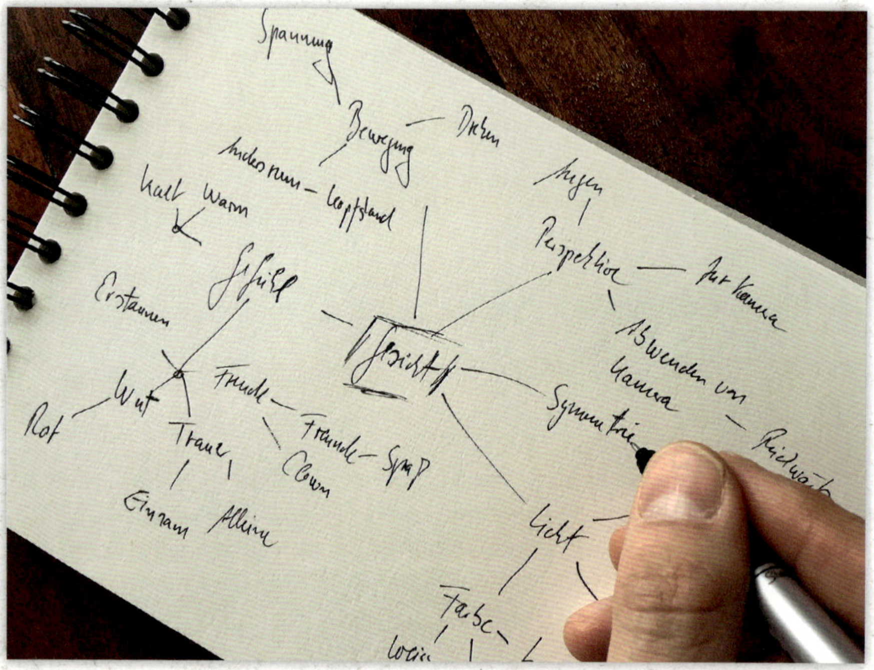

Die Linie muss weder gerade sein noch sonst einer Regel unterliegen. Dir fallen zu den neuen Begriffen sicher weitere Wörter ein. So ergeben sich sehr schnell ganz viele Einfälle rund um deine Idee.

ISO 64 | 30 mm | f/6,4 | 1/35 s

In welcher Lernphase befindest du dich?

Wir befinden uns oft in einer *Komfortzone*. In der kennen wir alles, nichts macht uns Angst oder Sorge oder löst Stress aus. Dann gibt es die *Lernzone*. In der befindest du dich womöglich, wenn du dieses Buch liest – du lernst Neues, bist aufgeschlossen und interessiert, etwas dazuzulernen. Und dann gibt es die *Stresszone*. In der geht es zu wie bei den Neandertalern: Angriff, weglaufen oder tot stellen. In dieser Zone bist du als Fotograf manches Mal, wenn du auf einem Shooting bist und nervöse Kunden hast und die Technik nicht so will wie du …

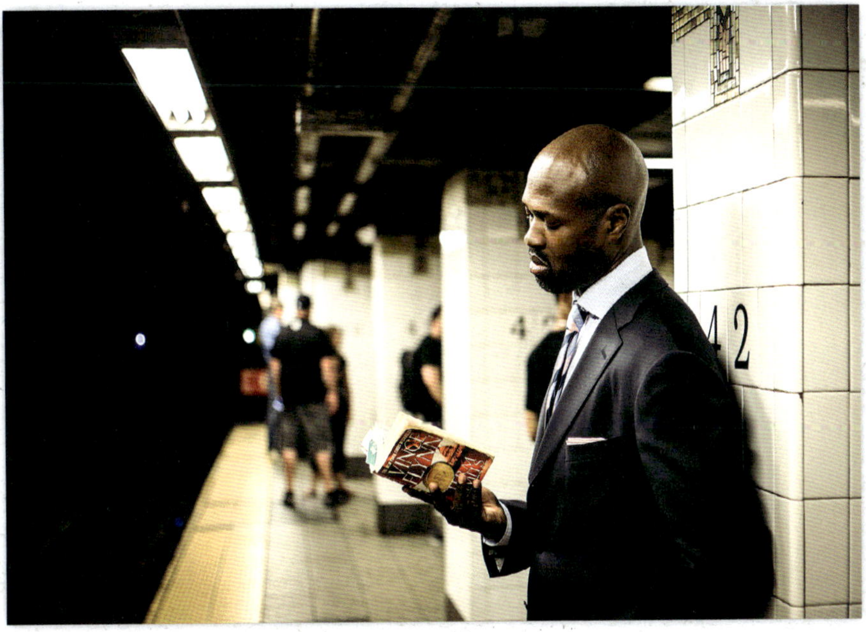

Raus aus der Komfortzone: Fotografiere fremde Menschen auf der Straße. Eine enorme Erfahrung! ISO 250 | 50 mm | f/2,5 | 1/60 s

Es tut dir gut, wenn du dich hin und wieder aus der Komfortzone bewegst und in die Lernzone begibst. Nur so machst du Fortschritte und lernst dazu. Mit diesem Buch will ich dich und mich immer wieder aus der Komfortzone locken und in den Lernmodus holen. Das Tempo bestimmst du selbst.

Für deinen Weg hin zu jedem Motiv möchte ich dir ein paar Fragen frei nach der bekannten Osborn-Checkliste, einer Kreativitätstechnik, mit auf den Weg geben. Rufe dir diese ins Gedächtnis, sobald du einmal nicht weiterkommst oder mit dem Ergebnis (noch) nicht zufrieden bist!

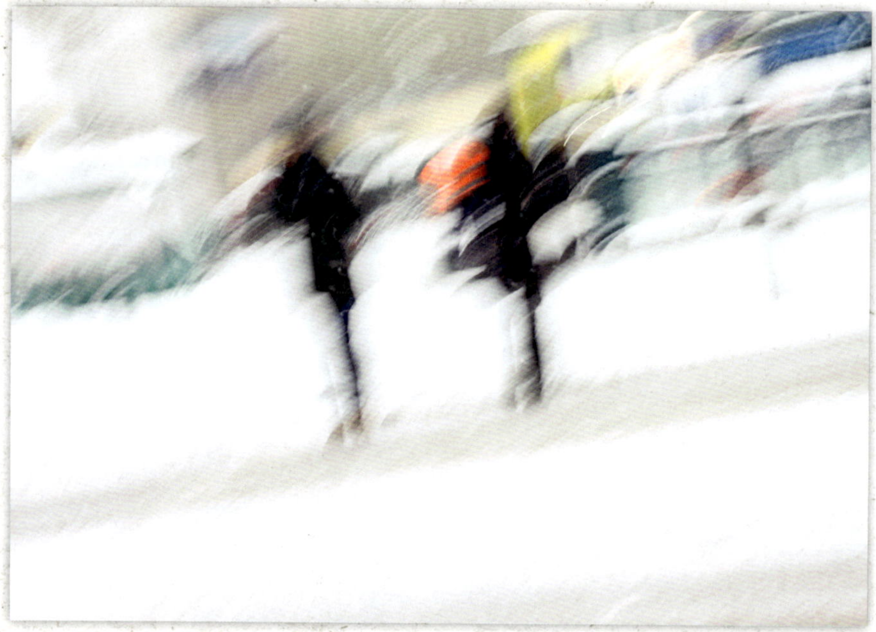

Das Schneegestöber auf dem Oranienplatz – irgendwie hatte es Ähnlichkeit mit einem Spiel aus Farbklecksen. Also habe ich es in die komplette Unschärfe gedreht und es so sehr abstrakt wirken lassen.

ISO 400 | 50 mm | f/6,3 | 1/20 s

STELL DIR VOR JEDEM FOTO DIE FOLGENDEN FRAGEN:

- Kannst du etwas verändern?
- Kannst du etwas ersetzen, austauschen oder kombinieren?
- Kannst du etwas vergrößern oder verkleinern?
- Kannst du es noch für etwas anderes verwenden?
- Hat es mit etwas anderem Ähnlichkeit?

Sei dein größter Kritiker

Natürlich bin ich stolz, wenn ein Foto gelobt wird oder ich Fotos zeigen darf. Aber etwas Respekt vor dem langen Weg und der Wille zur Selbstkritik lassen dich weiterkommen. Es gibt viel zu lernen (und auszuprobieren) in der Fotografie.

Stolz und Eigenlob bringen dich nicht immer weiter. Klar, wer freut sich nicht über die ersten 100 Likes bei 500px oder Facebook. Aber letztendlich bin ich selbst mein größter Kritiker.

TIPPS ZUM START FÜR DAS GELUNGENE FOTO

Klar, es gibt Gründe, die dazu führen, dass ein Foto nie den Weg in dein Fotoalbum oder deinen Bilderrahmen findet. Frage dich immer, was die Ziele für dein Foto sein sollen. Wie kann ich Aufmerksamkeit für mein Hauptmotiv erlangen? Wie kann ich die Augen des Betrachters in mein Foto ziehen? Wie kann ich Unnötiges aus dem Foto verbannen? Um diese Dinge geht es im Folgenden immer wieder. Wir erarbeiten uns zusammen, wie wir bessere Fotos machen!

PROJEKT 52
DEIN FOTO DER WOCHE

Gibt es unfotogene Eigenschaften?

Oft tun wir uns schwer, kritisch mit unseren Bildern umzugehen. Es bedarf etwas Übung, um die Distanz zu haben und sein Foto gut zu reflektieren. Aber das hilft enorm!

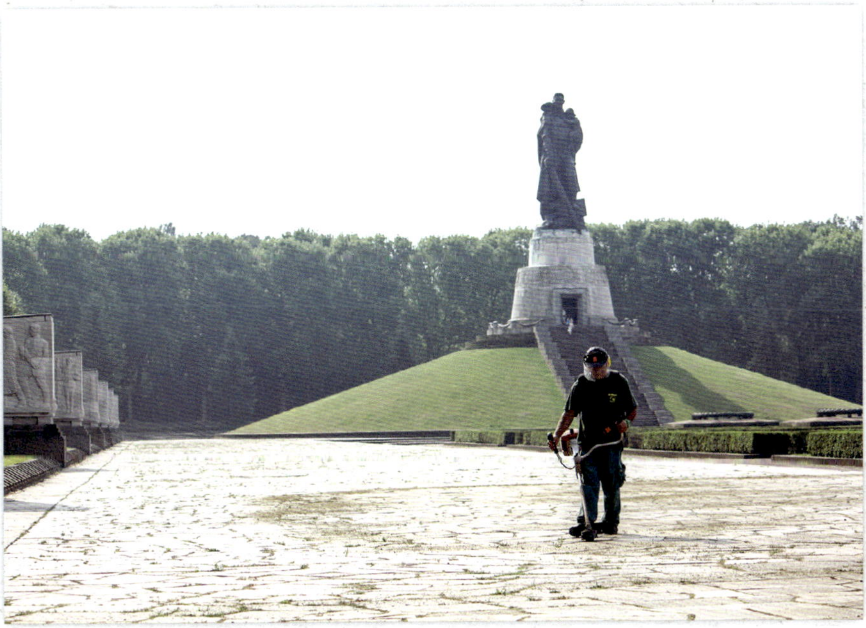

Mit welchen unfotogenen Eigenschaften in deinem Foto bist du nicht zufrieden? Hier zum Beispiel ist zu viel im Bild. Wo soll ich hinschauen? Der Betrachter ist verwirrt ... ISO 400 | 65 mm | f/4,5 | 1/2000 s

Bevor du umblätterst: Wie würdest du dieses Foto neu komponieren? Mein Ziel ist, dass du dich (selbst) stets inspiriert fühlst, um Motive neu zu überdenken. Auf spielerische Weise beschäftigen wir uns immer wieder mit den Kompositions- und Fotografietechniken, die dir genau bei der Frage „Was macht ein Foto fotogen?“ helfen.

Vermeide fade Motive

Oft ist der erste Gedanke, dass dein Motiv vielleicht nicht spannend genug ist. Aber was ist ein spannendes Motiv? Es meint ganz und gar nicht, dass du immer nur supertolle Bauwerke oder hübsche Gesichter fotografieren sollst.

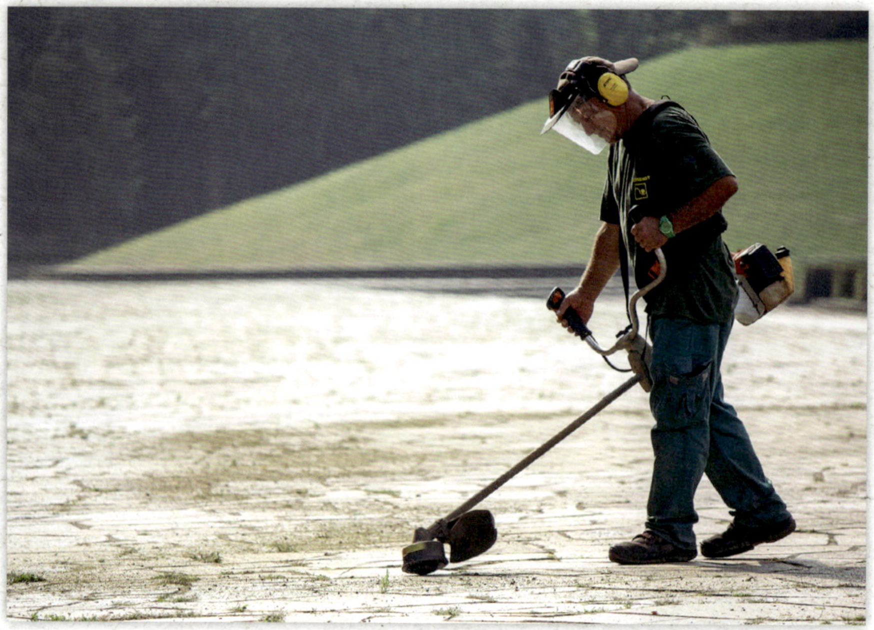

Fast alles lässt sich durch Variation einiger „Stellschrauben" als spannendes Motiv inszenieren. Hier die gleiche Szene wie auf dem Bild zuvor, nur mit Fokus auf den Gärtner durch Variation des Bildausschnittes – und gleich wird mein Hauptmotiv deutlich! ISO 400 | 135 mm | f/5,6 | 1/2000 s

Welche „Stellschrauben" sorgen für ein spannendes Foto? Damit beschäftigen wir uns in diesem Buch. Nur so viel vorab: Frage dich vor jedem Foto: *„Ist dieses Foto spannend? Wie kann ich es sonst variieren – zum Beispiel durch eine andere Perspektive oder einen anderen Bildausschnitt?"*

Kontrolliere die Schärfe

Nichts ist ärgerlicher als ein unscharfes Foto. Zumindest wenn es nicht beabsichtigt war. Gerade in der Landschafts- oder Architekturfotografie ist eine durchgehende Schärfe gewünscht. Auch in der Porträtfotografie wünschen wir uns z. B. eine scharfe Augenpartie.

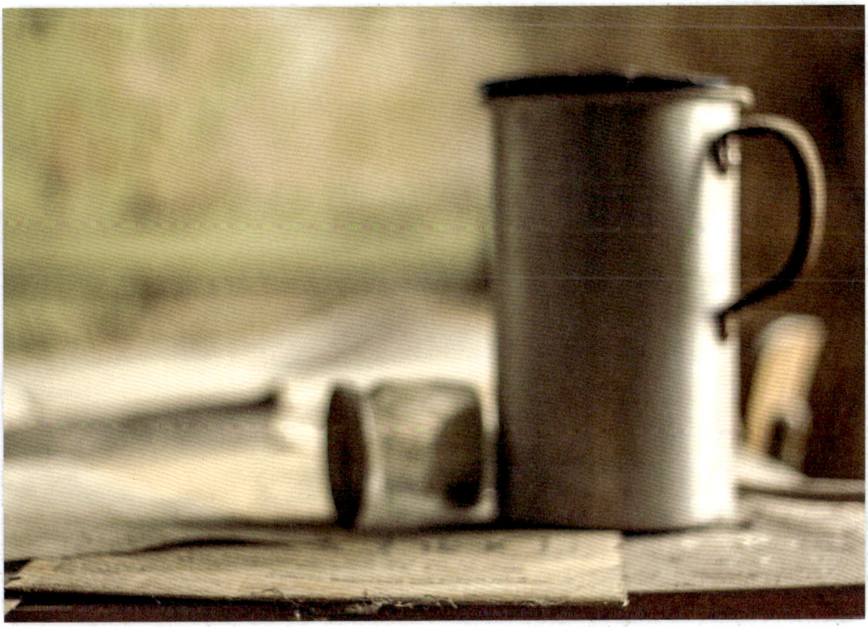

Nimm dir die Zeit und checke einmal den Fokus und die Schärfe, während du dein Foto machst. ISO 800 | 50 mm | f/2 | 1/50 s

Also bevor du gleich zehn Fotos hintereinander fotografierst: Nimm dir die Zeit und kontrolliere nach dem ersten Foto immer noch einmal die Schärfe und den Fokus.

Jedes Foto braucht einen Vordergrund

Bring Tiefe in dein Foto. Man sagt auch: Jedes Foto braucht einen Vordergrund. Damit öffnest du dein Bild und führst den Blick.

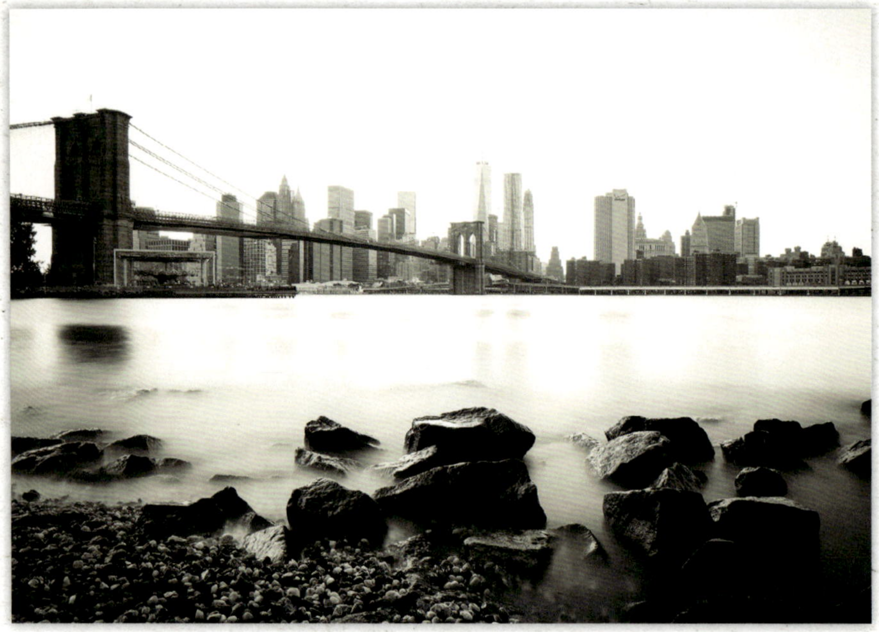

Such dir prägnante Objekte im Vordergrund deines Fotos, um den Blick zu führen. Das kann ein Fels, eine Welle, ein Zaun oder Busch sein.
ISO 800 | 50 mm | f/2 | 1/50 s

Deinem Foto einen Vordergrund zu geben ist oft ein echtes Aha-Erlebnis. Dein Objekt im Vordergrund muss übrigens gar nicht immer klar erkennbar sein. Es kann auch unscharf angedeutet sein. Aber das üben wir später noch in einigen Wochenprojekten.

Behalte den Hintergrund im Blick

Ein Telefonmast, der deinem Fotomodel aus dem Kopf wächst? Eine Hochspannungsleitung, die deine Landschaft durchkreuzt? Flecken und Formen, die deinem Hauptmotiv sehr ähnlich sind und damit verschmelzen? Es bedarf etwas Übung, um einen Blick für den Hintergrund zu bekommen.

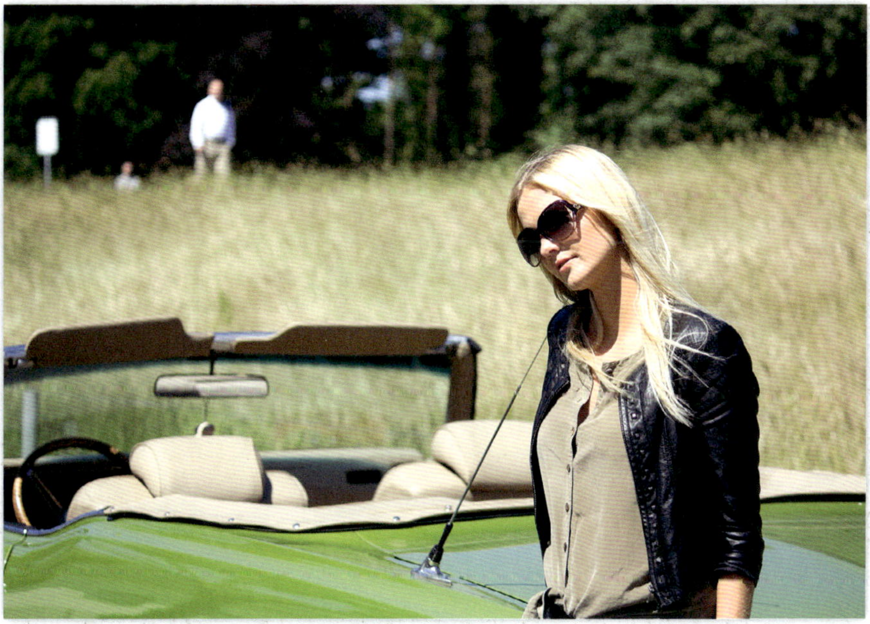

Ein Fußgänger, der stört? Selbst unscharfe Objekte im Hintergrund in hellen oder knalligen Farben lenken die Aufmerksamkeit vom eigentlichen Motiv ab. Und was stört noch? Aua, da spießt die Autoantenne mein Model auf! Auch darauf solltest du achten! ISO 100 | 84 mm | f/4,5 | 1/500 s

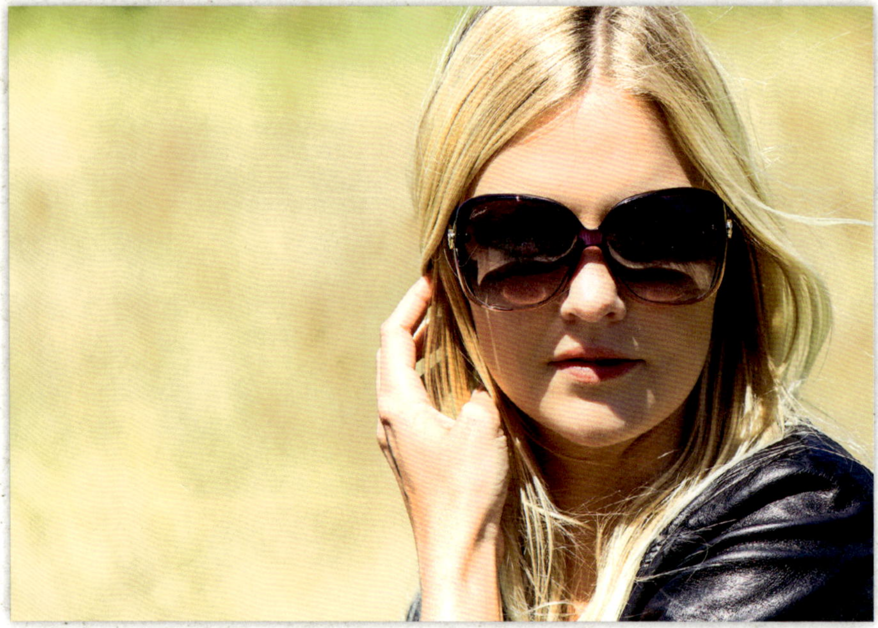

Je mehr du auf die Isolierung deines Hauptmotives achtest, desto besser wirkt dein Foto und lenkst du den Blick. Immer mal durchatmen und auf den Hintergrund achten! ISO 100 | 180 mm | f/5,6 | 1/500 s

Schneide keine Füße oder Hände ab

Oft achte ich (nur) auf das Gesicht, wenn ich Personen fotografiere. Aber im Ganzkörperporträt solltest du einen Blick für das große Ganze des Motivs entwickeln. Denn wenn dein Bildschnitt kurz oberhalb von Händen oder Füßen geführt wird, sehen die Gliedmaßen abgehackt aus. Das gilt auch für Gelenke wie Ellenbogen oder Knie. Es ist besser, den Bildschnitt etwas unterhalb zu setzen. Lass lieber mehr Platz und wähle den Bildausschnitt großzügiger.

Achte auf die Richtung

Das Auge will immer der Richtung folgen. Egal ob im Lauf, in der Flugbahn oder Ähnlichem. Also solltest du deinem Motiv immer Platz für die Richtung lassen.

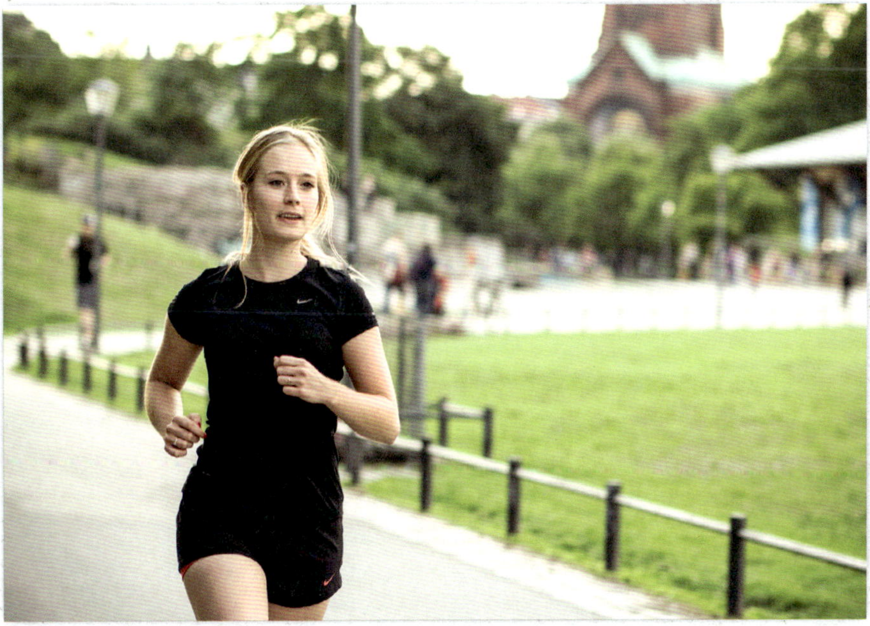

Achte auf die Richtung: Lass zum Beispiel die Person in das Bild hinein- und nicht hinauslaufen. ISO 100 | 85 mm | f/2,8 | 1/250 s

Das Hauptmotiv (egal ob Jogger, Fahrrad oder Lokomotive) sollte immer eher in das Bild hineinfahren und Platz zur anderen Seite haben, als unmittelbar mit der Nase auf den Bildrand zu blicken. Denn das schafft Unruhe beim Betrachter.

Zoome mit deinen Füßen

Wow, mit meinem Tele kann ich ja alles ranzoomen! Schön im Handy das Foto aufziehen. Hä, alles unscharf?! Bedenke, dass der Zoom- und Teleeffekt oft Qualitätseinbußen hat. Lass den Teleeffekt mal weg oder nutze eine Festbrennweite und zoome „mit den Füßen". Das verbessert dein Motiv, und die Qualität bleibt erhalten!

Was willst du fotografieren?

Das Motiv ist zu klein im Bild und wird nicht als Hauptmotiv vom Betrachter erkannt. Somit ist der Sinn des Bildes verloren. Dafür sind zu viele unwichtige Dinge im Bild. Also solltest du zuerst aufräumen. Was kann alles aus deinem Foto verschwinden? Dabei ist es egal, ob wir von einem Porträt oder einer Landschaftsaufnahme sprechen. Auch in der Landschaftsfotografie kannst du dir ein klares Hauptmotiv suchen, wie zum Beispiel einen Baum oder etwas anderes Markantes. Der Betrachter sollte immer erkennen, was dein Hauptmotiv ist. Viele Techniken dazu üben wir aber noch in den folgenden Fotografieprojekten der kommenden Wochen.

Achte auf Schatten

Schlagschatten im Gesicht und kreuzende Schatten im Hintergrund lassen sich durch Perspektive, Aufhellblitz und Reflektor oder mit einer guten Lichtführung im Studio regulieren. Zudem solltest du immer deinen eigenen Schatten im Blick haben, damit du ihn bei Sonne von hinten nicht mitfotografierst.

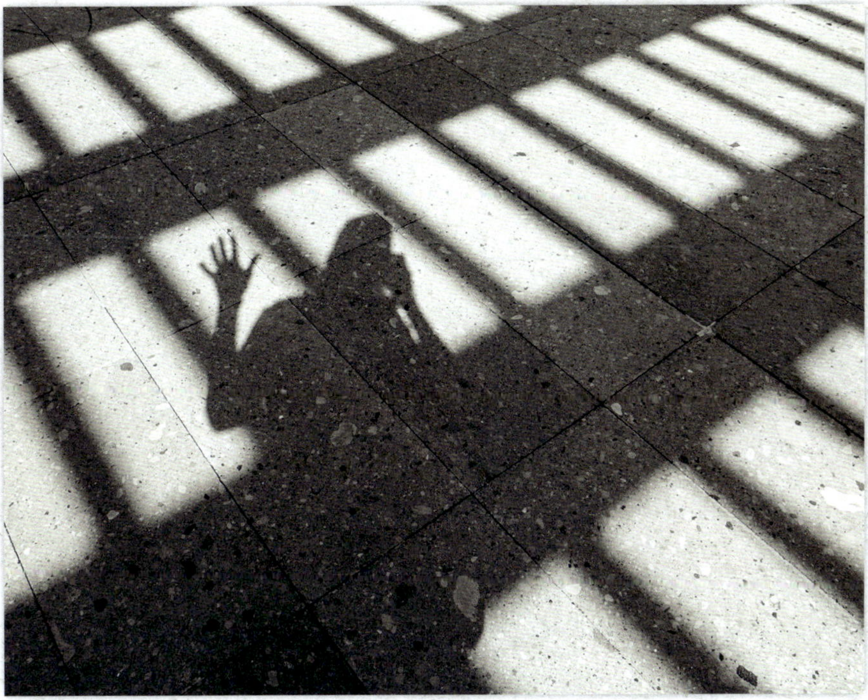

Unfall oder Absicht? Der eigene Schatten im Bild war einer meiner typischen Anfängerfehler. ISO 250 | 25 mm | f/8 | 1/640 s

Erzeuge Spannung und Neugierde

Wenn du nicht alles zeigst, dann lässt du dem Betrachter Raum für Spekulation. Vieles wird automatisch im Kopf vervollständigt.

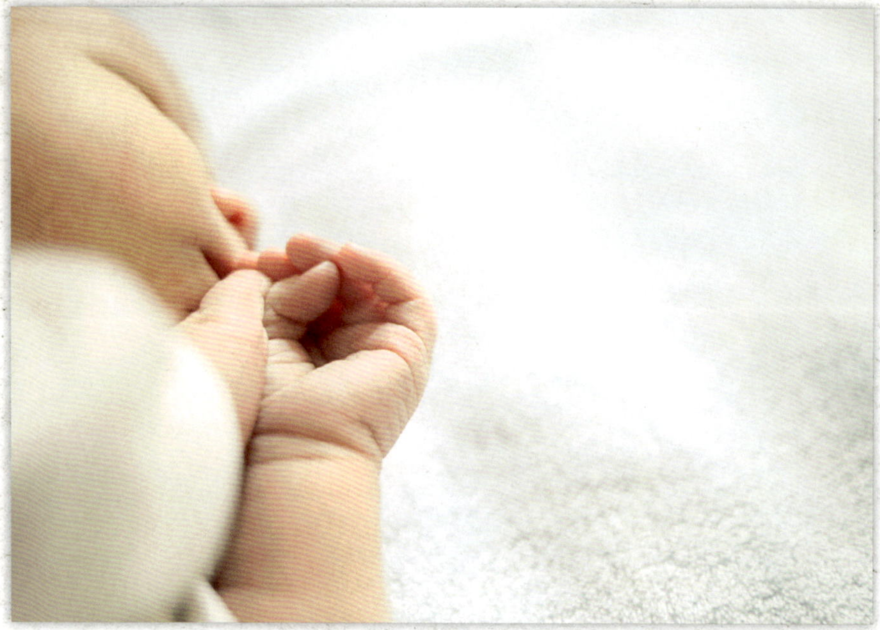

Zeige nicht alles. Lass dem Betrachter Raum für die eigene Fantasie. Das erzeugt oft Spannung und Neugierde. **ISO 640 | 35 mm | f/2 | 1/50 s**

Wir sind per se neugierige Wesen. Das kann ich jedenfalls über mich sagen. Bilder erzählen Geschichten, und wenn sie besonders gut sind, dann werfen sie bei mir zudem noch die ein oder andere Frage auf. Genau das ist eine Kunst in der Fotografie: Fragen und Spannung zu erzeugen. Das macht den Betrachter neugierig!

Vermeide Unordnung und Verwirrung

Nichts ist schlimmer als zu viel von allem. Denn diese Reizüberflutung hat zur Folge, dass gar nicht mehr klar wird, was du eigentlich zeigen willst.

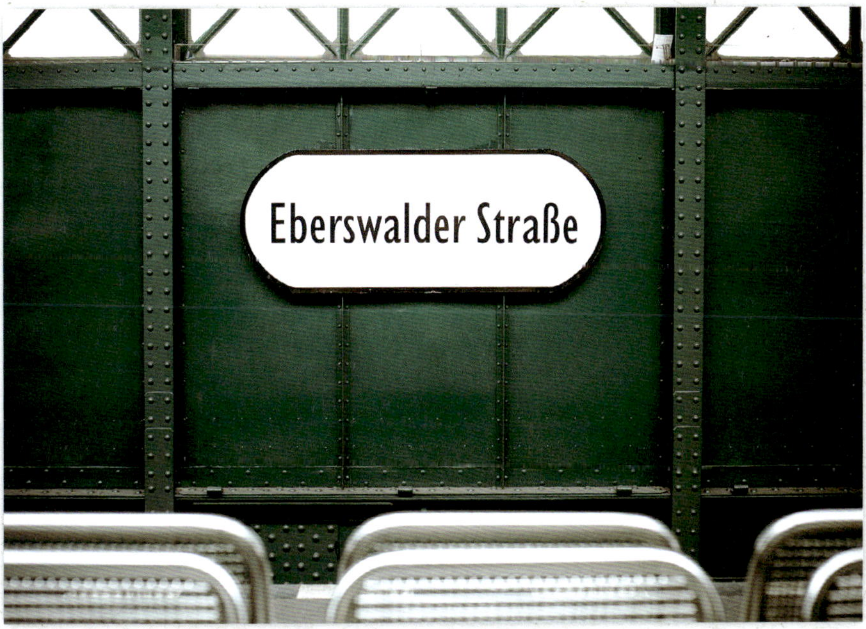

Ich muss nicht den ganzen Bahnsteig zeigen. Also isoliere ich mein (Haupt-) Motiv und konzentriere mich auf die Bildaussage.

ISO 400 | 50 mm | f/4 | 1/125 s

Fokussiere (dich) auf die Augen

Die Augen bestimmen oft das Porträt. Daher fokussiere ich in der Porträtfotografie immer auf die Augen. Dafür wähle ich zudem eine große Blende, um viel Unschärfe im Hintergrund zu haben und so die Augen zusätzlich zu betonen.

Achte auf den Horizont

Es liegt in unserer Natur, dass wir uns einen geraden Horizont wünschen. Ist er schief, versuchen wir, Bilder geradezurücken oder den Horizont zu begradigen.

Aber Vorsicht, denn oft ist es auch ein Abwägen, wo man den Schwerpunkt setzt. Wenn es mehrere Objekte gibt, die entweder in der Horizontalen (Horizont, Wasseroberfläche ...) oder der Vertikalen (Schilder, Türme, Mauern ...) nach gerader Ausrichtung verlangen, muss man abwägen, woran sich das Auge orientiert.

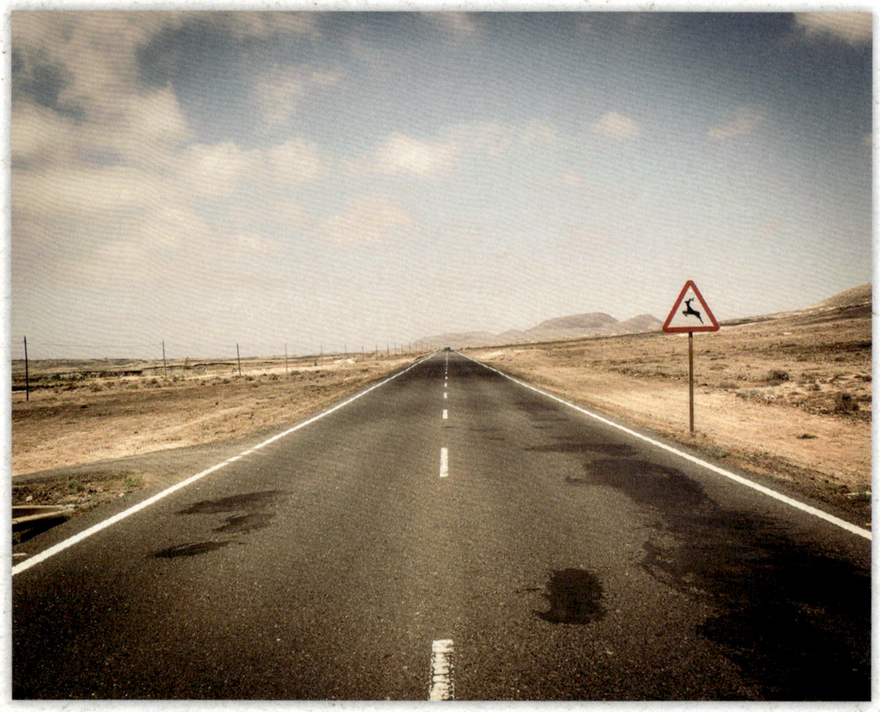

Hier stimmt was nicht! Achte schon im Foto darauf, dass dein Horizont gerade ausgerichtet ist. Ansonsten kannst du diesen einfachen, aber wichtigen Schritt noch im Bildbearbeitungsprogramm korrigieren.

ISO 500 | 25 mm | f/10,8 | 1/100 s

ÜBUNG FÜR DEN KRITISCHEN BLICK

Nun geh einmal durch deine alten Sammlungen und hinterfrage einige deiner eigenen Fotos nach den hier genannten Gesichtspunkten:

- Ist dein Motiv spannend?
- Stimmen der Fokus und die Schärfe?
- Hat dein Foto einen Vordergrund?
- Stört etwas im Hintergrund?
- Sind Füße oder Hände ungewollt abgeschnitten?
- Stimmt die Lauf- oder Fahrtrichtung?
- Hast du gezoomt und stimmt die Bildqualität?
- Ist dein Hauptmotiv klar erkennbar?
- Sind ungewollte Schatten im Bild?
- Macht dein Foto neugierig?
- Ist dein Foto klar und nicht reizüberflutet?
- Wenn du ein Porträt hast – sind die Augen scharf?
- Stimmt die Ausrichtung des Horizontes?

DAS VISUELLE GLEICHGEWICHT

Durch das visuelle Gleichgewicht führst du das Auge, du spielst mit Größen, Formen, Farben und Kontrasten. Damit kannst du Dinge in deinem Foto betonen oder die Aufmerksamkeit von etwas ablenken. Du kannst dein Foto aber auch ins Ungleichgewicht bringen und den Betrachter irritieren.

PROJEKT 52
DEIN FOTO DER WOCHE

Wird die Balance in deiner Bildgestaltung nicht beachtet, wirkt dein Foto unharmonisch. Dadurch kannst du sogar das Gefühl erzeugen, dass dein Foto an einer Seite nach unten zieht oder droht, umzukippen.

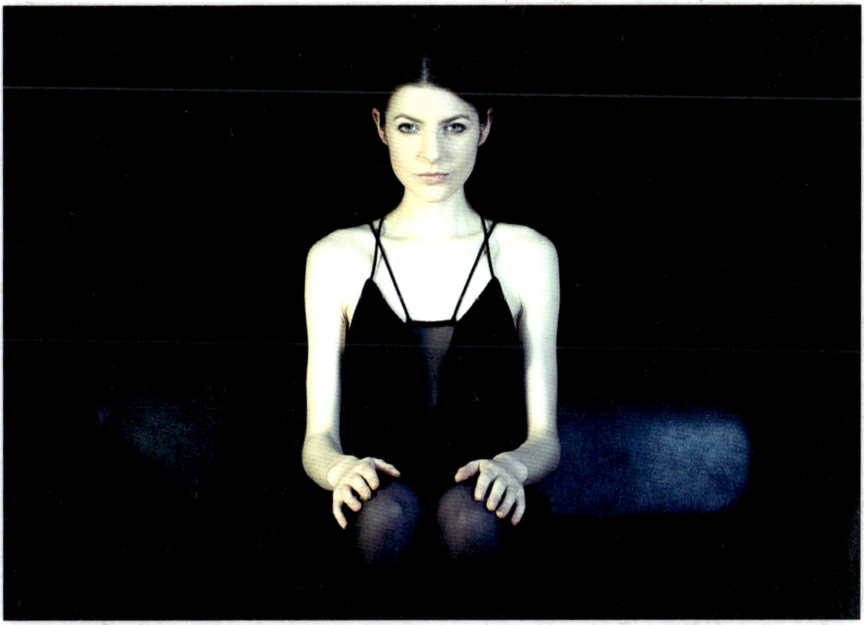

Ungewohnt, ein Porträt auf ein symmetrisches Gleichgewicht anzuordnen.
ISO 100 | 85 mm | f/6,3 | 1/100 s (mit Blitz)

Ziel sollte also sein, dass durch deine Bildkomposition der Bildausschnitt immer so gestaltet ist, dass dein Foto ausgeglichen und im Gleichgewicht ist. Aber was beeinflusst dieses Gleichgewicht? Und was bringt dein Foto aus dem Gleichgewicht?

Das symmetrische Gleichgewicht

Wenn die Elemente auf beiden Seiten deines Fotos gleich sind, findest du das symmetrische Gleichgewicht. Denke zum Beispiel an eine vertikale oder horizontale Achse, die einfach die Seiten spiegelt. Es herrscht die totale Symmetrie. Diese Achsensymmetrie vermittelt Eleganz und Perfektion. Du findest sie oft auch in der Architektur.

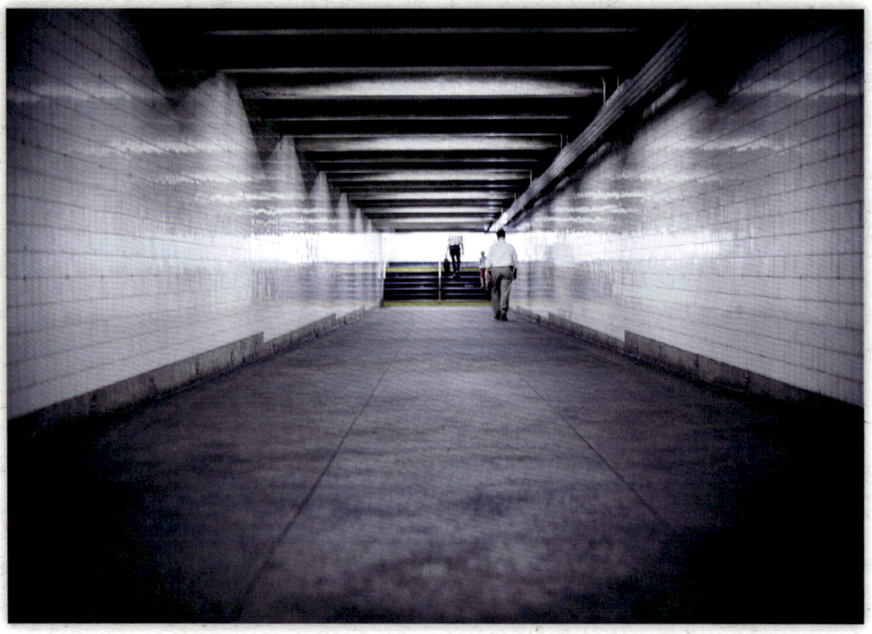

Symmetrisches Gleichgewicht – aufgelockert durch eine Person im Bild.
ISO 200 | 50 mm | f/2,5 | 1/20 s

Das asymmetrische Gleichgewicht

Manchmal aber kann Symmetrie auch etwas konservativ oder durch die Perfektion und Harmonie im nächsten Moment möglicherweise als platt und langweilig wahrgenommen werden. Daher werden bei dem umso spannenderen, asymmetrischen Layout Gestaltungselemente verschiedener optischer Gewichtung so angeordnet, dass die Bildseiten harmonisch ausbalanciert erscheinen.

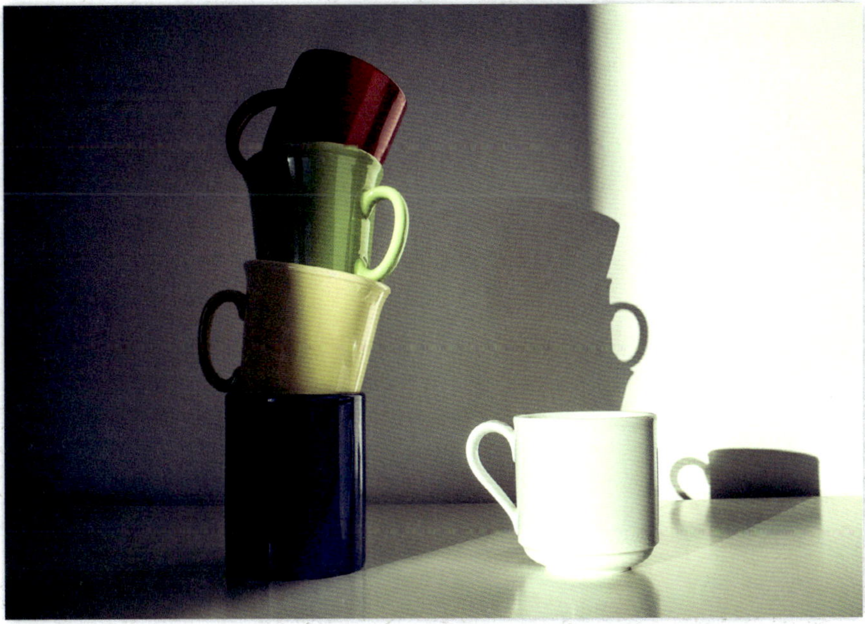

Spannend! Je dunkler, desto schwerer? Großes Gewicht gegen kleines Gewicht? Ist dieses Foto im Gleichgewicht? Oder überwiegt die Asymmetrie?
ISO 320 | 35 mm | f/20 | 1/60 s

Die asymmetrische Balance sorgt mittels Kontrast für eben jene Spannung und erscheint visuell interessanter. Sie ist umso abstrakter, denn es ist keine Symmetrie erkennbar.

Doch kann Symmetrie nicht nur über die Größe des Objektes erreicht werden. Auch Farbe, Kontrast, Sättigung und Form spielen eine große Rolle in der Einschätzung des visuellen Gewichtes.

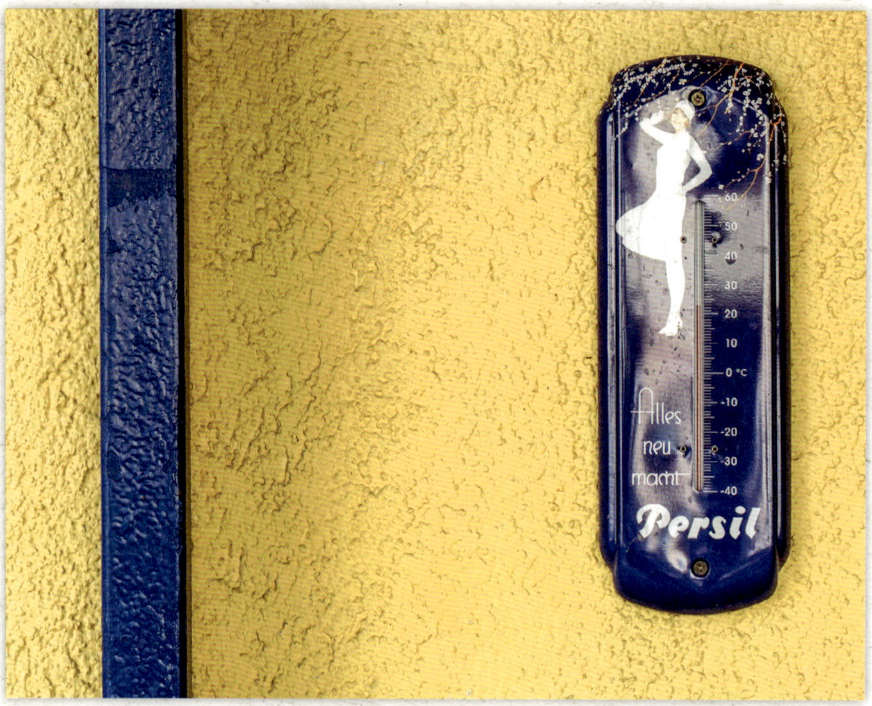

Spiegeln lässt sich die Asymmetrie nicht. Vermeintlich schwere Elemente treten in den Vordergrund, leichte in den Hintergrund.

ISO 200 | 90 mm | f/6,4 | 1/100 s

DAMIT BEEINFLUSST DU DAS VISUELLE GLEICHGEWICHT

- Größe: Je größer, desto schwerer.
- Kontrast: Je dunkler, desto schwerer.
- Farbe: Warme Farben ziehen eher die Blicke an als kühle, reduzierte Farben.
- Textur: Gemusterte und texturierte Elemente erzeugen mehr Schwere und Aufmerksamkeit als Elemente ohne eine Textur.
- Menge: Mehrere kleinere Elemente stehen einem großen Element entgegen.
- Isolation: Ein einzelstehendes Element sticht eher ins Auge als mehrere kleine Elemente.
- Ausrichtung: Diagonalen erscheinen schwerer als horizontale oder vertikal ausgerichtete Linien.

WIRKUNG VON FARBEN IN DER FOTOGRAFIE

Farbe findest du überall. Wir neigen dazu, uns gar nicht mehr allzu sehr mit ihr zu beschäftigen. Doch hat Farbe einen so entscheidenden Einfluss auf dein Foto, dass ich diesem Thema einen eigenen Abschnitt widmen möchte.

PROJEKT 52
★
DEIN FOTO DER WOCHE

Grün ist die Farbe der Hoffnung, wir machen eine Fahrt ins Blaue und wenn wir Panik haben, sehen wir rot. Sei dir der Wirkung von Farben bewusst und nutze diese für deine Fotografie. Auch haben Farben unterschiedliche Eigenschaften, die du bedenken solltest.

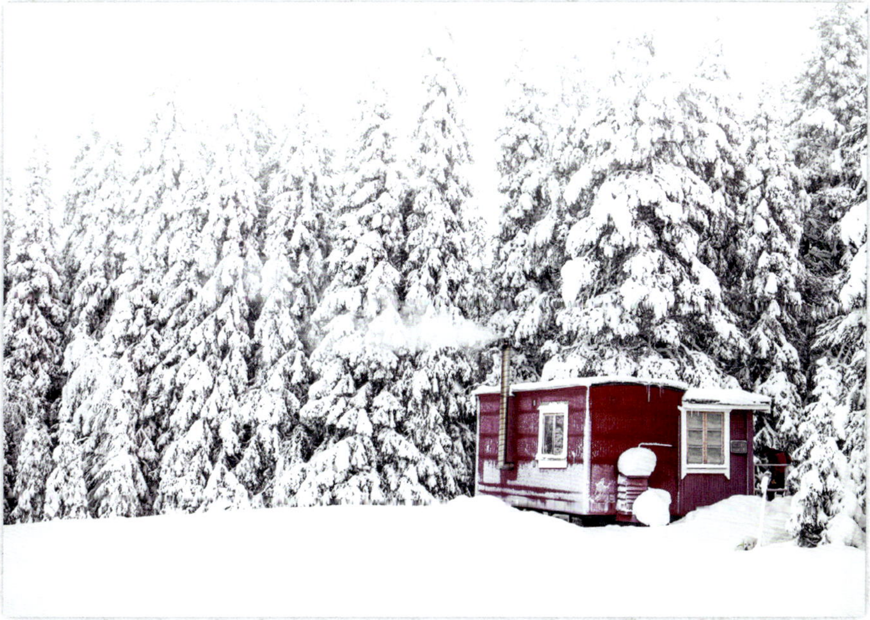

Lappland im Winter: Während viele Farben im Foto oft das Auge verwirren, unterstützt der Einsatz weniger, intensiver Farben die Bildwirkung.
ISO 500 | 50 mm | f/10 | 1/60 s

Grundsätzlich ist Farbe immer im Zusammenspiel mit Licht zu betrachten. Sonnenlicht ist in der Regel erst einmal ein weißer Lichtstrahl. Wird dieses Licht gebrochen, dann werden die Farben des sogenannten Farbspektrums sichtbar: die Spektralfarben oder auch „Regenbogenfarben" Rot, Orange, Gelb, Grün, Blau, Indigo, Violett. So brechen bei einem Regenbogen die Wassertröpfchen des Regens das weiße Sonnenlicht wie kleine Prismen und zerlegen es in seine Spektralfarben. Die immer wieder unterschiedliche Zusammensetzung aus Luft- und Wassermolekülen in der Atmosphäre führt dazu, dass wir den Himmel als blau und die Wolken als weiß wahrnehmen.

Die physikalische Farbzerlegung ist überaus spannend, doch wollen wir uns im Folgenden auf die Wahrnehmung konzentrieren. So ist es wichtig für dich zu verstehen, dass Farben Gefühle wecken. Goethe hat sich bereits intensiv im Austausch mit Malern und Philosophen mit der Farbe und dem Farbenkreis beschäftigt. Aus seinem Verständnis der Farbigkeit ist die Harmonie von Farbe im Spiel zwischen Hell und Dunkel begründet.

Ebenfalls sehr spannende Beiträge zum Verständnis der Farblehre hat der Schweizer Maler und Kunsterzieher Johannes Itten erkannt. Er ist der Begründer der Farbtypenlehre. So ging er davon aus, dass sich Farben in hohem Maß gegenseitig beeinflussen – ja, sogar voneinander abhängig sind. 1961 erstellte er einen Farbkreis, in dem er die Theorie aufstellte, dass zu jeder Farbe auch eine Komplementärfarbe existiert. Dieser Farbkreis nach Itten besteht aus den Primärfarben Rot, Gelb und Blau. Hinzu kommen die Sekundärfarben Orange, Grün und Violett sowie die Tertiärfarben Rotorange, Gelborange, Blaugrün, Blauviolett und Rotviolett (bzw. Lila).

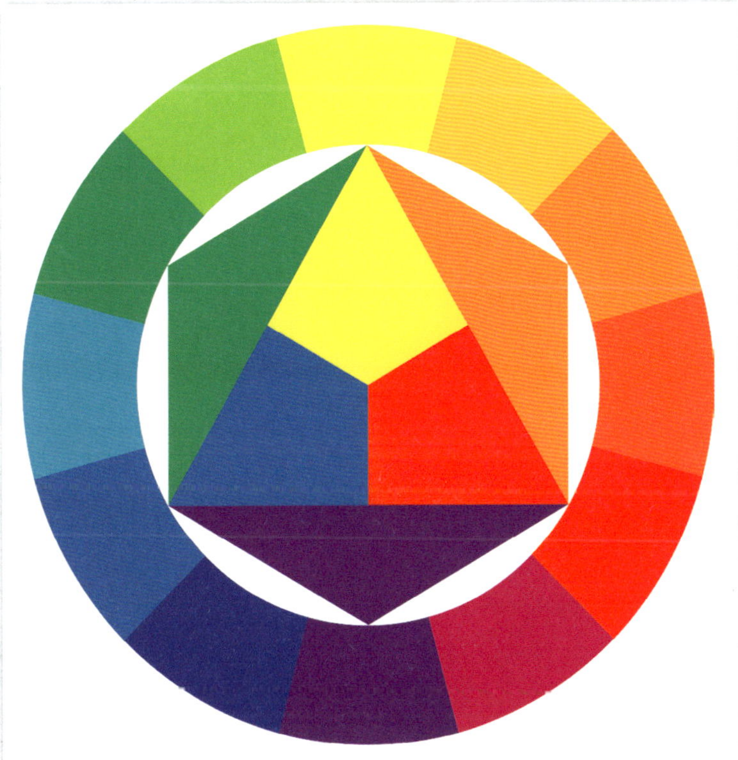

Der Farbkreis nach Itten (Quelle: Wikimedia Commons).

Für deine Fotografie solltest du also über die bewusste Wahl bestimmter Farben nachdenken oder ihre Kombination ausprobieren. Denn damit kannst du immer auch bestimmte Stimmungen erzeugen. Probier zum Beispiel ein Porträtfoto im gelben Rapsfeld aus und bitte die Person, blaue Kleidung zu tragen.

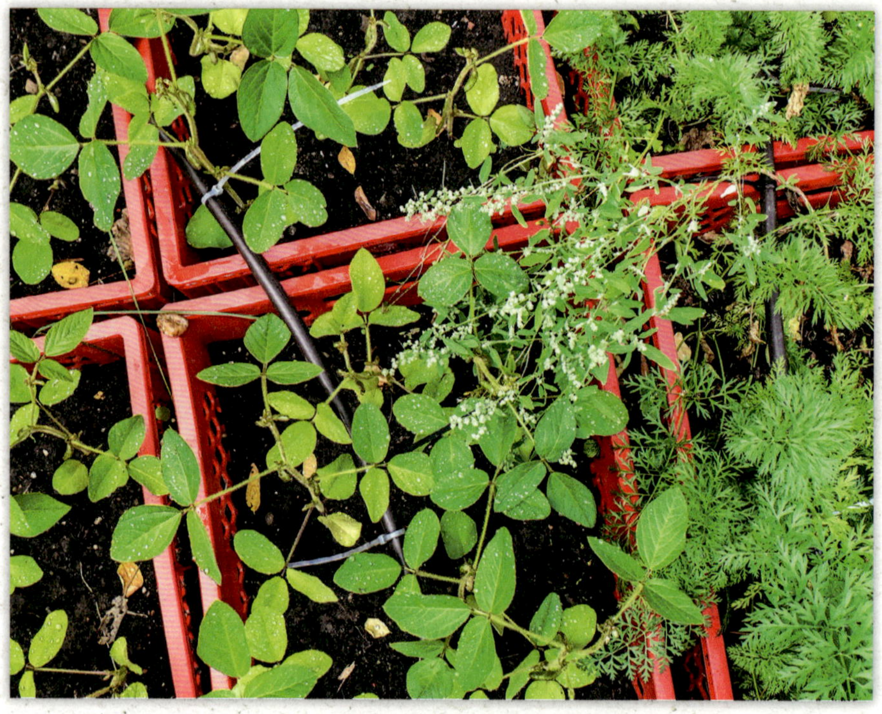

Die Komplementärfarben Grün und Rot liegen sich im Farbkreis gegenüber.
ISO 500 | 25 mm | f/4,5 | 1/640 s

Das Spiel der Komplementärfarben

Spannend sind die Komplementärfarben, die im Farbkreis einander gegenüberliegen – nämlich Rot und Grün sowie Gelb und Blau. Ein fotografisches Spiel mit diesen Farben macht großen Spaß, da die Komplementärfarben in deinem Foto dieses interessant und spannungsreich wirken lassen.

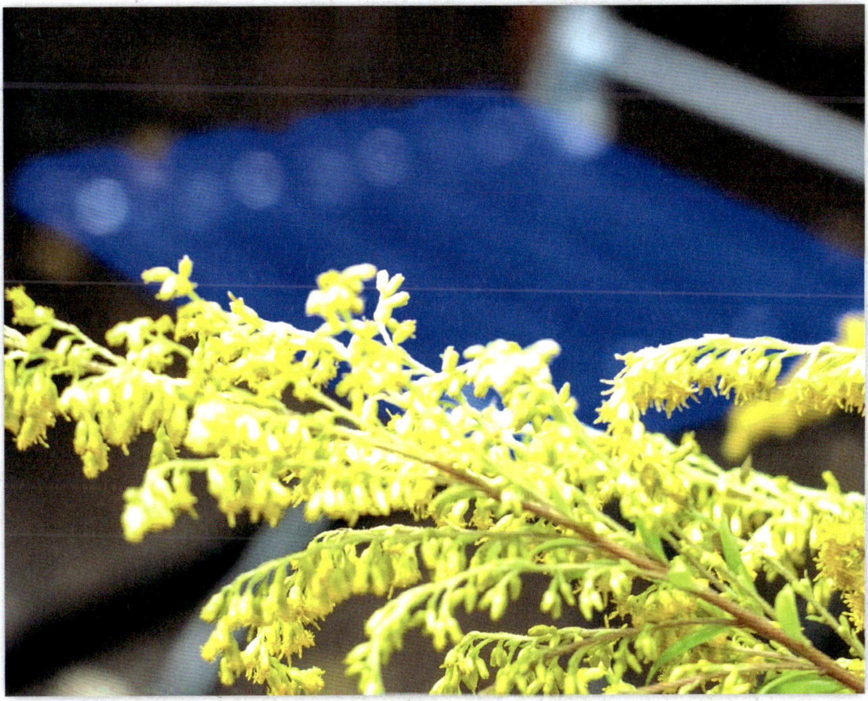

Das Spiel mit den Komplementärfarben erzeugt besondere Aufmerksamkeit.
ISO 500 | 50 mm | f/3,2 | 1/500 s

Farbe auch mal weglassen

Möglicherweise aber verzerren Farben sogar die Wirkung in deinem Foto. Dann kann die Reduktion oder das bewusste Weglassen von Farbe eine wirksame Technik sein. Dazu fällt mir ein schönes Zitat des Fotografen Steffen Böttcher ein, der ein großer Fan der Schwarz-Weiß-Fotografie ist. So schreibt er: „Wenn ich nicht zwingend von der Fotografie leben müsste, würde ich nur noch schwarz-weiß fotografieren." Ganz so extrem möchte ich es nicht angehen. Doch ich bin ein Freund des bewussten Einsatzes von Farben.

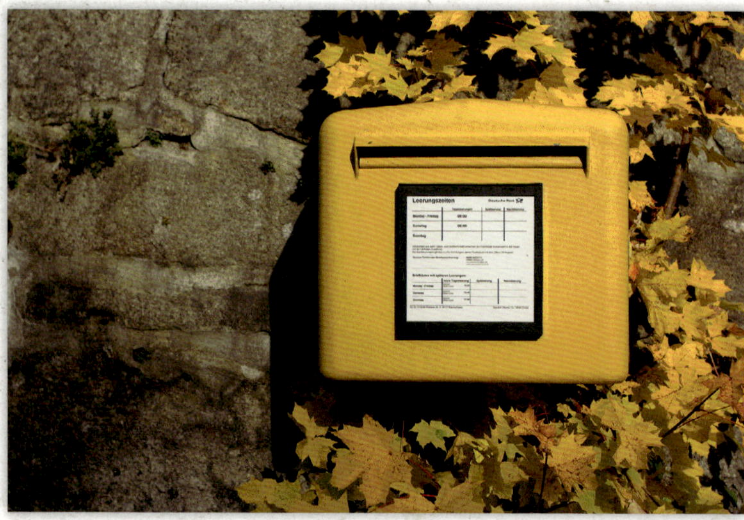

Farben haben einen ähnlichen Einfluss wie Form, Textur, Linien und Licht und sind ein sehr wichtiger Bestandteil der Komposition deines Fotos.
ISO 200 | 35 mm | f/4 | 1/2500 s

Die drei Grundfarben sind Rot, Blau und Gelb. Rot steht beispielsweise für Aktivität, Dynamik, Gefahr, aber auch für Liebe und Wärme.

Kraft Geheimnis Tod Eleganz	Hoffnung rein Gott pur	Liebe Leidenschaft Energie Gefahr
Wärme Freundschaft freundlich	Ehrlichkeit Ruhe Frieden	Autorität Alter Sicherheit
Leben Wachstum Natur Frische	Innovation Kreativität Denken Ideen	Luxus Weisheit Würde

Ein paar typische Assoziationen zur Wirkung von Farben.

Verwende gezielt starke, intensive Farben

Tiefe, satte Farben haben eine direkte Auswirkung auf dein Foto. Sie helfen dir, dein gewünschtes Objekt hervorzuheben. Geh aber sparsam mit der Farbpalette um, sonst wird es „zu viel“.

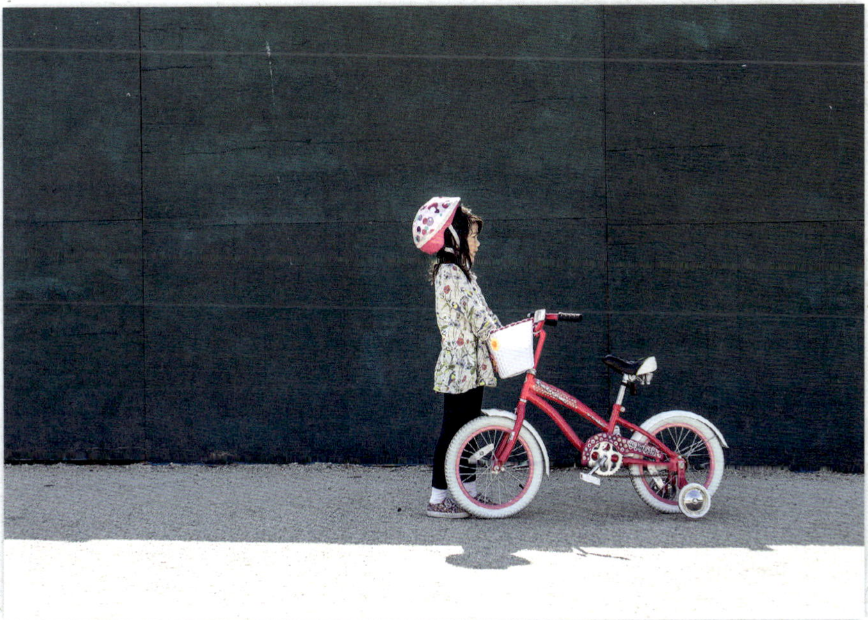

Eine besondere Wirkung erzielst du, wenn du wenige kräftige Farben einsetzt. Viele unterschiedliche Farben in einem Foto verringern ihre Wirkung.
ISO 250 | 50 mm | f/4 | 1/1000 s

Farbe vor neutralem Hintergrund

Setzt du eine prägnante Farbe vor zum Beispiel ein neutrales Grau im Hintergrund, gibt diese dem Hauptmotiv tolle Akzente und betont zusätzlich die Form.

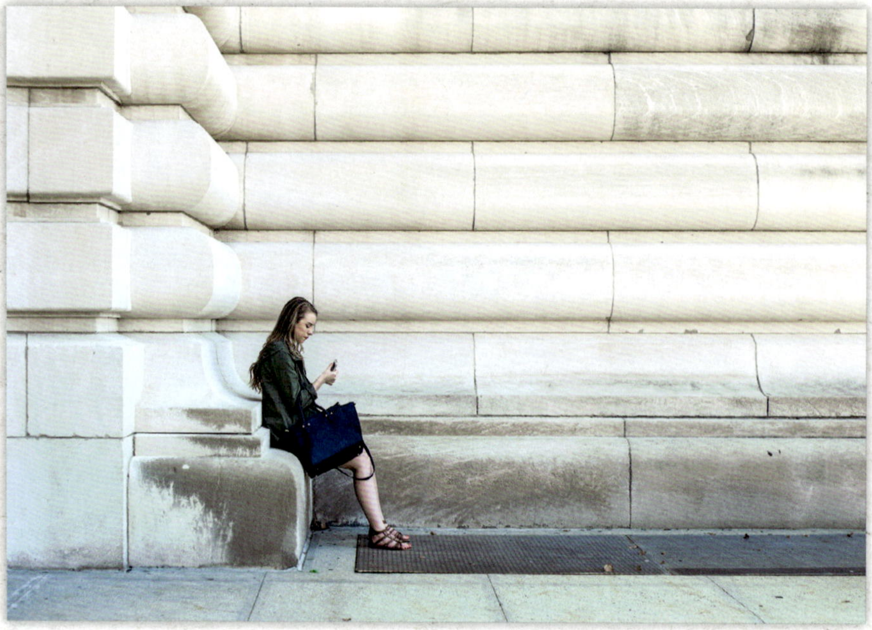

Farben vor neutralem Hintergrund haben eine tolle Wirkung.
ISO 100 | 50 mm | f/4 | 1/125 s

Oft lohnt es sich, wenn du den geeigneten Hintergrund (eine Wand oder eine Haustür) gefunden hast, mit etwas Zeit und Ruhe in gutem Abstand zu verharren und deine Kamera bereitzuhalten. Wenn dann eine Person ins Foto kommt, gibt sie deinem Foto mit dem Hintergrund die optimale Note.

Lass eine Farbe dominieren

Entscheide dich für eine Hauptfarbe, und die Wirkung deines Fotos wird entscheidend gewinnen. Durch die Perspektive und die Entfernung zum Motiv kannst du den Bildausschnitt so aufräumen, dass die optimale Wirkung für deine Farbe erzielt wird.

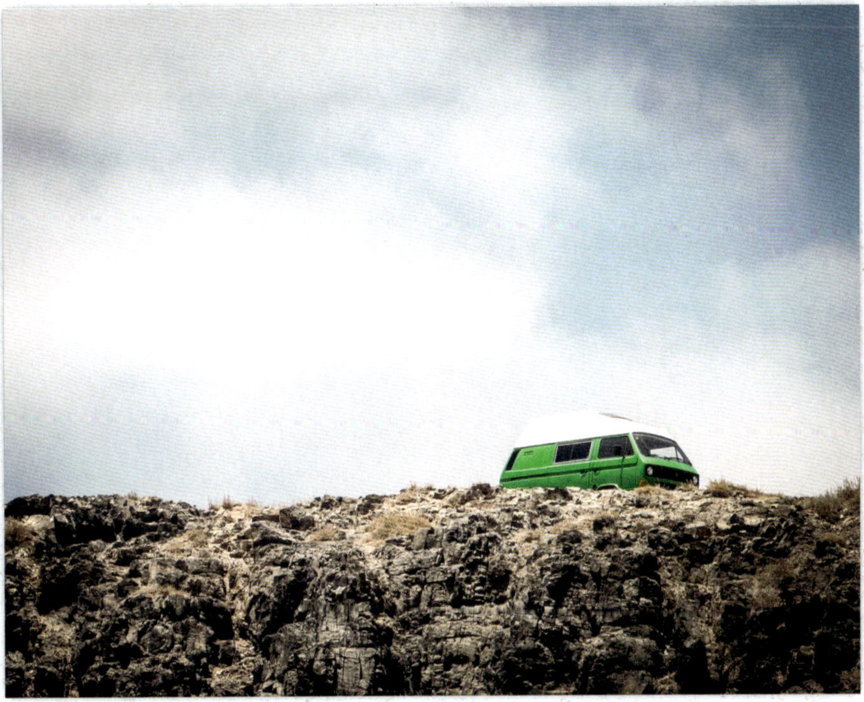

Enthält dein Foto eine prägnante Hauptfarbe, weiß das Auge, wohin es schauen soll, und erfasst das Motiv sehr schnell.
ISO 200 | 50 mm | f/5,6 | 1/1200 s

Weißabgleich auf „automatisch" stellen

Wenn du einmal in verschiedenen Lichtsituationen fotografiert hast, wirst du gemerkt haben, dass Farben je nach Lichtart anders wirken. Im Dunst des trüben Tages wirkt das Weiß eher bläulich, im Kunstlicht schimmert die Haut möglicherweise grünlich, und in der Abendsonne wird alles in ein gelbliches Licht getaucht. Dabei ist das blaue T-Shirt natürlich immer blau, doch um das darzustellen, bedarf es des sogenannten Weißabgleichs deiner Kamera. Dieser dient dazu, die Kamera auf die Farbtemperatur des Lichtes am Aufnahmeort anzupassen.

Ich empfehle dir, immer in RAW zu fotografieren. Da hast du in der Nachbearbeitung allen Spielraum, den du brauchst. Ich fotografiere zudem in der Regel mit der Weißabgleich-Automatik und gleiche das Weiß im Nachgang in der Bildbearbeitung an.

RAW – DEIN DIGITALES NEGATIV

RAW bedeutet dabei nichts anderes als „roh" oder „unverarbeitet". Zwar heißt es bei jedem Kamerahersteller anders (z. B. „.cr2" bei Canon, „.nef" bei Nikon oder „.arw" bei Sony), aber es meint immer das Gleiche. Bei einem Foto im RAW-Format werden alle vom Bildsensor aufgezeichneten Licht- und Farbwerte ohne eine weitere Bearbeitung durch die Software der Kamera auf deiner Speicherkarte abgespeichert. Später kannst du das Bild dann am Computer wenn nötig nachbearbeiten.

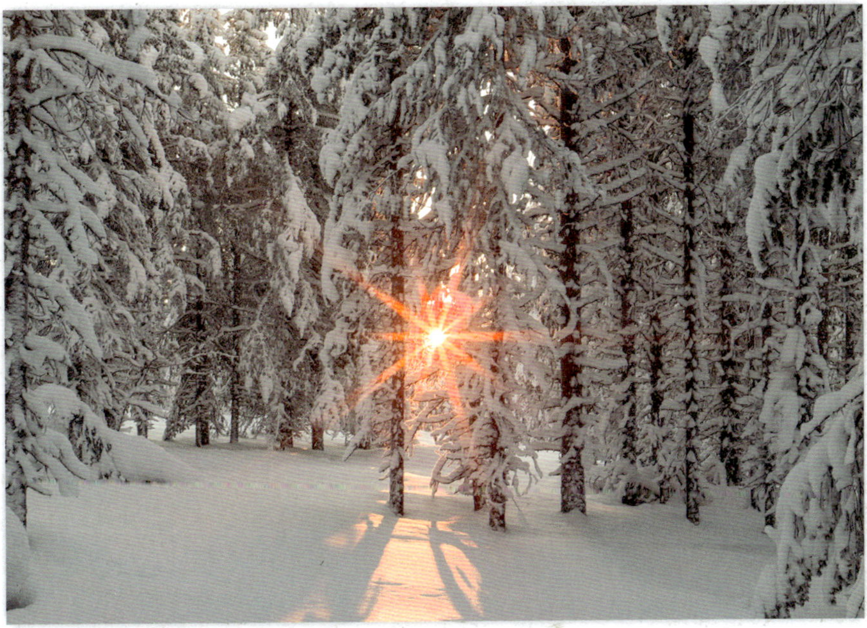

Wann ist der Schnee weiß? Gerade bei Schnee ist das korrekte Weiß nicht ganz einfach zu fotografieren. ISO 400 | 50 mm | f/18 | 1/50 s

Den roten Faden finden

Bis man als Fotograf seinen eigenen Stil gefunden hat, braucht es viel Übung. Es dauert lange, bevor andere sagen: „Oh, das Foto ist doch von dir, das erkenne ich sofort.“ Auch ich suche oft noch nach meiner eigenen Bildsprache, doch erkenne ich zunehmend Stilmittel, die ich gerne nutze und die mir helfen, einen gewissen eigenen Stil zu erarbeiten.

PROJEKT 52
DEIN FOTO DER WOCHE

Der eigene Stil

Mit eigenem Stil meine ich Techniken, die ich beim Fotografieren einsetze – gepaart mit meiner Kreativität. Dadurch ergibt sich meine eigene Bildsprache, die mein Foto unverwechselbar macht.

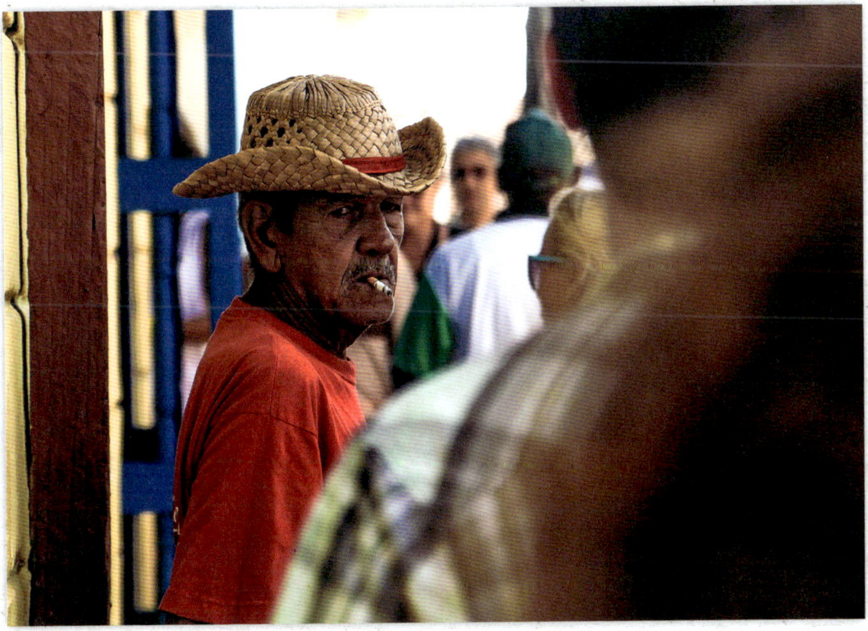

Ich erkenne Stilmittel, die ich immer wieder verwende. Hier der Blick durch die Menschenmenge und die Einrahmung meines Motivs.
ISO 125 | 125 mm | f/6,3 | 1/320 s

Im Verlauf des Buchs lernst du einige Gestaltungsmittel kennen, die dir helfen, deine Bildsprache zu unterstützen. Wenn du viel ausprobierst, wirst du mit der Zeit Stilmittel erkennen, die zu dir passen und mit denen du deinen Look unterstreichen kannst. Aber lass dir Zeit. Der Weg ist das Ziel!

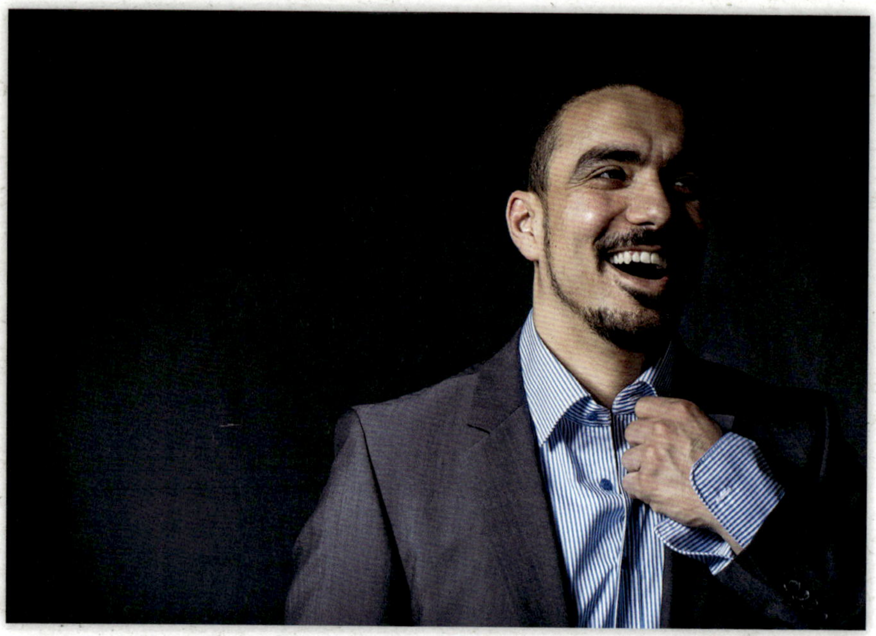

Bei Porträtsessions rede und lache ich viel, statt alles akribisch zu inszenieren. So hatten Serkan und ich viel Spaß. Ich hatte einen Kabelauslöser in der Hand und habe meine Fotos gemacht. Er verlor die Scheu vor der Kamera, und es kamen tolle, natürliche Fotos dabei raus! ISO 100 | 85 mm | f/5,6 | 1/200 s

Wie agiere ich mit meinem Gegenüber? Wie setzte ich Dinge in Szene? Wie lese ich das Licht? Ich meine damit nicht den Filter, den ich eventuell nutze, der lässt sich sehr einfach austauschen. Ebenso ist das Kameraequipment beliebig und sollte nicht mit Bildsprache verwechselt werden. Schau dir zur Übung und Studie von Bildsprache viele Bilder anderer Fotografen an. Was gefällt dir? Welche Stile erkennst du? Wie ist das Foto aufgenommen?

Betrachte einmal Fotos von Ansel Adams. Er hatte sich der Natur- und insbesondere der Landschaftsfotografie verschrieben und fotografierte mit größtmöglicher Tiefenschärfe und maximaler Detailgenauigkeit. Robert Capa dagegen, von dem das berühmte Zitat „*Wenn deine Fotos nicht gut genug sind, warst du nicht nah genug dran*“ stammt, verfolgte eine ganz andere Bildsprache. Er arbeitete mit sehr vielen Nahaufnahmen, legte Wert auf Gefühl und Emotionen, die im Foto zu spüren sind. Oder auch Sebastião Salgado, der mit oft dramatischen Schattenspielen oder auch einer gezielt eingesetzten Unschärfe Akzente setzt, ist überaus inspirierend. Stöber dich durch verschiedenste Stile und geh auf Entdeckungsreise durch die unterschiedlichen Bildsprachen.

Vom Einzelbild zur Serie

Bei all diesen Fotografen wird dir auffallen, dass jedes Bild in seiner Bildsprache einem Muster folgt, das sich in den anderen Fotos wiederfindet. So lassen sich viele Bilder schnell zu einer Serie zusammenführen. Das macht es dem Betrachter leicht, diese Fotos auch als Serie zu begreifen und den Fotografen wiederzuerkennen.

Sicher hast du einen ganzen Haufen Bilder, die alle etwas Besonderes sind, ein einzigartiger Moment, eine einzigartige Lichtstimmung. Doch wie funktionieren die Bilder nebeneinander? Finden sich wiederkehrende Momente oder Elemente, die sich in allen Bildern wiederholen? Wenn dem so ist, freu dich über die Entdeckung deiner eigenen Bildsprache. Wenn du das noch nicht erkennst, begib dich auf die Reise zu deiner eigenen Bildsprache. Es ist spannend, aber es ist ein Stück Arbeit, dranzubleiben und zu üben.

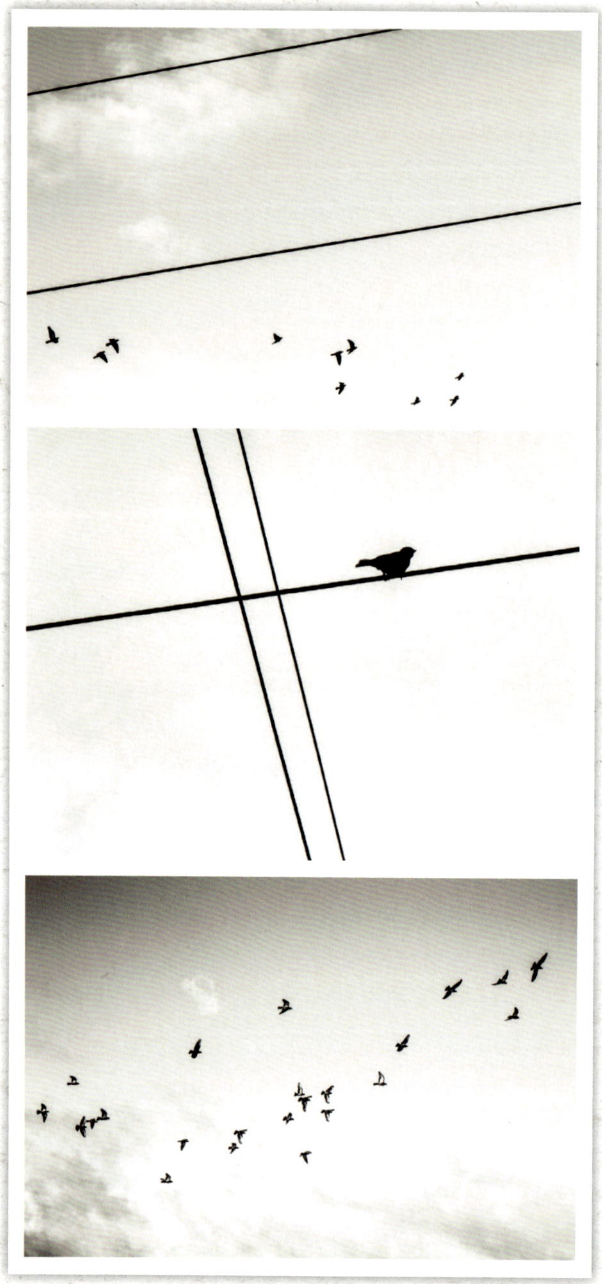

Was sind verbindende Elemente? Was schafft Wiedererkennung? Was eignet sich als Serie?

VON DER IDEE ZUM EIGENEN FOTO

Der Weg von der ersten Bildidee zum fertigen Foto ist oft kurvig. Manches Mal komme ich auch ganz woanders an, als meine grundsätzliche Bildidee war. Aber zuerst beginne ich immer mit der Bildidee: Welches Thema sollen meine Fotos haben? Verkehrsknotenpunkt Berlin? Einsamkeit am Abend oder was auch immer meine erste Bildidee ist – sie will erst einmal gedacht werden.

Dann überlege ich, durch welches Konzept die Idee Wirklichkeit werden kann: Wo will ich das Foto aufnehmen? Wie kann ich die Situation in Szene setzen? Welche Technik brauche ich? Wie erzeuge ich Nähe? Wie erzeuge ich Geschwindigkeit, Einsamkeit, Kühle? Dann gehe ich nach ausreichender Vorbereitung in die Umsetzung. Oft improvisiere ich viel vor Ort.

Wichtig ist es, dich bis zu einem Ergebnis durchzuarbeiten. Mache dein Foto und gib nicht auf, bevor du nicht zumindest *ein* Foto hast. Denk dran – manches kannst du zudem auch in der Nachbearbeitung noch anpassen. So lassen sich zum Beispiel störende Elemente oft leicht wegschneiden oder Lichtstimmungen mittels Helligkeitsregler regulieren.

STORYTELLING IN DER FOTOGRAFIE

Es ist toll, wenn dein Foto eine Geschichte erzählt oder ein gutes Bildkonzept beinhaltet. Für alle Beispiele gilt, dass du bei geschickter Nutzung gewisser „äußerer Einflüsse" mehr Stimmung in dein Bild bekommst. Wenngleich du nicht immer Einfluss darauf hast.

PROJEKT 52
DEIN FOTO DER WOCHE

Nutze die äußeren Einflüsse

Was meine ich damit? Bei Regenwetter solltest du nicht zu Hause bleiben, sondern an belebte Plätze gehen und beobachten, wie die Menschen umhereilen und vor dem Wetter flüchten. Bei intensivem Sonnenschein wirst du in der Innenstadt harte Schatten entdecken, die dein Motiv umso bildgewaltiger erscheinen lassen. Bei Nebel am Morgen wirst du ein mystisch-schönes Setting vorfinden, für das du nur noch Hauptdarsteller suchen musst.

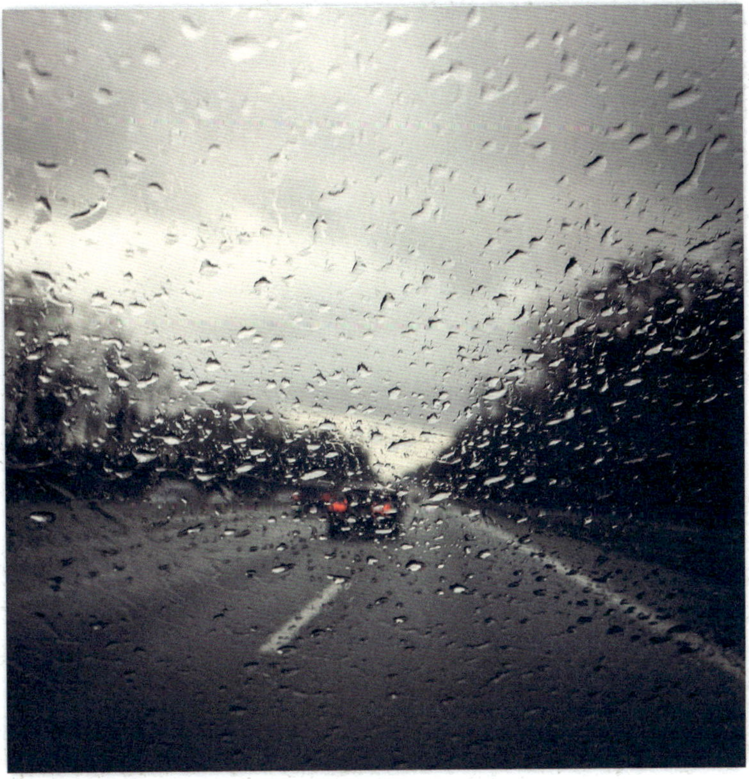

Entwickle einen Blick für die äußeren Einflüsse und baue diese geschickt in deine Fotos mit ein. ISO 50 | 44 mm | f/2,4 | 1/140 s

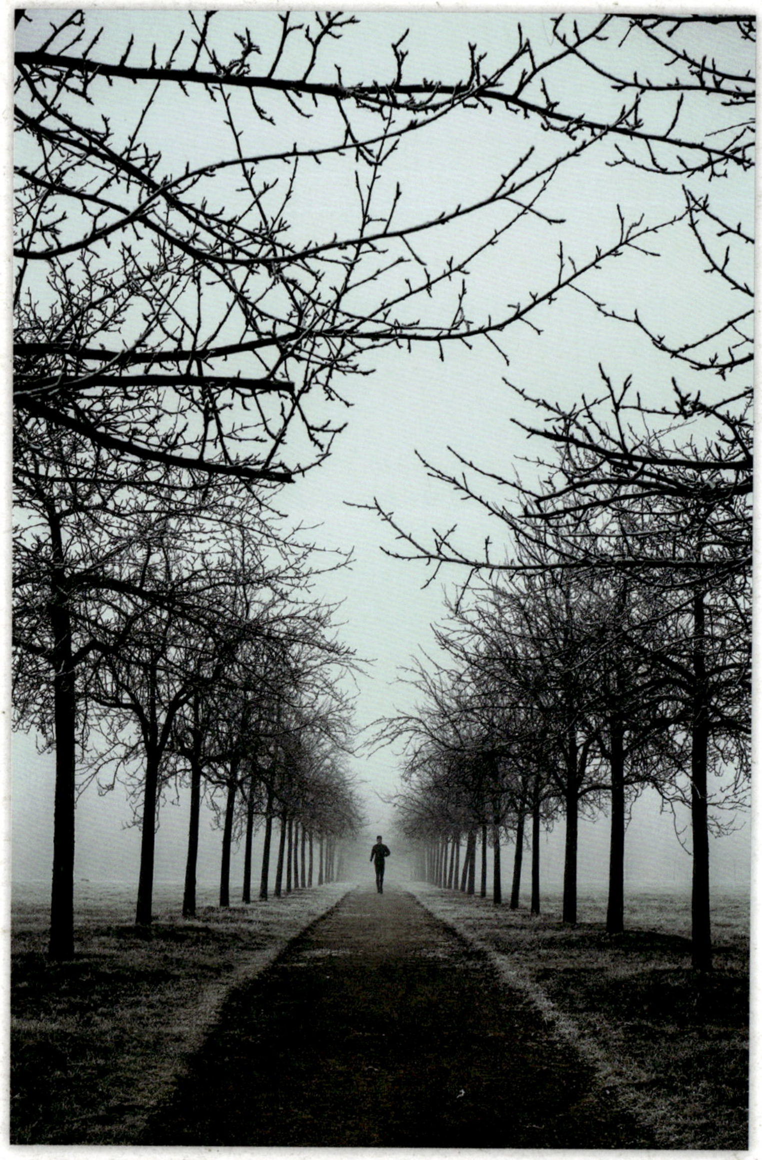

Geduld ist wichtig für die Fotografie. Warte darauf, dass der richtige Protagonist vorbeikommt. Das kann auch mal eine halbe Stunde dauern. Aber deine Bilder werden umso aussagekräftiger! ISO 500 | 35 mm | f/8 | 1/500 s

Hauptmotiv: Isoliere dein Hauptmotiv

Immer wieder haben wir einfach zu viel im Bild. Versuche, dein Hauptmotiv zu isolieren. Geh noch näher ran, wechsele die Perspektive oder verändere die Brennweite.

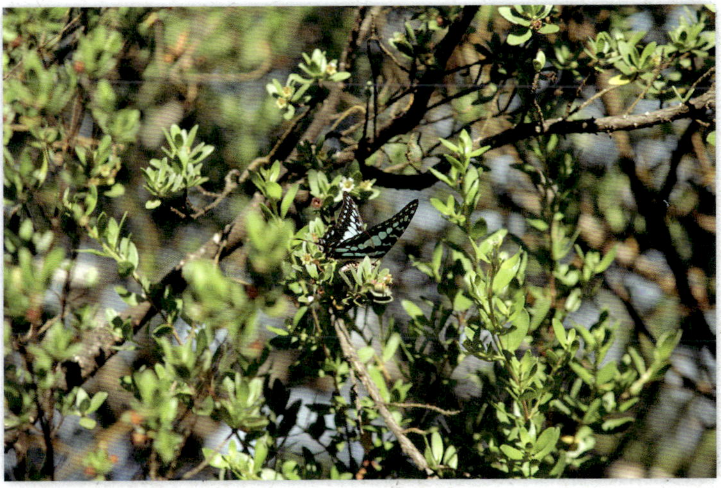

Wo ist der Schmetterling? Hier versperrt der Hintergrund den Blick für das Wesentliche. ISO 400 | 163 mm | f/6,3 | 1/1000 s

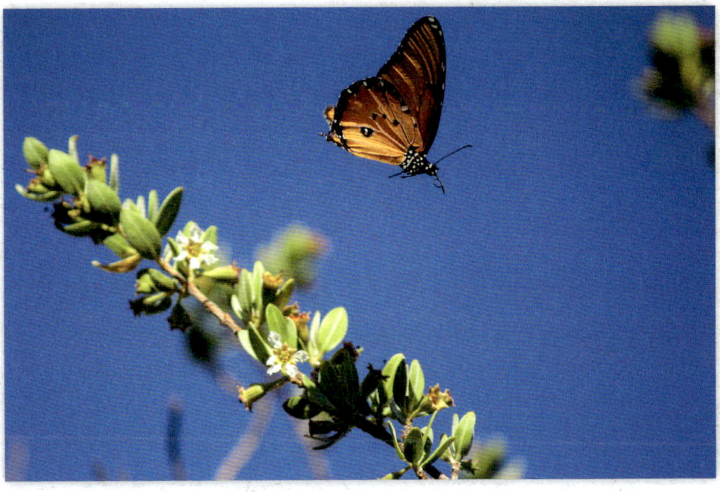

Motiv gefunden – mit etwas Geduld! Dein Foto gewinnt, wenn du dich auf ein Motiv beschränkst. ISO 400 | 250 mm | f/5,6 | 1/1600 s

Diskretion: Halte dich im Hintergrund

Wenn Menschen nicht wissen, dass sie fotografiert werden, verhalten sie sich viel natürlicher. Nutze das für ein natürliches Foto.

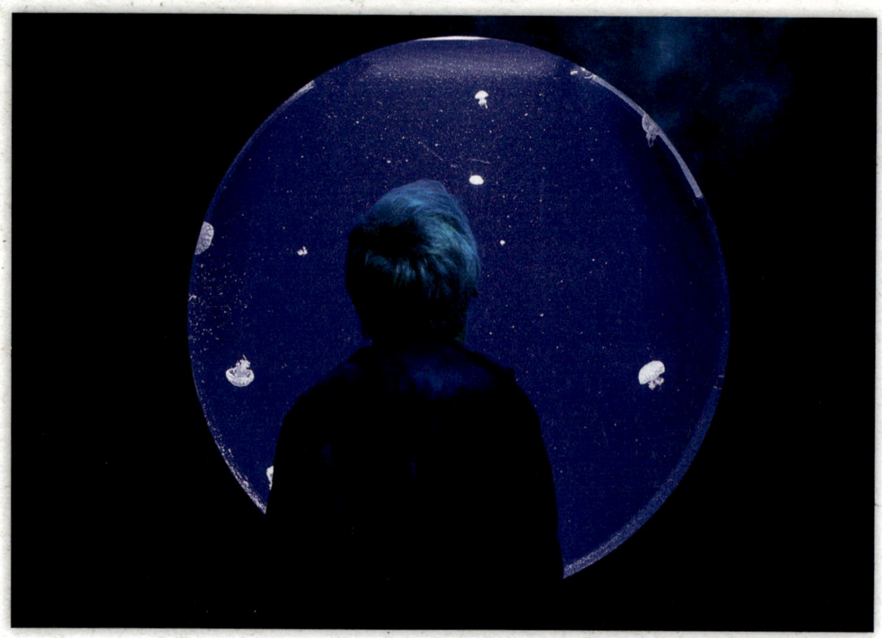

Halte dich im Hintergrund, suche dir eine passende Beobachterposition und mach dich auf die Suche nach Motiven und Momenten.
ISO 1600 | 44 mm | f/4,5 | 1/40 s

Ich mache es im Nachgang manchmal so, dass ich den Menschen die Bilder zeige, die ich von Ihnen gemacht habe. Oft sind diese positiv überrascht und freuen sich.

Zwischenmenschlichkeit: Halte Ausschau nach Interaktionen

Wir lieben zwischenmenschliche Beziehungen. Also versuche, diese auf dein Foto zu bekommen. Denn dann erzählt deine Aufnahme eine Geschichte. Zwei Männer spielen zusammen Schach? Ein Pärchen beobachtet den Sonnenuntergang? Alles tolle Motive für dich.

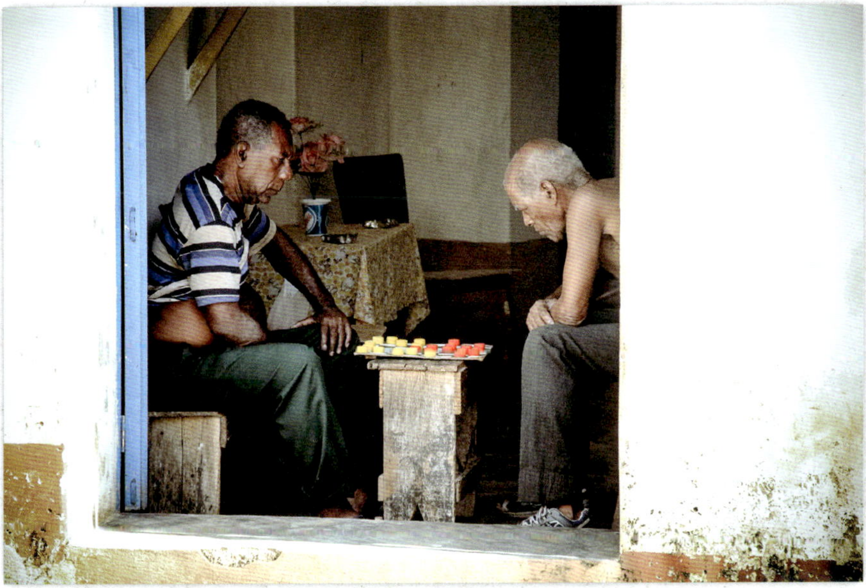

Halte Ausschau nach sozialem Zusammenspiel. Das macht deine Fotos lebendig.
ISO 1600 | 160 mm | f/10 | 1/800 s

Du musst noch nicht einmal die Person wirklich erkennbar abbilden. Oft reicht schon die Andeutung im Anschnitt, um die Interaktion anzudeuten – dazu genügt es in manchen Fällen schon, wenn du Füße oder eine Hand mit in deine Bildkomposition aufnimmst. Dazu findest du übrigens auch ein spannendes Projekt in diesem Ratgeber, bei der Foto-Aufgabe „Der harte Anschnitt“.

Mimik: Versuche, den Ausdruck einzufangen

Oh je, eine große Herausforderung. Aber trotzdem macht eine gute Mimik jedes Foto zu einem Genuss. Dafür musst du nah dran sein und etwas Mut haben. Wenn es dir gelingt, ist dein Foto umso lebendiger.

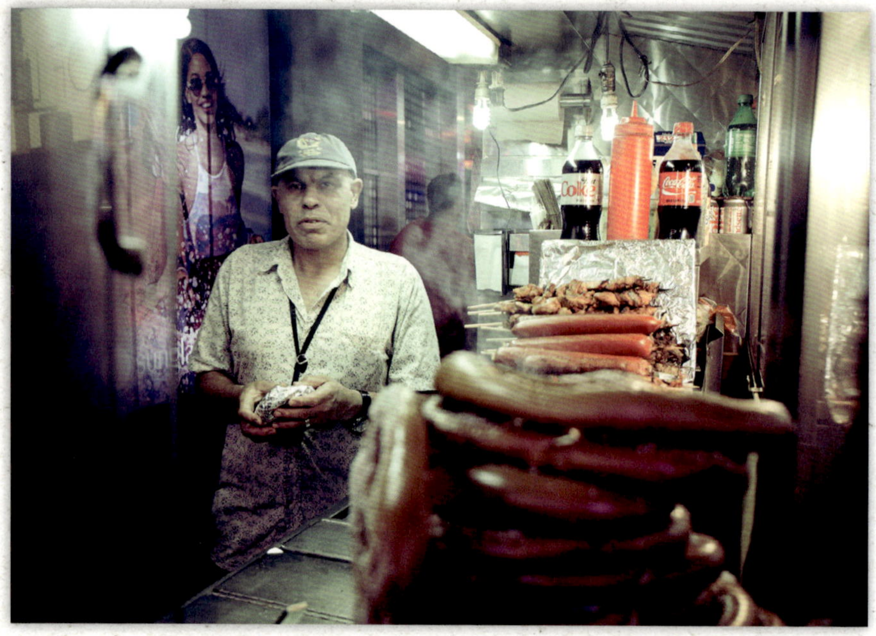

Hier herrschte wenig Interesse, dass ich seinen Hot-Dog-Stand fotografiere. Also was erkennst du in der Mimik? Wut, Angst, Freude, Neugierde – alles weckt in uns die Neugier, das Foto zu betrachten.

ISO 800 | 31 mm | f/4 | 1/60 s

Bitte lächeln? Bitte nicht! Vergiss das Dauerlächeln oder Grinsen für dein Foto. Denn die echte und nicht gestellte Mimik macht die Geschichte in deinem Foto viel glaubwürdiger.

Schattenseite: Denke in Schatten und Silhouetten

Streetfotografie wird oft in Schwarz-Weiß-Fotos umgesetzt. Das lädt ein, sich auch mit Schatten und Silhouetten zu beschäftigen. Ein Foto mit Schatten macht Spaß, da Formen und Linien noch viel deutlicher werden. Das lässt sich toll zur Mittagszeit üben, denn wenn die Sonne senkrecht zur Erde steht, hast du harte Schatten.

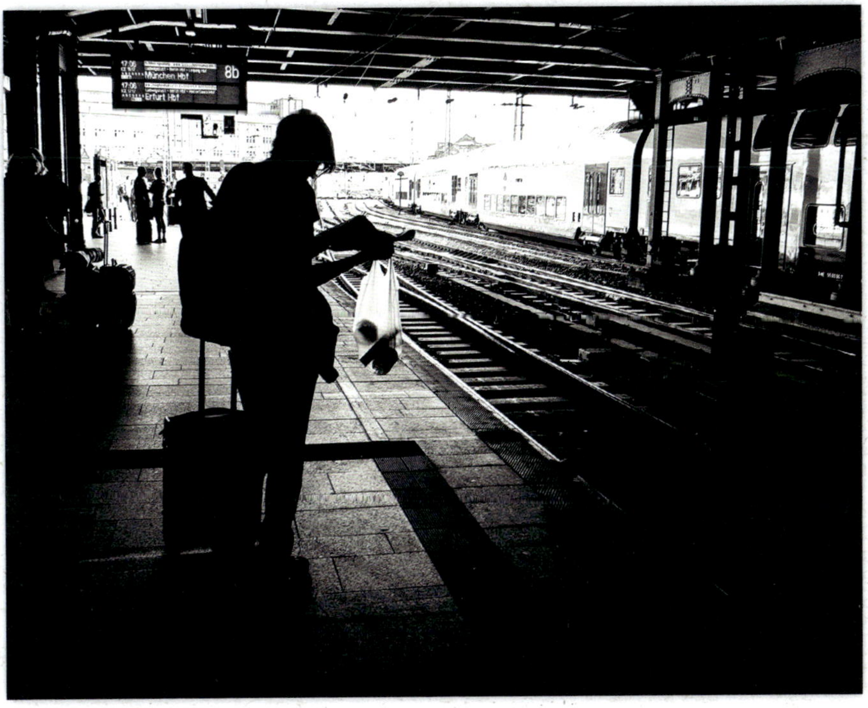

Vergiss den Satz „Zwischen eins und drei hat der Fotograf frei". Mach dich auf die Suche nach Schatten und Silhouetten. ISO 200 | 25 mm | f/2,2 | 1/320 s

Denke an Variationen

Oft bin ich sicher: Ja, ich habe mein Foto. Dann vergesse ich, weiterzufotografieren. Ich muss mich disziplinieren, um nicht mit dem ersten Foto zufrieden zu sein. Besser ist es, dann die Kamera noch einmal abzusetzen, meinen Blick zu schärfen und mir ein zweites Motiv zu überlegen.

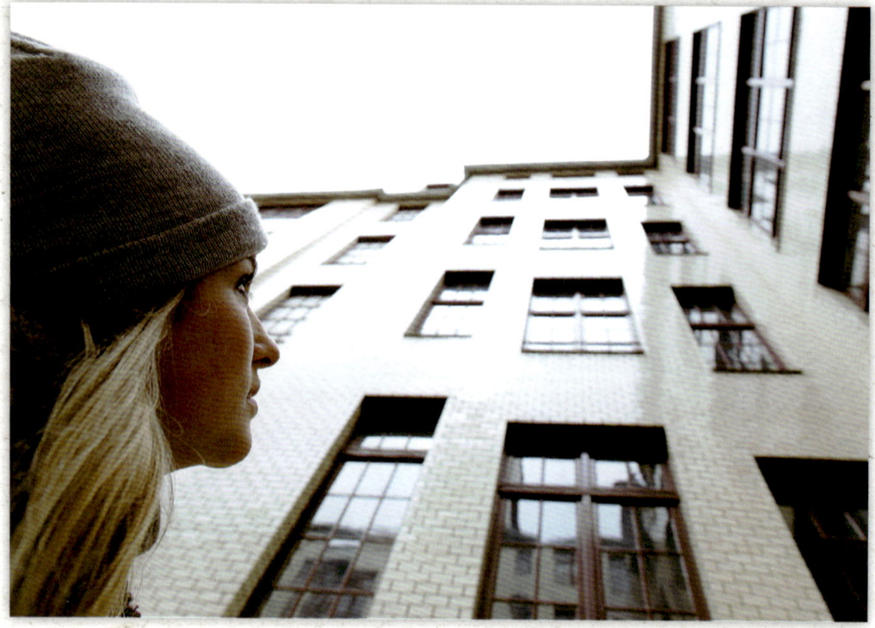

Erzählt die erste Perspektive schon die ganze Geschichte? Nicht immer.
ISO 800 | 24 mm | f/6,3 | 1/100 s

Tipp für Variationen: Zusätzlich zum Wechsel der Perspektiven kannst du auch durch den Wechsel von Objektiv und Brennweite ein Motiv auf verschiedene Weise inszenieren. Probier es aus: Wenn du ein Porträt einmal mit einem Weitwinkel und ein anderes Mal mit einem Teleobjektiv fotografierst, beeinflusst du damit massiv die Wirkung deines Bildes!

Denk daran: Es gibt immer diverse Sichtweisen auf ein Motiv. Der Perspektivwechsel ist eines der wichtigsten Stilmittel für deine Fotografie. Also sei kreativ, denke um die Ecke! Wie hier in diesen beiden Fotos: Es gibt immer (mindestens) zwei Sichtweisen hinter jeder Geschichte.

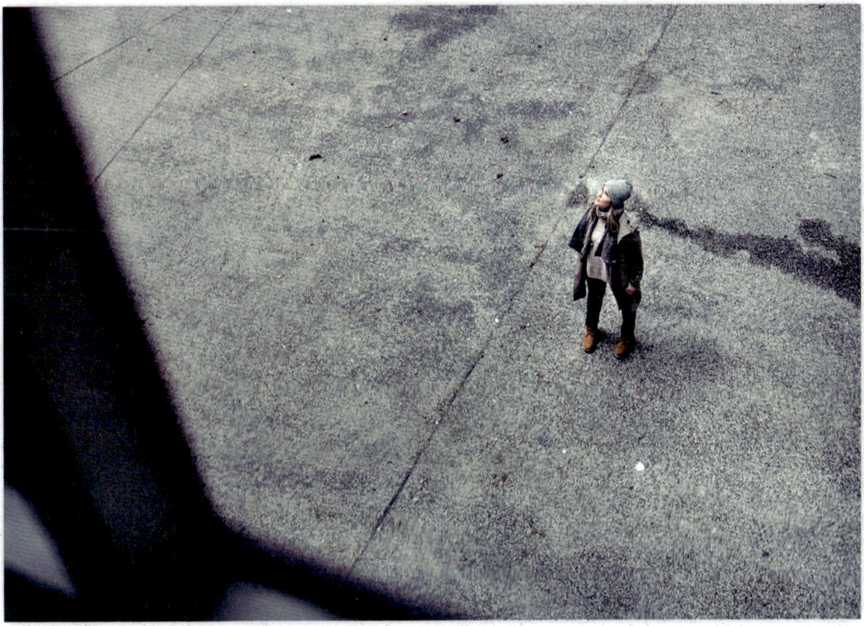

Wähle ich einen neuen Winkel mit einer neuen Perspektive, dann erzähle ich meine Geschichte aus einem anderen Blickwinkel.

ISO 800 | 35 mm | f/6,3 | 1/100 s

DIE GEOMETRIE DER FOTOGRAFIE

Es macht Spaß, einen Blick für geometrische Formen zu entwickeln. Manchmal sind diese abstrakt – so verbinden sich Punkte im Unterbewusstsein zu Linien, und aus Linien werden Kreise, Quadrate oder auch Dreiecke.

PROJEKT 52
★
DEIN FOTO DER WOCHE

Vielleicht hast du noch nie darüber nachgedacht, aber wenn du die Welt durch deine Augen betrachtest, hast du ein rundes (na ja, ovales) Sichtfeld. Es geht an den Rändern in eine leichte Unschärfe über, die wir nicht mehr so recht wahrnehmen können. Das ist überaus spannend, denn dieses ovale Sichtfeld unterscheidet sich damit schon mal deutlich von deinem Kamerasucher. Hier bildest du nämlich eine ganz andere Art des Sichtfeldes ab.

Das Rechteck gibt den Rahmen vor

Ganz grundsätzlich betrachtet, ist der Rahmen deines Fotos bereits eine geometrische Form – nämlich das Rechteck. In diesem Rechteck, das durch den Sucher vorgegeben ist, befindet sich so gesehen nur ein Ausschnitt der Wirklichkeit.

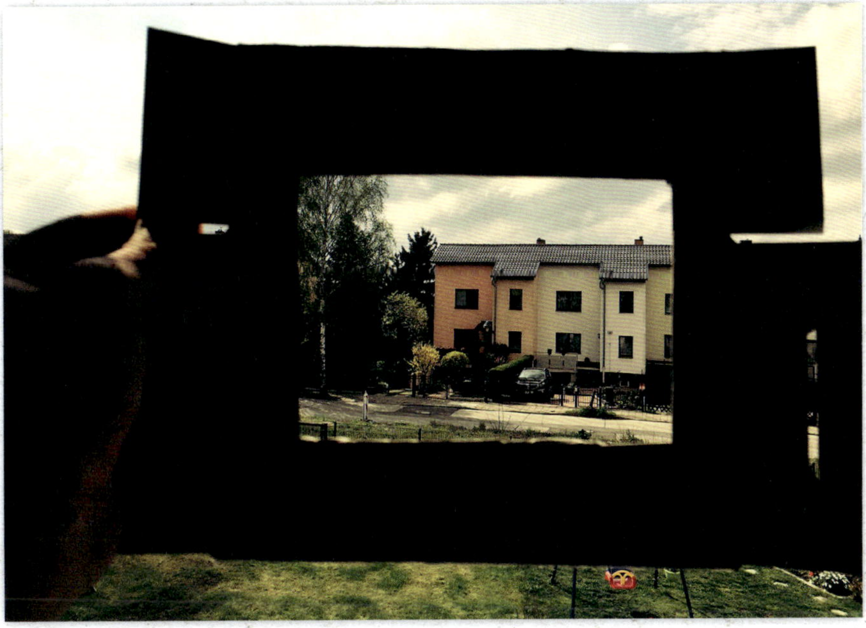

Was lässt du weg, was soll mit rauf aufs Foto? Diese Übung vermittelt dir ein Gefühl für das Rechteck deines Suchers in Bezug auf die Wirklichkeit.
ISO 32 | 24 mm | f/2,2 | 1/3300 s

ÜBUNG FÜR DAS AUGE: DER KAMERASUCHER

1. Nimm ein Stück Pappkarton oder einen schwarzen DIN-A4-Bogen Tonpapier.
2. Schneide aus diesem mittig ein 13 x 18 cm großes Rechteck aus.
3. Nun betrachte die Welt und entwickle ein Gefühl für das Rechteck deines Suchers.

Wenn ich von der Geometrie in der Fotografie spreche, dann beziehe ich mich auf die elementaren Formen wie den Kreis, das Oval, das Quadrat, das Rechteck und das Dreieck. All diese Formen sind uns vertraut. Sie geben dem Betrachter eine Orientierung und leiten den Blick.

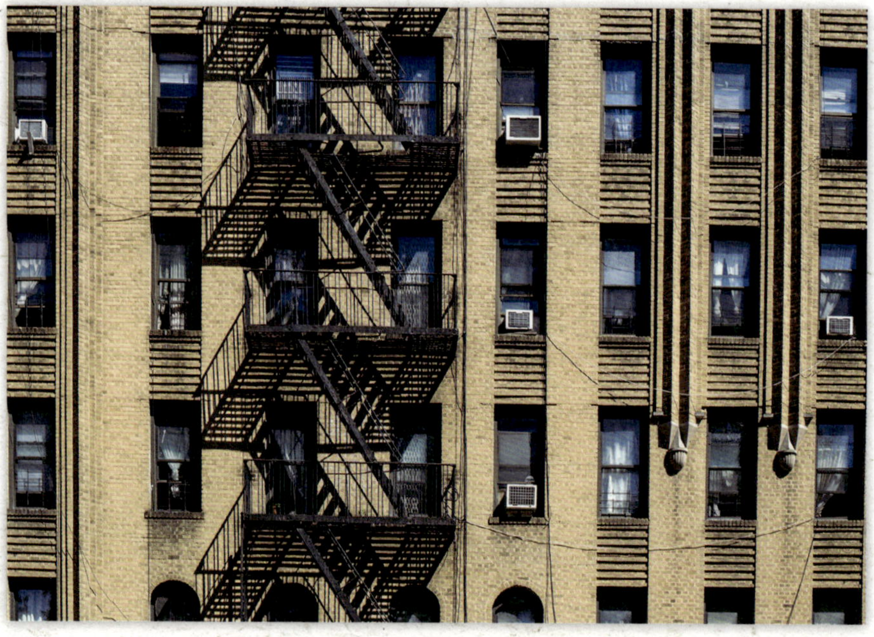

Häuserfront in Brooklyn: Reduziere dein Foto auf einen Bildausschnitt, und du findest eine Vielzahl an geometrischen Formen.
ISO 400 | 50 mm | f/16 | 1/250 s

Im Laufe der kommenden Wochenaufgaben werden wir uns mit vielen Formen eingehender beschäftigen. Das ist wichtig, denn alle Formen können deine Bildaussage beeinflussen. So nehmen wir den Kreis in seiner Form als vollkommen wahr. Alle Symmetrieachsen laufen durch den Mittelpunkt. Das Oval hingegen gewinnt durch die Längssymmetrieachse an Spannung, hat aber keine so starke Sogwirkung mehr. Das Quadrat ist – ähnlich wie der Kreis – symmetrisch, steht aber in Bezug auf die Fläche auf geraden Beinen. In der Form des Dreiecks kann man toll mit den Richtungen und der Wirkung spielen. Das Rechteck gewinnt, ähnlich dem Oval, an Spannung gegenüber dem Quadrat, hat aber ebenfalls keine so starke Sogwirkung mehr.

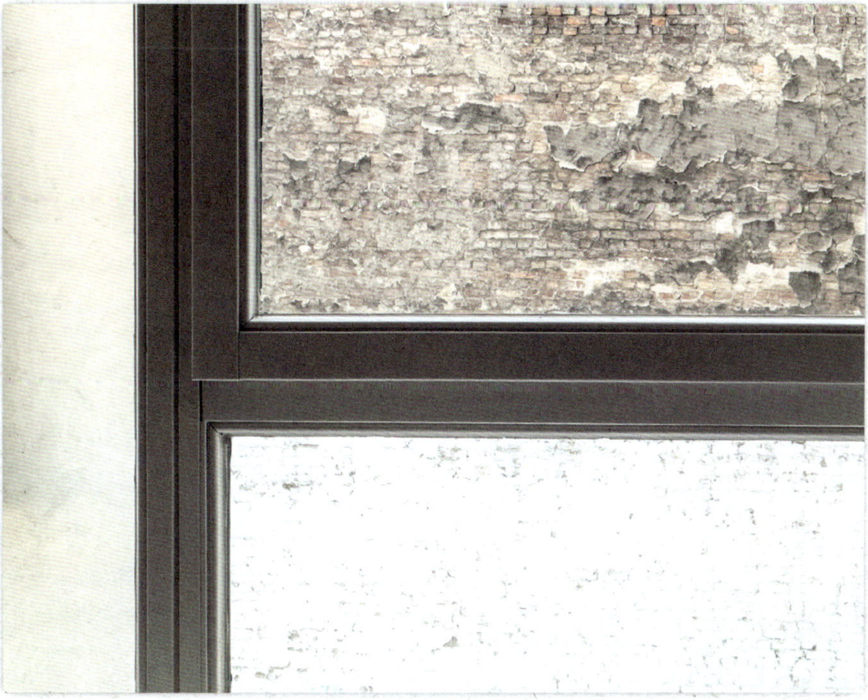

Mit etwas Übung beginnt dein Auge überall geometrische Formen zu erkennen. Für den Betrachter ergeben sich daraus vertraute Formen. Das erhöht unterbewusst das positive Empfinden für die Bildgestaltung.
ISO 640 | 80 mm | f/9 | 1/100 s

All diese Formen wirst du wieder und wieder in jeglicher Kombination in deinen Motiven wiederfinden. Lerne, diese zu erkennen und gezielt einzusetzen. Dadurch gewinnt dein Foto an Wirkung.

WARUM SIND FORMEN IN DEINEM BILD SUPER?

1. Aufmerksamkeit: Das Auge erkennt vertraute Formen.
2. Gewicht: Formen geben deinem Foto ein gewisses Gewicht, denn das Auge bleibt daran hängen.
3. Struktur: Formen strukturieren dein Foto und machen es einfacher für das Auge.
4. Rahmen und Einteilungen: Dein Foto lässt sich in einzelne Teile aufteilen.

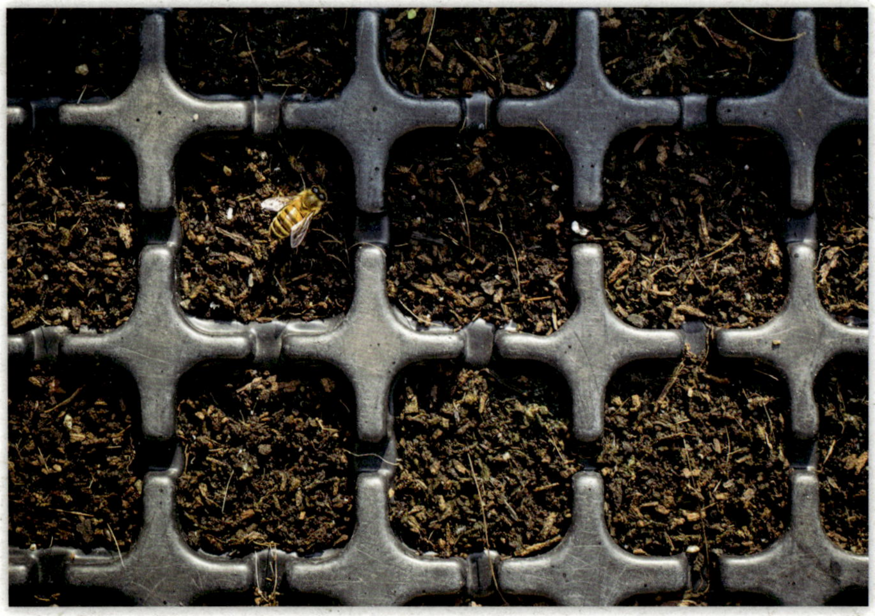

Oft ist es total spannend, geometrische Formen mit deiner fotografischen Szene zu kombinieren – also warte auf ein Element, das die Geometrie unterbricht. ISO 400 | 50 mm | f/9 | 1/100 s.

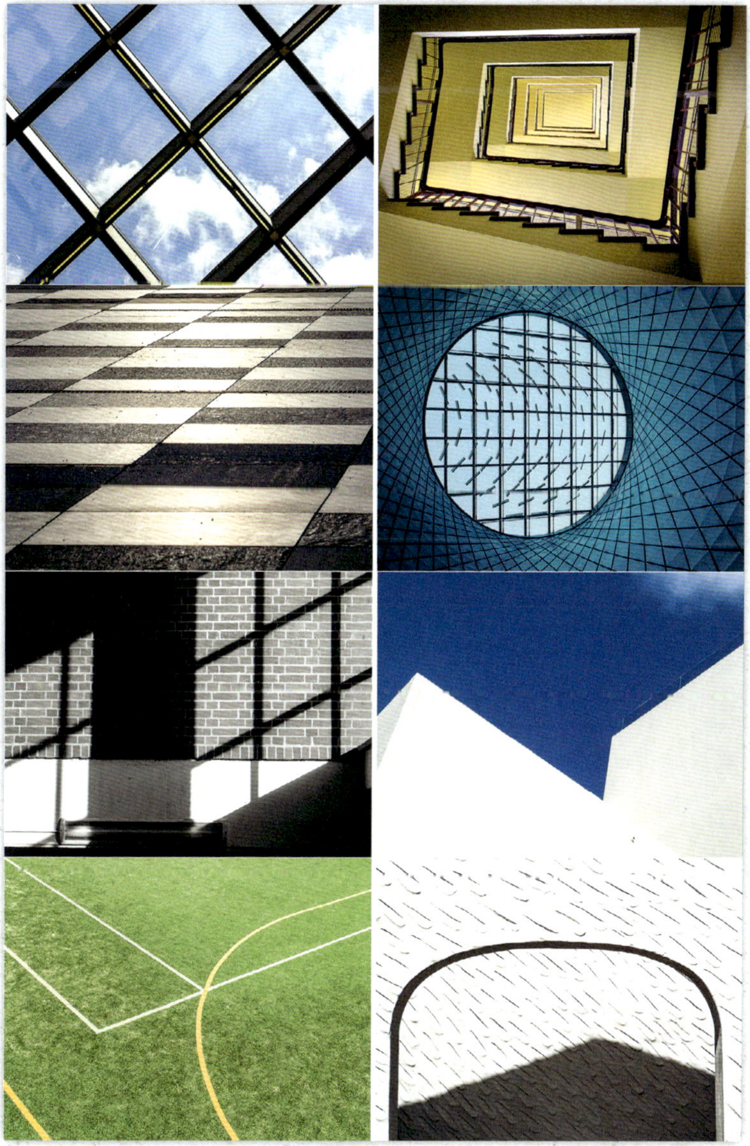

Leg dir in deinem Fotoordner eine Sammlung mit Fotos von geometrischen Formen an und werde zum Sammler. Es macht Spaß, diese immer wieder neu in Sammlungen anzuordnen – mal nach Farben, mal nach Formen und mal kunterbunt!

LICHT LESEN LERNEN

Es ist wichtig, dass du dich mit der Wirkung des Lichts vertraut machst und lernst, das Licht zu „lesen“. Denn je besser du die Lichtstimmungen einzuschätzen weißt, desto besser wird dein Auge die passende Perspektive finden.

PROJEKT 52
DEIN FOTO DER WOCHE

Ohne Licht könnten wir kein Foto machen. Das sei schon mal grundsätzlich klargestellt. Doch Licht kann mehr. Licht beleuchtet nicht nur dein Foto, es ist auch ein maßgebliches Element der Bildgestaltung. Daher beschäftigen wir uns eingehender damit. Du findest in diesem Ratgeber einige Projekte, um den Umgang mit Licht zu üben, zum Beispiel „Das natürliche Licht", „Lichtspuren sichtbar machen" oder „Licht und Schatten".

Intensität

Lichtquellen können verschiedene Intensitäten haben, von gedimmt und ganz weich bis zu sehr hell und intensiv. Lerne, damit zu arbeiten und die unterschiedlichen Situationen für deine Fotoidee zu nutzen.

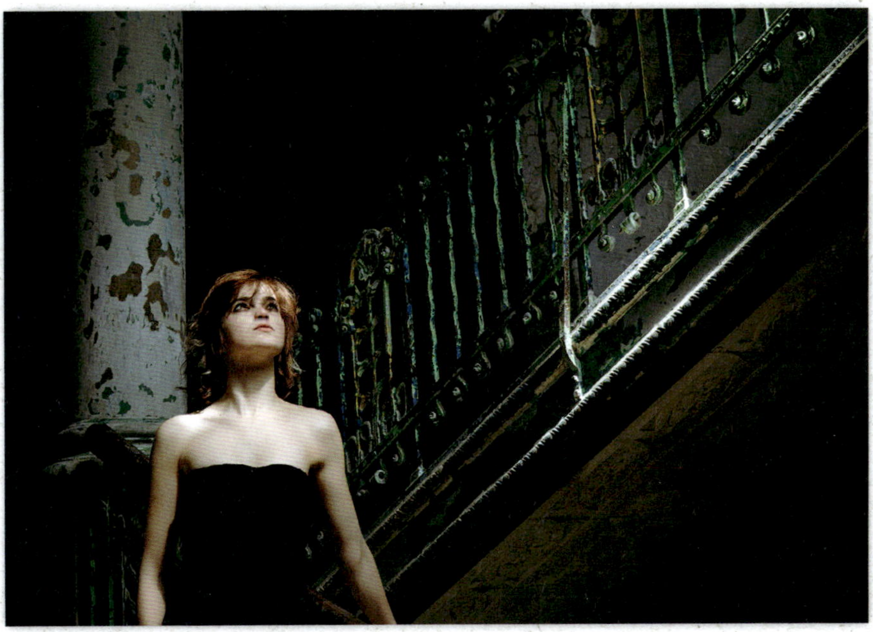

Beelitz Heilstätten: In Treppenhäusern sind oft spannende Lichtverhältnisse. Das Licht fällt hier von oben durch das Treppenhaus auf das Model und wirkt sehr fokussiert, aber trotzdem weich. ISO 200 | 59 mm | f/8 | 1/30 s

Weiches Licht

Ist die Lichtquelle sehr groß und nahe am Objekt, ist sie weich. Zudem kann die Nutzung eines Diffusors hartes Licht weich machen. In der Natur ist zum Beispiel ein wolkenverhangener Himmel der beste Diffusor für ein weiches Licht.

Hartes Licht

Hartes Licht produziert einen hohen Kontrast. Die Schatten sind dunkel mit deutlichen Rändern. Bei hellen Flächen hingegen musst du darauf achten, das Foto nicht überzubelichten.

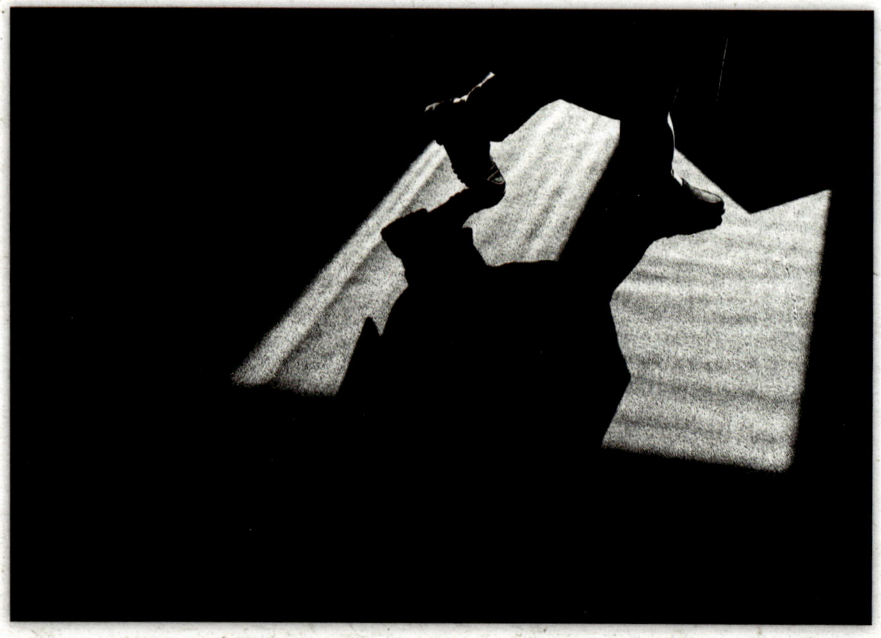

Die Mittagshitze mit der Sonne hoch am Himmel produziert oft hartes Licht – toll für Schattenspiele. **ISO 250 | 24 mm | f/4 | 1/500 s**

Richtung des Lichts

Hast du Gegenlicht, hast du das Licht im Rücken oder seitliches Streiflicht? Die Richtung des Lichts bestimmt, wo und wie die Höhepunkte und die Schatten in deinem Foto liegen. Damit kannst du das ganze Foto komponieren.

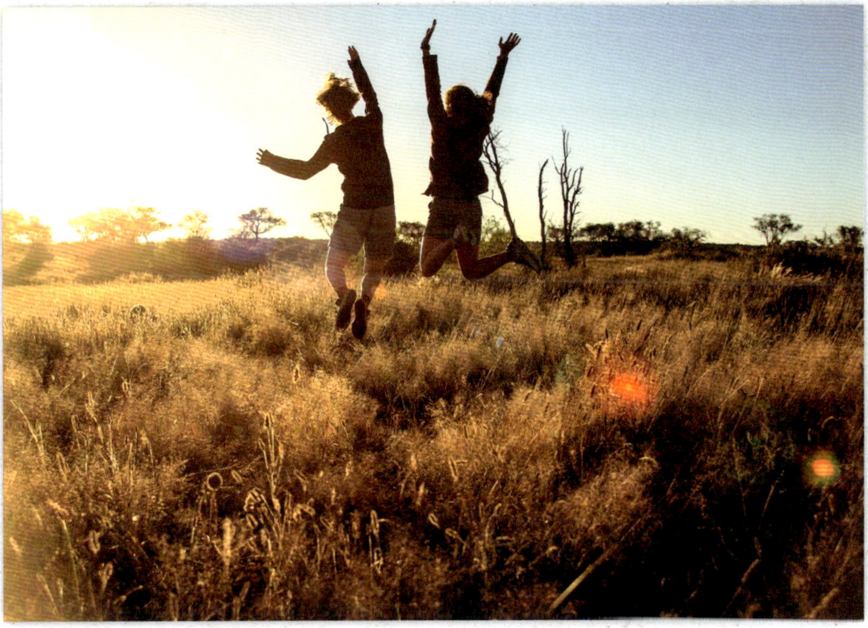

Seitliches Streiflicht mit etwas Lens Flare macht dieses Motiv zum absoluten Sommermotiv. ISO 100 | 41 mm | f/18 | 1/800 s

Die Farbe des Lichts

Jedes Licht erzeugt andere Farben. Diese Farbtemperatur ist abhängig von der Umgebung (innen/außen, Sonne/Regen ...). Die Einheit der Farbtemperatur ist Kelvin (K). Wenn die Farben im Foto einfach falsch aussehen – die Gesichter plötzlich rötlich sind oder der Schnee bläulich ist, dann ist meist die Farbe des Lichts verantwortlich. Genau dafür hat deine Kamera die Einstellung mit dem Namen „Weißabgleich". Damit kannst du die unterschiedlichen Lichtsituationen ausgleichen.

Ich empfehle dir, den Weißabgleich auf Automatik einzustellen und zudem in RAW zu fotografieren. Dann kannst du im Nachgang sehr viel einfacher das korrekte Weiß und die korrekte Farbigkeit in der Bildbearbeitung anwählen, falls diese dir nicht korrekt vorkommt (s. dazu auch den Abschnitt „Weißabgleich auf ‚automatisch' stellen").

Tipp: Farbtemperatur in Kelvin korrekt einstellen

Die Farbtemperatur kann man in der Bildbearbeitung manuell nachbearbeiten. Hier sind ein paar Richtwerte für die korrekte Lichtstimmung:

1500 K – Kerzenlicht/Dämmerung
2800 K – Kunstlicht
5000 K – Morgen-/Abendsonne
5500–5800 K – Mittagssonne, Bewölkung
6500–7500 K – bedeckter Himmel
7500–8500 K – Nebel, starker Dunst
9000–12.000 K – blauer (wolkenloser) Himmel

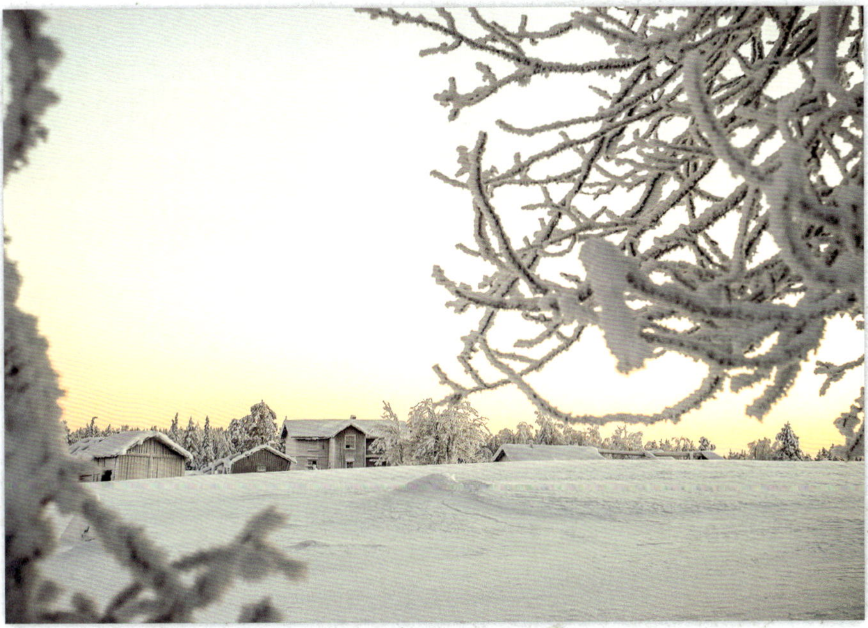

Dämmerung am Polarkreis – keine ganz einfache Lichtsituation. Durch meine Einstellung auf automatischen Weißabgleich und die Speicherung der Fotodatei in RAW hatte ich aber allen Spielraum, um die Farbe später am Computer noch nachzubearbeiten. ISO 640 | 50 mm | f/6,3 | 1/80 s

FRAGEN VOR DEINEM FOTO:

1. Welche Arten von Lichtquellen gibt es?
2. Gibt es genug Licht für mein Foto?
3. Aus welcher Richtung kommt das Licht?
4. Wo und wie liegt der Schatten?
5. Ist das Licht hart oder weich?

WENIGER KLISCHEE – MEHR KREATIVITÄT

Wenn du auf Reisen bist, ist es unvermeidlich, an die „klassischen" Orte zu fahren. In Berlin will jeder das Brandenburger Tor oder das Schloss Bellevue sehen. In Paris steht der Eiffelturm und in London die Tower Bridge auf dem Programm. Klar, da ist die Kamera dabei. Aber wie gehst du es an, damit deine Fotos nicht die gähnend langweiligen „Kennt-doch-jeder-Fotos" werden? Indem du deine Bilder überdenkst!

PROJEKT 52
DEIN FOTO DER WOCHE

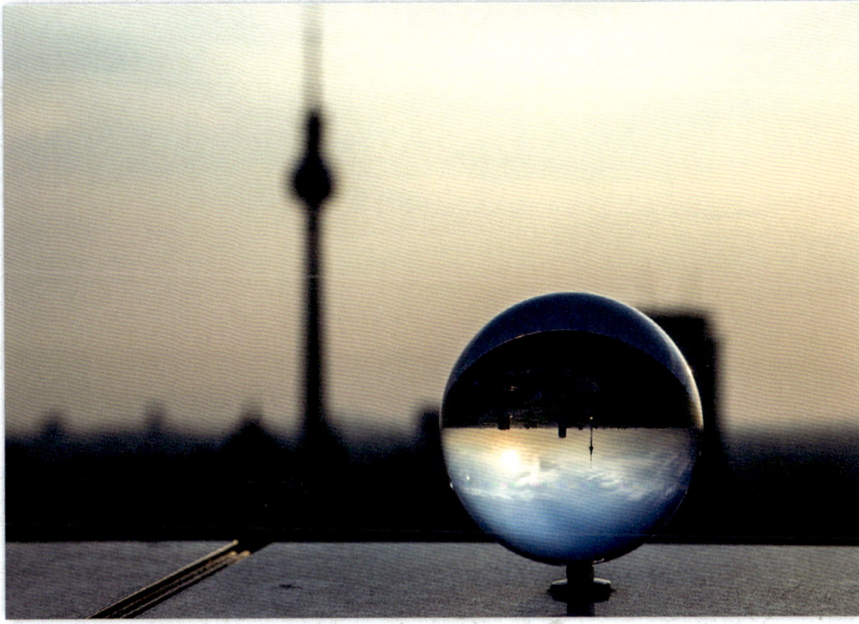

Kreativität ist nicht immer der Blick in die Glaskugel. Mache einzigartige Fotos von einzigartigen Locations. Sie haben es verdient.
ISO 100 | 85 mm | f/10 | 1/200 s

Sei kreativ: Mach es nicht wie alle anderen

Wie machen es alle? Sie stehen vor dem Objekt und halten drauf. Schön in der Mitte und ohne Spannung im Bild. Aber was passiert, wenn du die Winkel veränderst? Oder gibt es in der Nähe ein Einkaufszentrum mit Panoramaterrasse oder ein Parkhaus mit Parkdeck auf dem Dach? Dann fotografiere doch mal von dort aus.

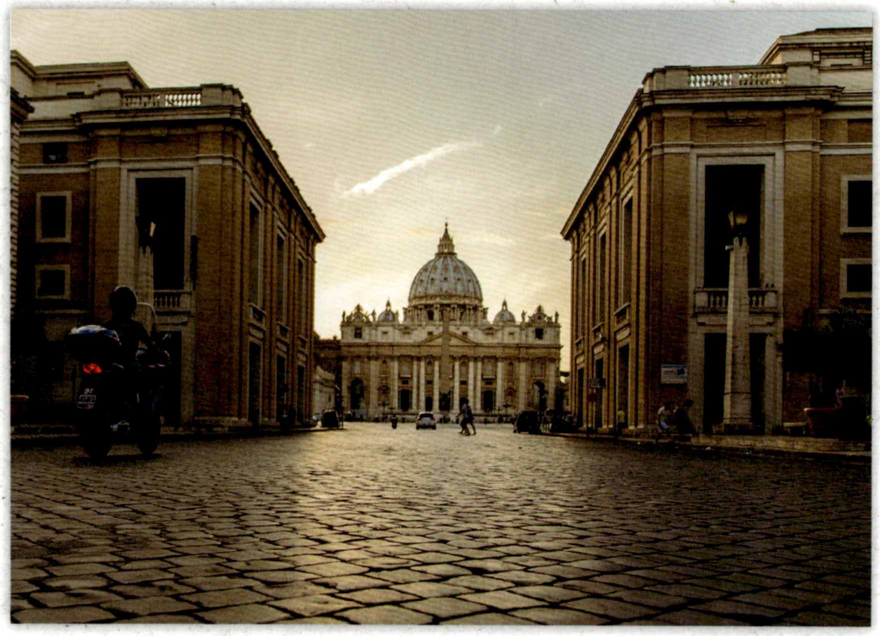

Der Petersdom in 08/15? Nein – gehe auf den Boden und fotografiere von einer ganz niedrigen Perspektive. Suche dir einen Rahmen in Form von Häusern.
ISO 400 | 24 mm | f/4 | 1/800 s

Welche Objekte kannst du miteinbeziehen?

Du kannst jegliche Rahmen oder Objekte nutzen, um Deinen Ausblick interessanter zu gestalten. Der Blick durch den Zaun, der Blick durch das Brückengeländer oder was auch immer dir einfällt. Auch Spiegelungen sind toll.

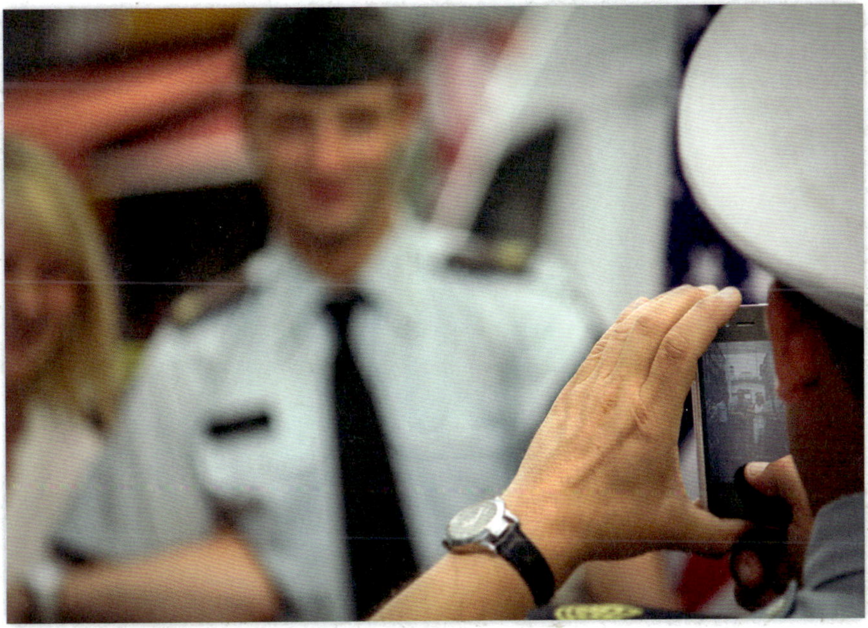

Betrachte Autoscheiben, Spiegel, Fensterscheiben oder Pfützen, wenn du auf Motivsuche bist. Toll eignen sich auch Handydisplays, wie hier das Smartphone am berühmten Checkpoint Charlie in Berlin.
ISO 200 | 24 mm | f/4 | 1/800 s

Lass Menschen in dein Foto

Ein Klassiker ist auch, Ewigkeiten zu warten, damit dir auch ja niemand ins Bild läuft. Oh, wie viel Zeit habe ich schon damit verbracht. Aber vielleicht machen es ja gerade die Passanten spannend? Verleihen sie deinem Foto vielleicht eine gewisse Ironie?

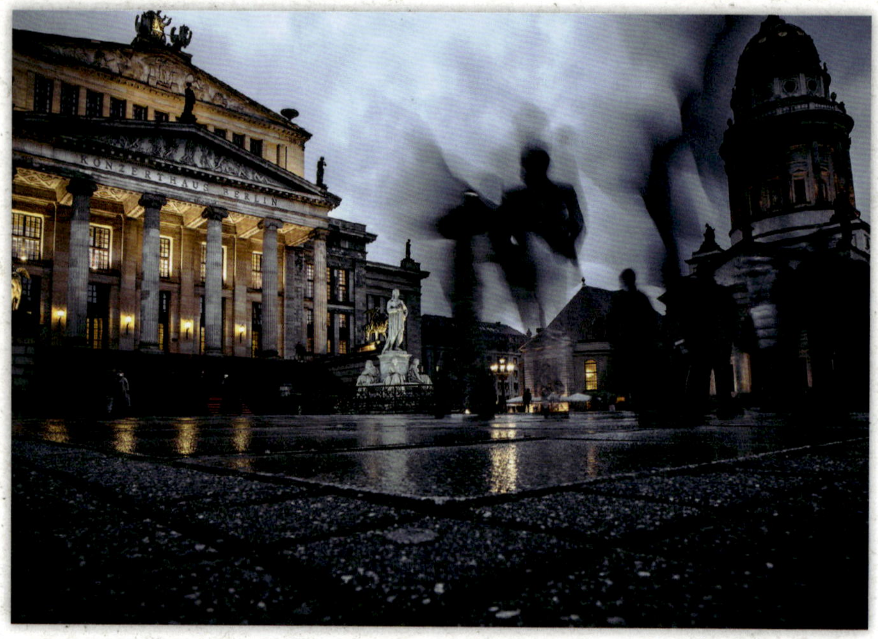

Der Gendarmenmarkt – hundertmal am Tag fotografiert. Aber wie verändert er sich bei Regen und in Langzeitbelichtung? Und was passiert, wenn die kreuzenden Menschen plötzlich zu wirren Mustern werden?
ISO 500 | 24 mm | f/22 | 1,6 s

Überdenke deine Fotoidee

Wie auch immer du startest, versuche, deine Fotoidee immer noch einmal zu überdenken. Denke an das Gegenteil! Alle fotografieren im Stehen, also knie dich hin. Alle fotografieren von vorne, also fotografiere von hinten. Alle fotografieren ohne Menschen, also nutze die Passanten für dein Foto. Welche Elemente kannst du miteinbeziehen? Pfützen, Zäune, Sonnenbrillen oder was auch immer dir einfällt. Es ist dein Foto. Also mach was draus!

JAHRES- UND TAGESZEITEN

Mein Fotojahr hat mehr als vier Jahreszeiten. Jede Jahreszeit hat ihren Reiz und jedes Wetter seine Fotos! Wie sagt man so schön: Es gibt kein schlechtes Wetter, nur schlechte Kleidung!

PROJEKT 52
DEIN FOTO DER WOCHE

Jede Jahreszeit hat ihren Charakter

Wenn du zum Fotografieren nach draußen gehst, wirst du feststellen: Je nach Wetter- und Lichtsituation kannst du deine Fotomotive immer wieder neu in Szene setzen. Gerade wenn man Orte wieder und wieder aufsucht, merkt man, wie unterschiedlich sie durch die unterschiedlichen Jahreszeiten wirken. Spannend ist es, zu jeder Jahreszeit die richtigen Elemente hervorzuheben – passend zur gewünschten Bildstimmung.

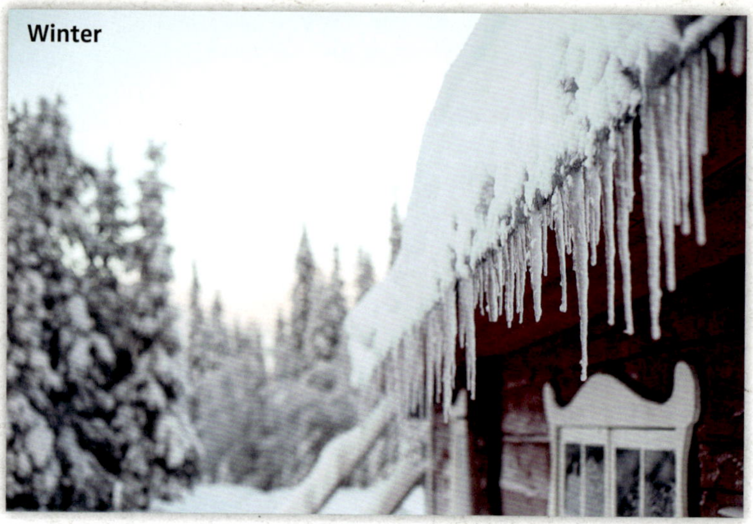

Im Winter hast du blaues, eher diffuses Licht. Die Wolkendecke am Himmel ist oft dick. Im Weißabgleich empfehle ich dir, in RAW zu fotografieren, damit du in der Nachbearbeitung die korrekte Farbe hast.

ISO 160 | 50 mm | f/4 | 1/200 s

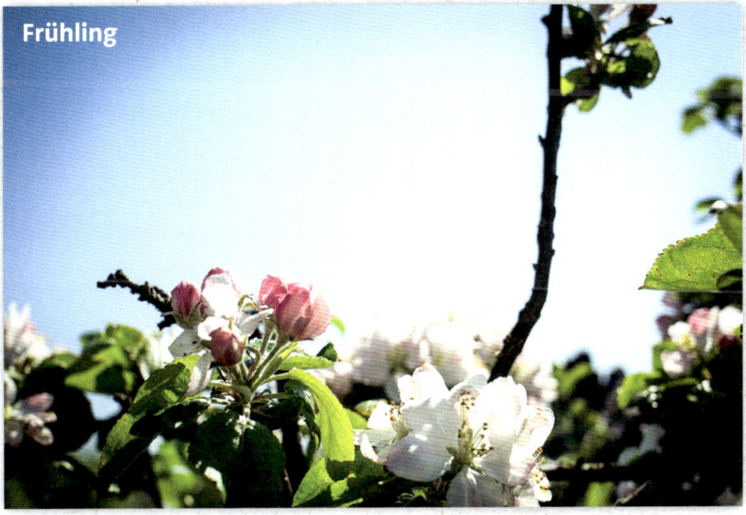

Die Sonne kommt zurück. Das Wetter ist unbeständig und wechselt häufig. Hier und da zeigt sich das erste Grün, und die Sonne steht noch tief. Für Fotos zum Sonnenaufgang ist das besonders geeignet.

ISO 800 | 35 mm | f/7,1 | 1/800 s

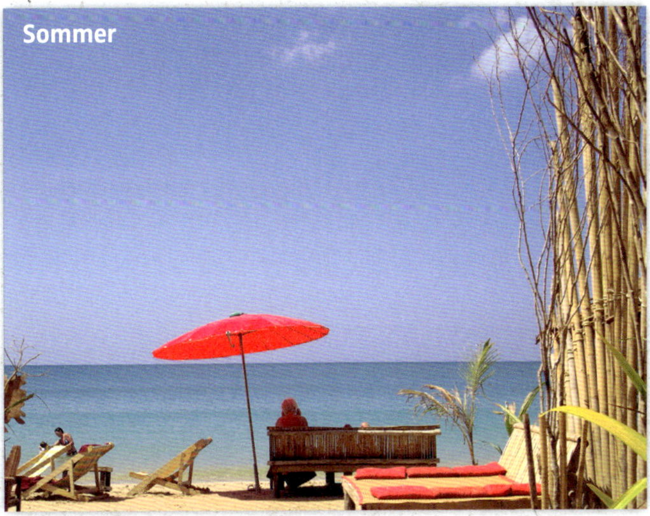

Der Sommer ist bekannt für kräftige Farben. Tagsüber hast du harte Schatten. Überall draußen ist Leben. Das Licht ist gelblich und freundlich.

ISO 100 | 65 mm | f/7,6 | 1/320 s

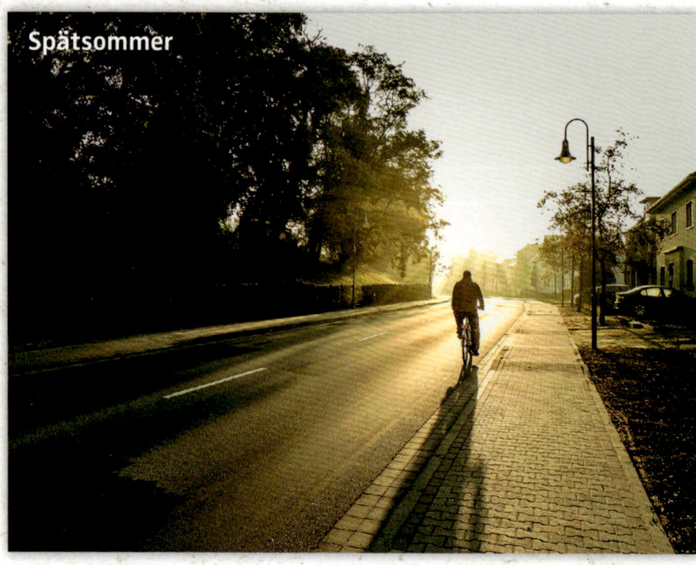

Das Licht färbt sich orange, die Schatten werden länger. Perfekt für Fotos am Nachmittag oder frühen Vormittag. ISO 100 | 25 mm | f/2,5 | 1/640 s

Meine liebste Jahreszeit für Fotos. Regen und Wind kommen wieder, es ist mächtig Bewegung im Wetter. Wolken sind nie langweilig, die Farben sind echt und kräftig. ISO 400 | 24 mm | f/4 | 1/40 s

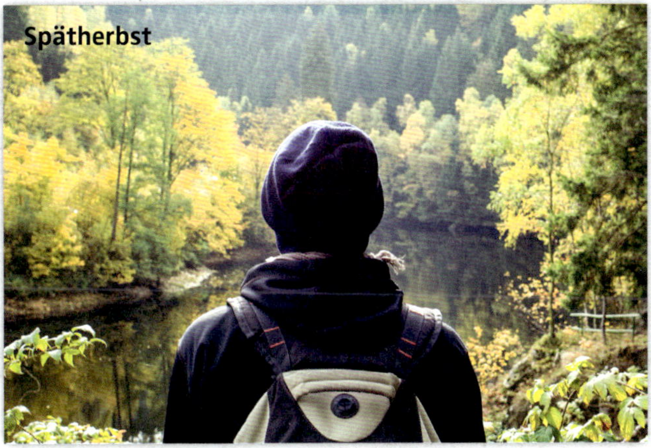

Der Indian Summer, die Warmwetterperiode im Spätherbst auf dem nordamerikanischen Kontinent, die wir oft auch in unserer Region wiederfinden. Die Bäume leuchten, die Wolkendecke reißt noch mal auf, bevor alles im Herbst/Winter-Grau verschwindet. ISO 100 | 35 mm | f/7,1 | 1/50 s

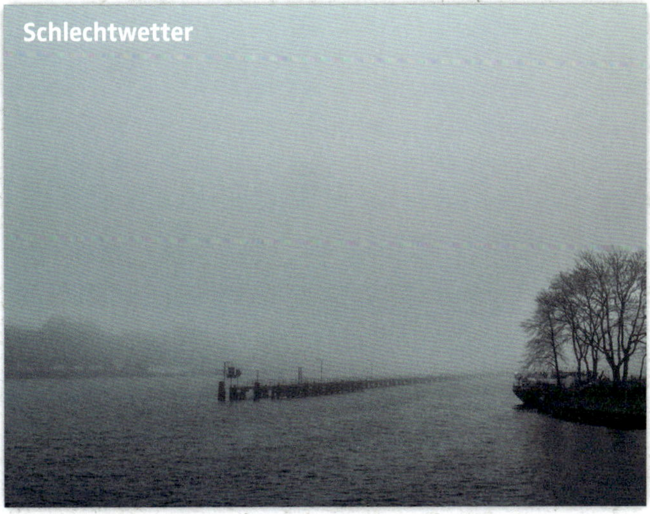

Bring Leben in das Grau und nutze die tolle Atmosphärenwirkung. Nebelschleier, Regen, Frost und Regenbogen – schlechtes Wetter ist gut für dein Bild, denn damit kannst du dramatische Effekte erzielen.
ISO 500 | 36 mm | f/8 | 1/160 s

Die fotografischen Tageszeiten

Besonders die Tagesrandzeiten und die Nachtfotografie reizen mich. Aber bei dieser Auflistung wurde mir wieder klar, dass jede Tageszeit ihren ganz besonderen Reiz hat.

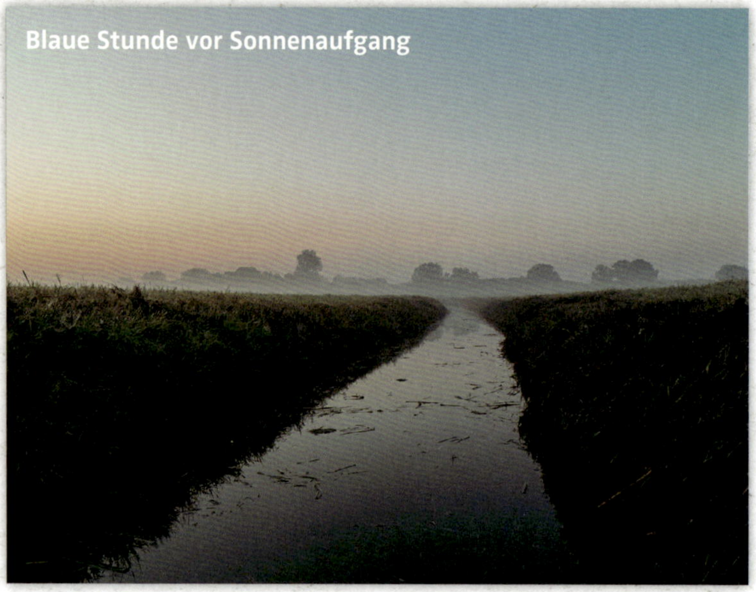

Das Zwielicht erzeugt blaues, diffuses Licht. Alles wirkt klar, aber auch einsam und oft eher kühl. Eine faszinierende, stille Zeit.

ISO 400 | 25 mm | f/8 | 1/100 s

Goldene Stunde nach Sonnenaufgang

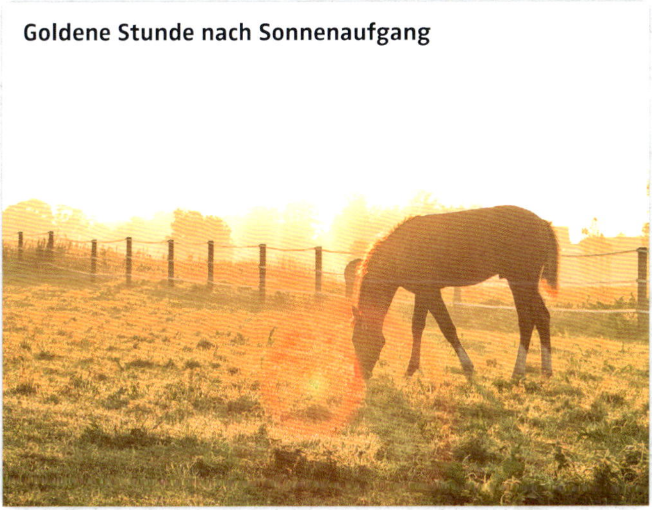

Plötzlich taucht alles in ein gelbes oder orangefarbenes Licht. Es wirkt sehr warm. Der flache Winkel ist insbesondere für Landschaftsaufnahmen bestens geeignet. ISO 250 | 100 mm | f/4,5 | 1/250 s

Vormittag

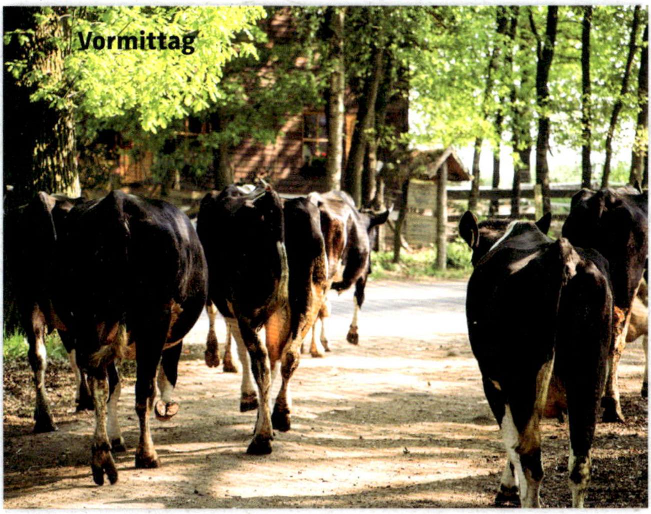

Das Licht entwickelt sich. Es ist immer noch sehr flach, je nach Jahreszeit und Wolken wirkt es warm. ISO 200 | 158 mm | f/4,7 | 1/160 s

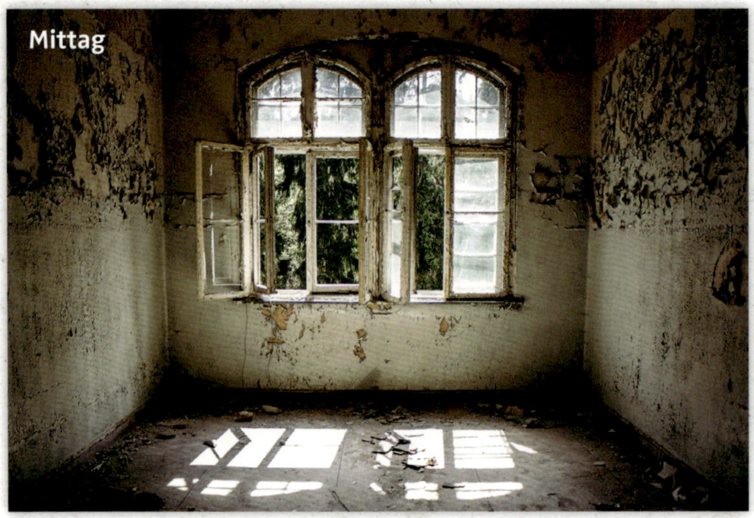

Ich mag die harten Schatten, die das Licht insbesondere in der Architektur werfen kann. Wolken können als Diffusor wirken.

ISO 400 | 28 mm | f/3,5 | 1/250 s

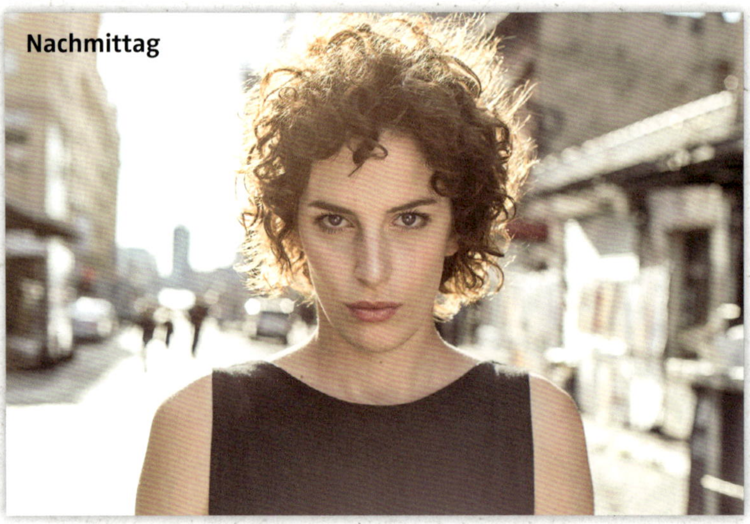

Die Sonne wandert. In der Regel optimal für „echtes" Licht.

ISO 200 | 50 mm | f/4,5 | 1/500 s

Goldene Stunde vor Sonnenuntergang

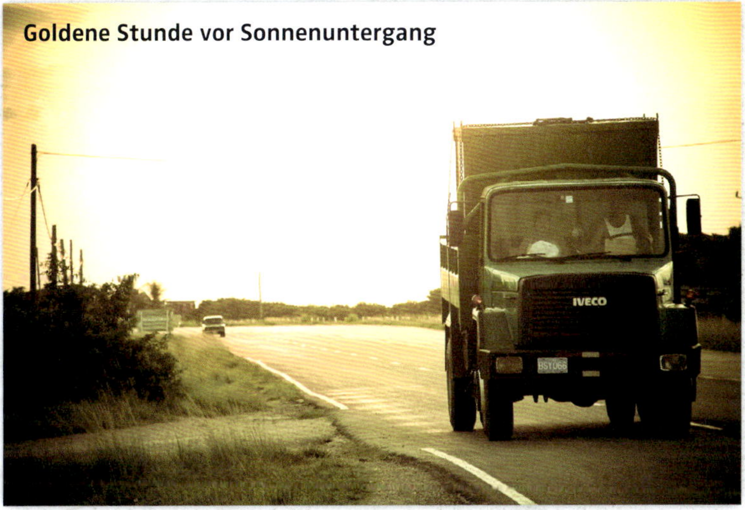

Da ist es wieder – das gelbe und orangefarbene Licht. Der flache Winkel und die Stimmung wirken sehr atmosphärisch und freundlich.

ISO 800 | 125 mm | f/13 | 1/1000 s

Sonnenuntergang

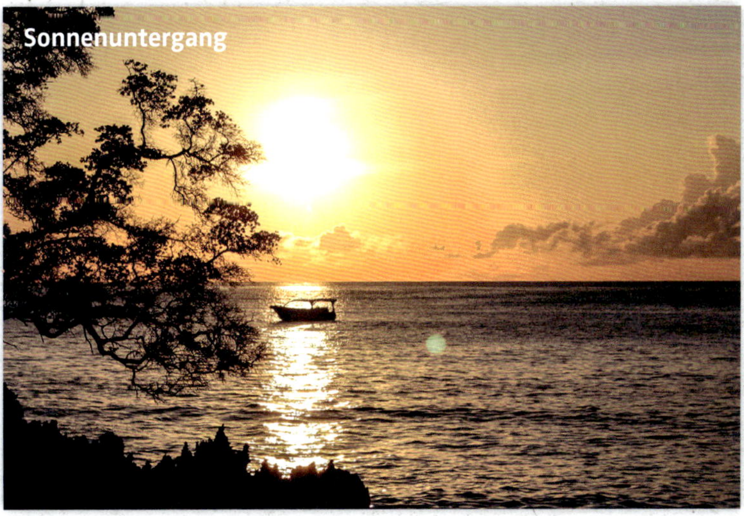

Die Stimmung zum Sonnenuntergang bedarf keiner Worte. Einmalig, aber durch das extreme Gegenlicht nicht leicht zu fotografieren.

ISO 200 | 55 mm | f/10 | 1/200 s

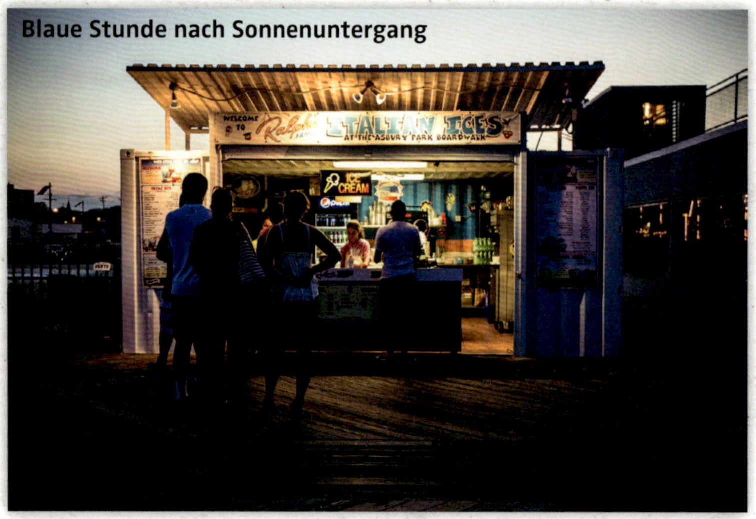

Blaue Stunde nach Sonnenuntergang

Das blaue Licht taucht alles in ein mystisches Flair. Eine besondere Stimmung – insbesondere in Kombination mit künstlichen Lichtquellen, zum Beispiel in der Großstadt. ISO 400 | 41 mm | f/4 | 1/25 s

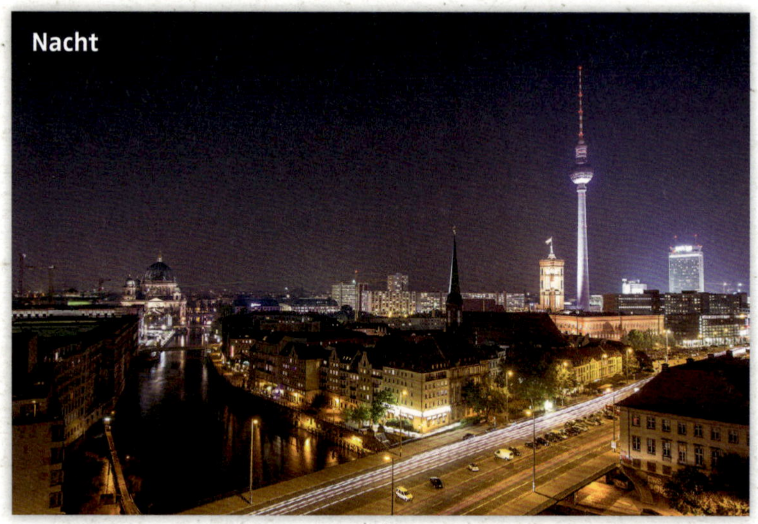

Nacht

Die Nacht hat ihren Reiz. Szenen verändern ihr Gesicht, Plätze ihre Stimmung. Es bedarf Übung, um mit Langzeitbelichtung, Fernauslöser und Stativ umgehen zu können. Aber es lohnt sich! ISO 100 | 22 mm | f/7,1 | 15 s

LERNE DEINE KAMERA KENNEN – ES IST GAR NICHT SO KOMPLIZIERT

Sicher hast du viele FotoIdeen im Kopf. Doch wie setzt du diese um? Dazu ist es wichtig, deine Kamera zu verstehen. Bevor wir mit den 52 Fotoprojekten starten, hier ein paar Worte zur Technik.

PROJEKT 52
★
DEIN FOTO DER WOCHE

Wenn du deine Kamera bereits gut kennst, kannst du dieses Kapitel überblättern. Bist du dir aber nicht sicher, was Tiefenschärfe, Blende & Co. bedeuten oder willst du dein Wissen auffrischen? Dann nimm dir einen Moment Zeit, um für deinen Fototrip bestens gewappnet zu sein.

Ich fotografiere seit einigen Jahren fast ausschließlich im manuellen Modus. Das ist gar nicht so schwer. Doch dazu musste ich drei Begriffe und deren Zusammenspiel verstehen lernen: **Blende**, **Verschlusszeit** und **ISO**.

Blende

Die Blende ist die Öffnung im Objektiv, durch die das Licht fällt. Kreisförmig angeordnete Lamellenbleche verschieben sich so ineinander, dass die Öffnung für das Licht enger oder weiter wird. Mit der Wahl der Blende regelst du, wie viel Licht auf deinen Kamerasensor gelangt.

Das ist ähnlich wie bei einem Wasserhahn. Wenn du den Hahn voll aufdrehst – also weit öffnest –, kommt schnell sehr viel Wasser aus dem Hahn. Wenn du ihn hingegen nur ein wenig aufdrehst – also nur minimal öffnest –, läuft wenig Wasser heraus, und es dauert länger, bis du die gleiche Menge Wasser hast.

Die Blende regelt die Lichtmenge

Genauso verhält es sich mit der Blende und dem Licht. Ist die Blende weit geöffnet, kommt schnell viel Licht durch die Öffnung. Wenn du die Blende nur wenig öffnest, fällt wenig Licht hindurch. Es braucht länger, bis die gleiche Lichtmenge auf den Sensor deiner Kamera gelangt. Die Zeit der Öffnung bestimmt die Belichtungszeit, aber dazu kommen wir gleich.

Große Blende = viel Licht, kleine Blende = wenig Licht

Die Blende wird in der Blendenzahl angegeben. Hier kam ich anfangs oft durcheinander, denn **ein kleiner Blendenwert** (z. B. f/2,8 = große Blende) steht für **eine große Blendenöffnung**. Es kommt also viel Licht durch, weil die Blende weit geöffnet ist.

Folglich bedeutet ein **großer Blendenwert** (z. B. f/16 = kleine Blende), dass die **Blende einen kleinen Durchmesser** hat und somit also weniger Licht auf deinen Sensor gelangt. Das finde ich irgendwie immer noch seltsam, aber es ist so.

BLENDENREIHE MIT GANZEN BLENDEN (F)
0,5 | 0,7 | 1 | 1,4 | 2 | 2,8 | 4 | 5,6 | 8 | 11 | 16 | 22 viel Licht wenig Licht

Durch Erhöhung oder Verringerung um eine Blendenstufe halbierst – beziehungsweise verdoppelst – du die Lichtmenge, die auf deinen Kamerasensor trifft.

Die Blende regelt die Tiefenschärfe

Neben der Lichtintensität regelt die Blende die Tiefenschärfe, also welche Bereiche auf deinem Foto scharf und welche Bereiche unscharf abgebildet sind. Damit hat die Blende einen entscheidenden Einfluss auf die Bildwirkung deines Fotos.

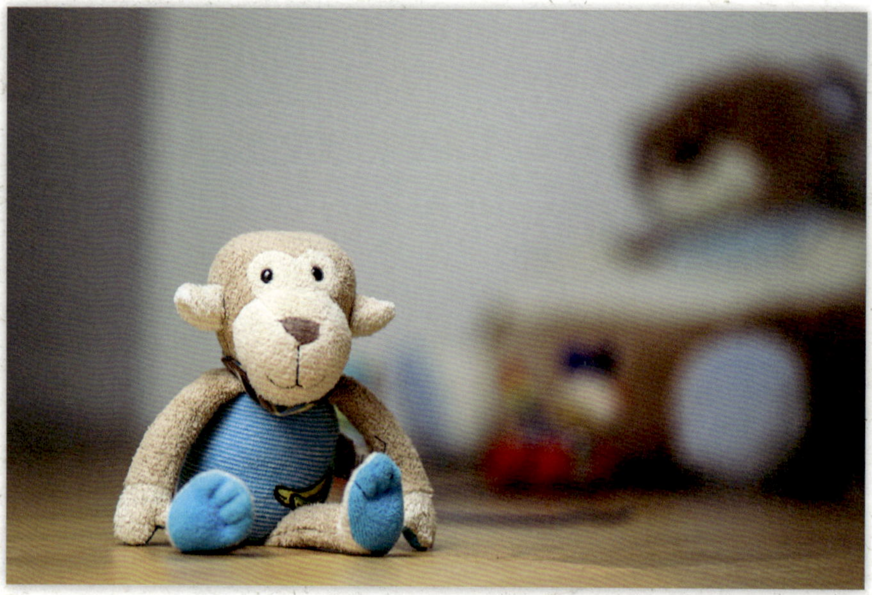

Das gleiche Motiv mit den unterschiedlichen Blenden:
ISO 100 | 85 mm | f/1,8 | 1/80 s

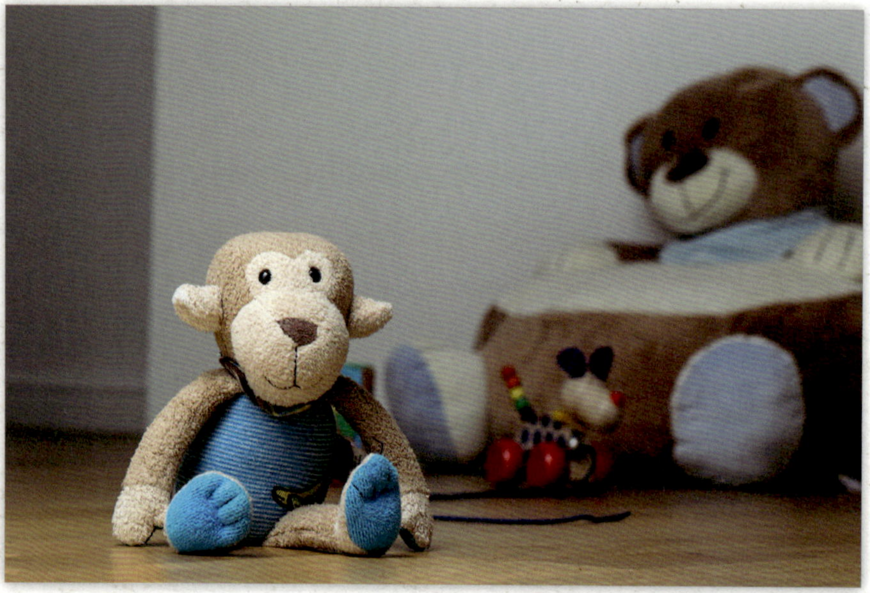

ISO 1000 | 85 mm | f/8 | 1/80 s

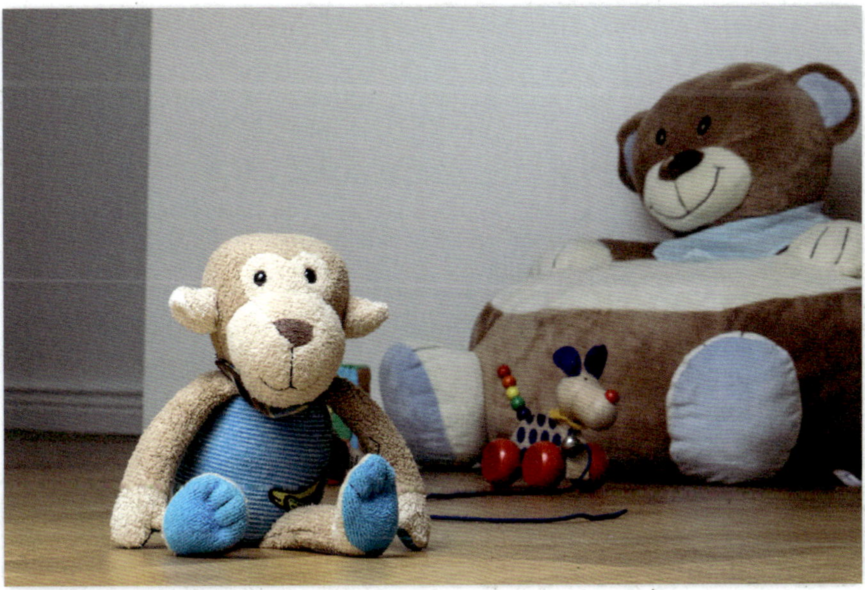

ISO 6400 | 50 mm | f/20 | 1/80 s

Beim Vergleich der Bilder wird klar, welche Auswirkung die Wahl der unterschiedlichen Blenden f/1,8, f/8 und f/20 hat. Zudem wird deutlich, dass ein kleinerer Blendenwert weniger Licht durchlässt. Das gleiche ich hierbei über den ISO-Wert aus. Alternativ könnte ich die Belichtungszeit verlängern, wobei diese mit 1/80 und einem 85-mm-Objektiv schon an der Grenze dessen ist, was ich aus der Hand halten kann, ohne zu verwackeln. Bei einer kürzeren Belichtung bräuchte ich ein Stativ oder eine sehr ruhige Hand.

Große Blende mit kleinem Blendenwert = tolle Porträtfotos

Möchte ich mein Objekt im Vordergrund scharf darstellen und den Hintergrund verschwimmen lassen? Dann fotografiere ich mit einem kleinen Blendenwert, also einer großen Blende (z. B. f/2). Das passt toll zu Porträtfotos. Hier will ich den Fokus auf die Augen legen. Nichts soll von dem Gesicht ablenken. Mit einer großen Blende kannst du dein Hauptmotiv vor dem Hintergrund freistellen.

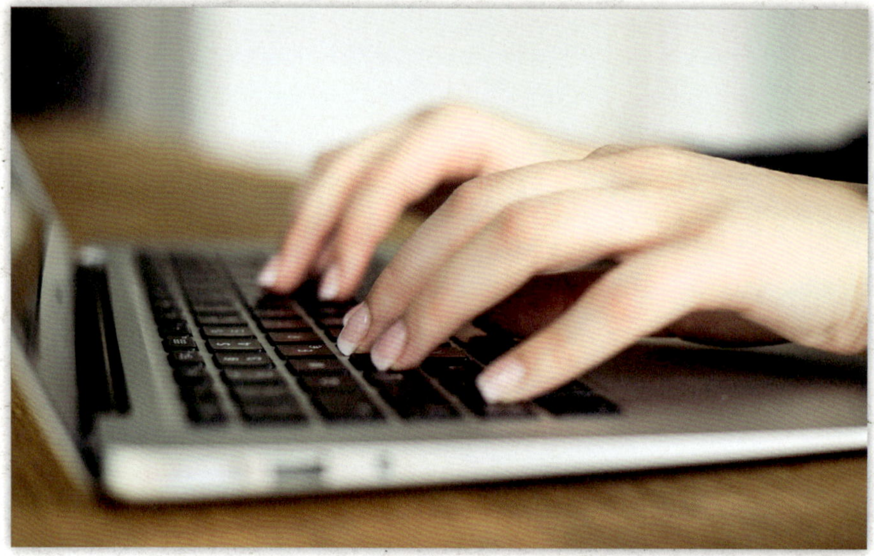

Details beim Schreiben am Laptop: Durch die Wahl einer großen Blende geht der Blick direkt auf das Wesentliche. ISO 320 | 50 mm | f/2,8 | 1/60 s

Kleine Blende für Landschaftsaufnahmen und den weiten Blick

Anders gehe ich vor, wenn ich eine Landschaft fotografiere. Hier wähle ich eine kleine Blende mit großem Blendenwert (zum Beispiel f/16). Dann ist alles auf meinem Foto scharf, und ich habe eine große Tiefenschärfe.

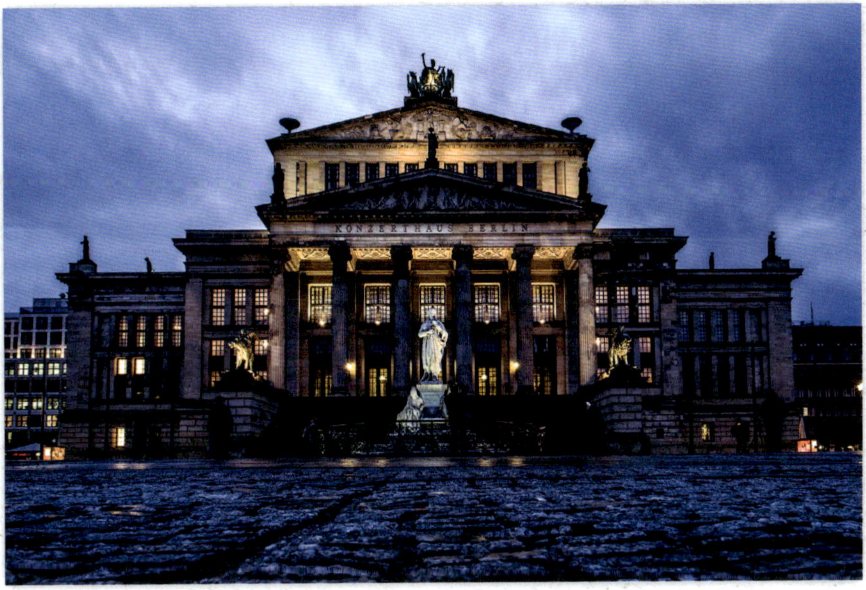

Gendarmenmarkt Berlin: In Landschafts- und Architekturaufnahmen möchte ich durch die Wahl einer kleinen Blende volle Tiefenschärfe erzielen.
ISO 500 | 24 mm | f/22 | 1,6 s

Belichtungs- und Verschlusszeit

Die Belichtungszeit (Verschlusszeit) regelt, wie lange Licht auf deinen Kamerasensor einfällt. Das können kürzeste Werte von 1/4000 Sekunde (s) sein bis hin zu langen Verschlusszeiten von 30 Sekunden oder noch länger. Durch die Wahl der Verschlusszeit komponierst du ebenfalls dein Foto. Diese arbeitet direkt mit deiner Blende zusammen.

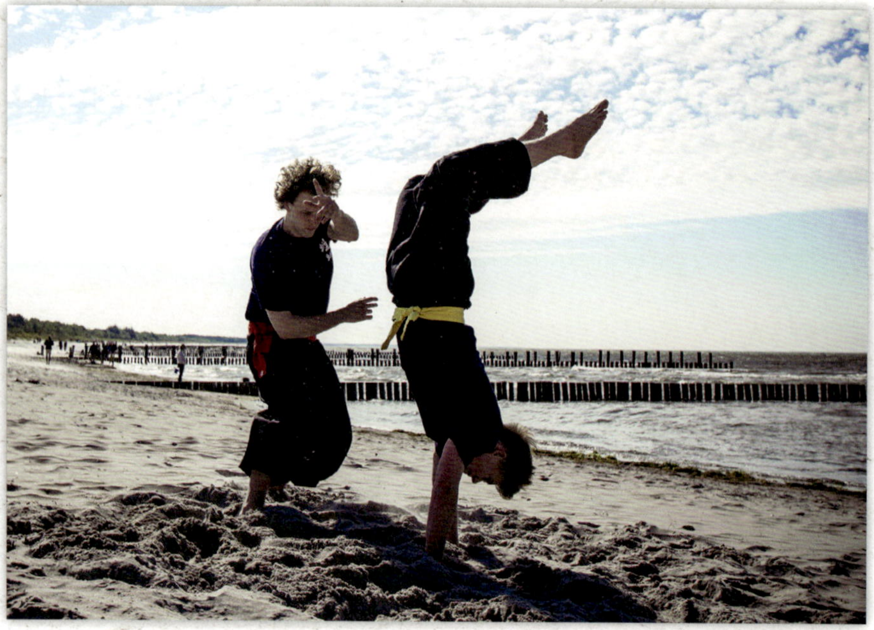

Karate am Strand von Zingst: Für die schnellen Bewegungen von Sportlern wähle ich eine sehr kurze Verschlusszeit für ein scharfes Foto.
ISO 100 | 20 mm | f/3,5 | 1/1600 s

Eine kurze Belichtungszeit für schnelle Momente, eine lange für langsame

Willst du den Flügelschlag eines Vogels scharf einfangen oder einen Rennradfahrer fotografieren, wählst du eine kurze Verschlusszeit (1/250 Sekunde oder höher), da du schnelle Bewegungen festhalten möchtest.

Mit einer langen Belichtungszeit am Abend werden die Lichtspuren der Autos zu fantasievollen roten und gelben Lichtstreifen. Oder du lässt auf einem belebten Platz das Gewirr an Menschen zu einem verschwommenen Gewusel werden. Eine lange Belichtungszeit ist ebenfalls toll für Experimente mit Zügen und anderen bewegten Objekten.

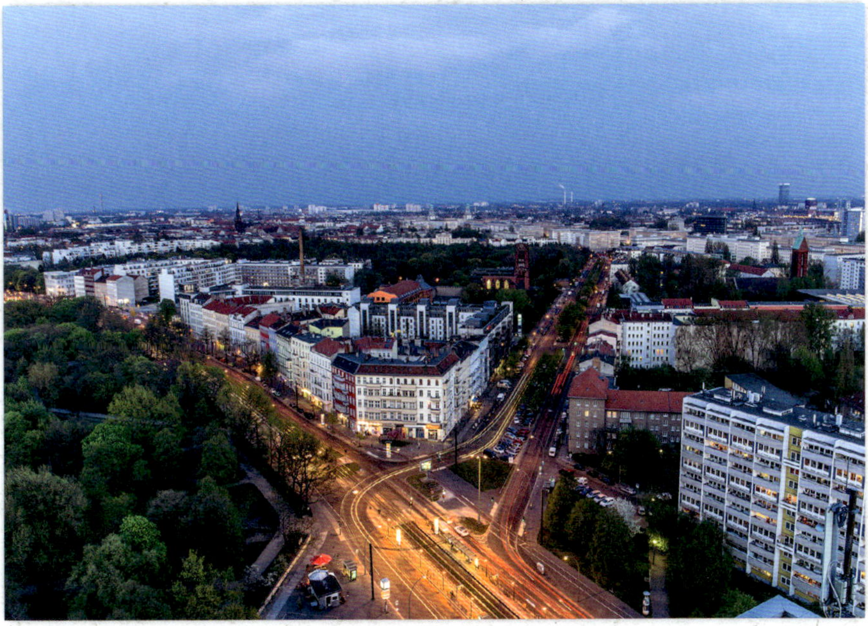

Platz der Vereinten Nationen: Lange Verschlusszeiten können Effekte in die Nacht zaubern, die das normale Auge nicht sieht.

ISO 100 | 26 mm | f/18 | 13 s

Fotos, ohne zu verwackeln

Manchmal hast du eine tolle Idee, aber das Foto ist verwackelt. Für die Wahl der Belichtungszeit ist es wichtig, einzuschätzen, wie lange du die Kamera ohne Stativ ruhig halten kannst. Merke dir als Faustregel, dass du als Verschlusszeit immer mindestens den Kehrwert deiner Brennweite wählen solltest. Das bedeutet bei einer Brennweite von 50 mm, mindestens 1/50 Sekunde oder schneller als Belichtungszeit zu wählen.

FAUSTREGEL FÜR FREIHAND-VERSCHLUSSZEIT

Kehrwert Brennweite = Einstellung Verschlusszeit
(50 mm = 1/50 s oder 100 mm = 1/100 s)

Das Stativ für lange Belichtungszeiten

Da ich häufig am frühen Morgen oder späten Abend fotografiere, sind Stativ und Kabelfernauslöser für mich wichtige Begleiter. Denn sobald die Verschlusszeit den Kehrwert deiner Brennweite unterschreitet, droht dein Foto zu verwackeln. Mit einem Stativ aber kann ich das nächtliche Stadtpanorama oder in dunklen Lost Places meine Fotos komponieren.

ISO

Ich erinnere mich noch, als ich das erste Mal einen Kleinbildfilm mit ASA/ISO 400 gekauft habe. „Damit kannst du auch abends fotografieren", sagte mein Vater, bevor wir in den Familienurlaub in die USA geflogen sind. Super, schließlich stand ein Bummel durch das nächtliche Las Vegas auf dem Plan.

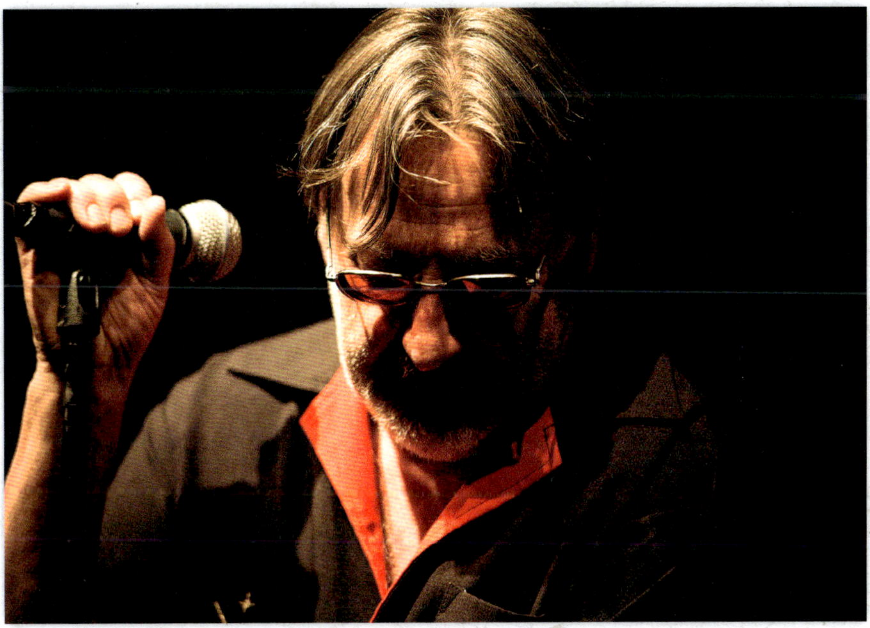

Der Sänger Southside Johnny auf der Bühne: Für Aufnahmen bei komplizierten Lichtverhältnissen wähle ich gerne einen höheren ISO-Wert. Die heutigen Kameras können da auch bestens mithalten – selbst wie hier bei ISO 2000.
ISO 2000 | 200 mm | f/2,8 | 1/200 s

ISO steht für **I**nternational **O**rganization for **S**tandardization. Aber viel wichtiger ist: ISO beschreibt die Lichtempfindlichkeit.

Ein hoher ISO-Wert lässt das Bild rauschen

Meine heutige digitale Spiegelreflexkamera erlaubt mir ISO-Einstellungen von 100 bis 6400. Moderne Kameras lassen sogar weit höhere Werte als diese zu. In meinem Kameramenü muss ich den Einsatz von 6400 jedoch extra freischalten. Wieso das? Ist es nicht super, wenn ich in dunkelster Nacht fotografieren kann? Nicht unbedingt, denn je höher mein ISO-Wert, desto mehr Bildrauschen hat mein Foto.

! Niedriger ISO-Wert = weniger Rauschen im Bild

Somit sollte dein Ziel also sein, den ISO-Wert gering zu halten, auch wenn die Technik sehr viel ermöglicht.

Kameraprogramme

Du brauchst keine teure digitale Spiegelreflexkamera, um tolle Fotos zu machen. Selbst einfache Kompaktkameras oder Smartphones sind wahre Wunderwerke der Technik. Wenn ich auf Fototour bin, fotografiere ich mit meiner großen digitalen Spiegelreflexkamera mit Wechselobjektiven. Für das tägliche Foto zwischendurch habe ich hingegen immer eine kleine Kompaktkamera oder zumindest mein Smartphone dabei. Wenngleich meine Fotoideen sich zum Großteil auf Einstellungen im manuellen Modus beziehen, ist es sinnvoll, zumindest den Unterschied der unterschiedlichen Betriebsarten einer Digitalkamera zu verstehen.

Programmautomatik (P)

Die Programmautomatik (auf deiner Kamera als **P = Programm** zu finden) ist das einfachste halb automatische Kameraprogramm und ideal, um erste Versuche außerhalb der Vollautomatik zu sammeln. Die Kamera regelt **Verschlusszeit** und **Blende** anhand der ermittelten **Belichtungswerte**. Das geschieht durch kurzes Antippen des Auslösers. Anschließend kannst du zusätzlich die Werte für Blende und Verschlusszeit verschieben und so zum Beispiel für ein Porträt eine große Blende wählen. Verschlusszeit und Belichtung werden automatisch angepasst. Den Blitz kannst du zusätzlich manuell hinzuschalten.

Blendenautomatik (TV oder S)

Mit der Blendenautomatik (je nach Hersteller auf deiner Kamera als **TV = Time Value** oder **S = Shutter Priority** zu finden) gibst du deiner Kamera die **Verschlusszeit** – auch Belichtungszeit genannt – vor. Das ist insbesondere beim Sport (der schnelle Läufer), bei Naturaufnahmen mit seidigem Wasser (Wasser langsam verschwimmen lassen) oder in lichtkritischen Situationen hilfreich. In der Regel aber gibst du der Kamera eine Zeit wie zum Beispiel 1/150 Sekunde vor, in der du die Kamera gut halten kannst, ohne zu verwackeln. Dann tippst du den Auslöser an, und deine Kamera passt die Werte für Blende und ISO an.

Ich nutze dieses Programm manchmal, wenn ich auf Streetfotografie-Tour bin und es schnell gehen muss.

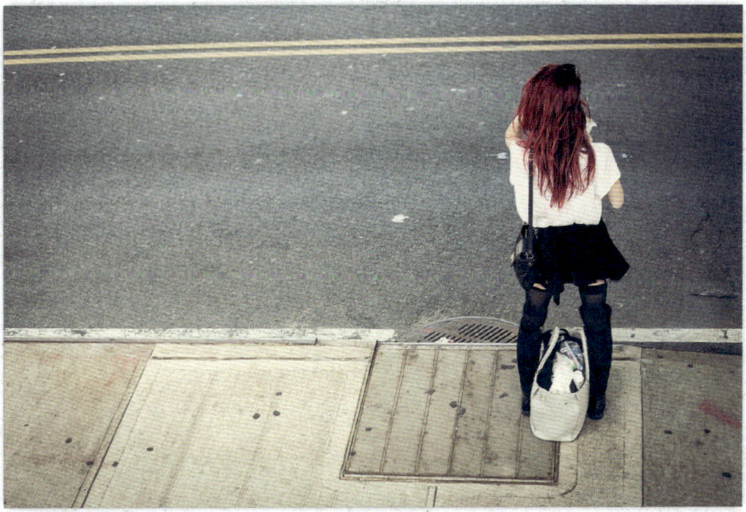

New York City: Wenn ich auf Fototour bin, nutze ich oft die Blendenautomatik, um vorbereitet zu sein auf ein spontanes Motiv – wie hier beim Weg aus der U-Bahn Station. ISO 160 | 50 mm | f/4 | 1/125 s

Zeitautomatik (AV oder A)

Im Programm der Blendenvorwahl oder Zeitautomatik (auf deiner Kamera als **A** oder **AV = Aperture Value** zu finden) gibst du deiner Kamera die **Blende** vor und regelst die **Tiefenschärfe**. Das Programm ist toll, wenn du Menschen im Porträt fotografierst und einen unscharfen Hintergrund (Unschärfe wird auch Bokeh genannt) haben möchtest. Die für dein Foto erforderliche Belichtungszeit wird von deinem Fotoapparat automatisch angepasst.

WARUM KANN ICH NICHT ALLE BLENDEN AUSWÄHLEN?

Je nach Brennweite können nicht immer alle Blendenwerte angewählt werden. So kann es passieren, dass du im Zoom/Telebereich bei einer Brennweite ab 100 mm und höher an deinem Objektiv nicht mehr den ganz niedrigen Blendenwert einstellen kannst, der mit demselben Objektiv noch bei 18 mm möglich war. Bei dem kleinsten möglichen Wert handelt es sich um die Offenblende.

Ein Objektiv mit einer sogenannten durchgehenden Offenblende ist oft sehr teuer. Die einstellbaren Blendenwerte kannst du vorne auf dem Objektiv ablesen. Da kann zum Beispiel stehen: 55–250 mm 4,0–5,6. Das bedeutet, dass du bei einer Brennweite von 250 mm als kleinste mögliche Offenblende f/5,6 wählen kannst.

Manueller Modus

Im manuellen Modus (**M** = **Manual**) hast du die volle Kontrolle, musst aber alles selber einstellen. Du gibst der Kamera vor, mit welcher Blende, Verschlusszeit und ISO du fotografieren möchtest.

Der manuelle Modus erfordert Übung, macht aber viel Spaß, da du völlig frei in der Komposition bist. Als Hilfestellung kannst du bei vielen Kameras im manuellen Modus zudem noch die ISO-Automatik aktivieren.

ISO-AUTOMATIK IM MANUELLEN MODUS

Mit aktivierter ISO-Automatik denkt deine Kamera trotz manuellem Modus mit und passt die ISO-Einstellung automatisch auf Basis deiner gewählten Einstellungen aus Verschlusszeit und Blende an. Du kannst in vielen Kameras einen maximalen ISO-Wert festlegen. Wenn du die ISO-Automatik deaktivierst, werden gemessene Belichtungswerte ignoriert. Die Belichtung erfolgt nur nach deinen Vorgaben.

52 FOTOAUFGABEN

Regelmäßig stelle ich mir neue Fotoaufgaben. Dabei geht's immer wieder um die Anwendung klassischer Gestaltungsregeln. So übe ich mich im Fotografieren von Silhouetten, im Finden von Rahmen, ich lerne, Linien zu erkennen, Muster und Strukturen zu identifizieren und mehr. Lass uns zusammen alle Bereiche der Fotografie entdecken – der Landschaftsfotografie, der Langzeitbelichtung, der Schwarz-Weiß-Fotografie, der Nachtfotografie und vielem mehr.

PROJEKT 52
★
DEIN FOTO
DER WOCHE

Die Aufgaben sind sowohl für Fotoeinsteiger als auch für ambitionierte Fotografie-Amateure geeignet.

Die Aufgaben ...

- zeigen dir neue Bereiche in der Fotografie auf.
- entfachen deine Kreativität und Energie.
- zeigen dir neue Werkzeuge für deine Fotografie.
- geben dir Denkanstöße für deine zukünftigen Motive.
- inspirieren dich, deine Kamera in die Hand zu nehmen – jetzt!

ZUM AUFWÄRMEN: 52 MINUTEN FÜR 52 MOTIVE

Diese Aufgabe habe ich letztens in einem Fotokurs kennengelernt. Es ging darum, 30 Fotos in 30 Minuten zu machen. Puh, gar nicht so einfach. Passend zu unserem Thema erweitern wir es einmal auf 52 Fotos. Dafür braucht es nicht viel – nur deine Kamera und etwas Einfallsreichtum. Los geht's!

Die Herausforderung

Bewege dich nicht allzu weit, sondern lege los. Du befindest dich in deinem Arbeitszimmer? Oder im Hotelzimmer? Schnapp dir deine Kamera oder dein Smartphone und mach dich auf die Suche nach 52 Motiven.

Probiere alles aus, denke in verschiedenen Perspektiven, Größen, Brennweiten, Bewegungen. Gelingt es dir, 52 Fotos zu machen? Dafür hast du natürlich genau 52 Minuten Zeit!

1. Aufgabe: Das natürliche Licht

Projekt der Woche

Geh in deinem Zuhause durch die Räume und beobachte das Licht. Durch welches Fenster scheint es? Fotografiere zu verschiedenen Tageszeiten dir vertraute Gegenstände. Inszeniere Personen in unterschiedlichen Lichtsituationen. Versuche, das Gesicht deines Gegenübers zum Licht zu drehen oder Licht auch nur auf einen Teil des Gesichts fallen zu lassen. Wie verändert sich das Bild?

In der Fotografie geht's ums Licht. Fotografie leitet sich aus dem griechischen photós („Licht") und gráphein („schreiben" oder „malen") ab. Wenn wir Fotos machen, malen wir mit Licht. Klingt toll!

Lerne das Licht um dich herum kennen

Das Licht ändert sich ständig. Beschäftige dich mit der Intensität, der Qualität, der Richtung und auch mit der Farbe und Temperatur des Lichts. Welche Jahreszeit, Tageszeit oder welches Wetter ist gerade? Sonnenlicht? Künstliches Licht? Drinnen oder draußen? Straßenlaternen? Autoscheinwerfer? Beobachte das Licht!

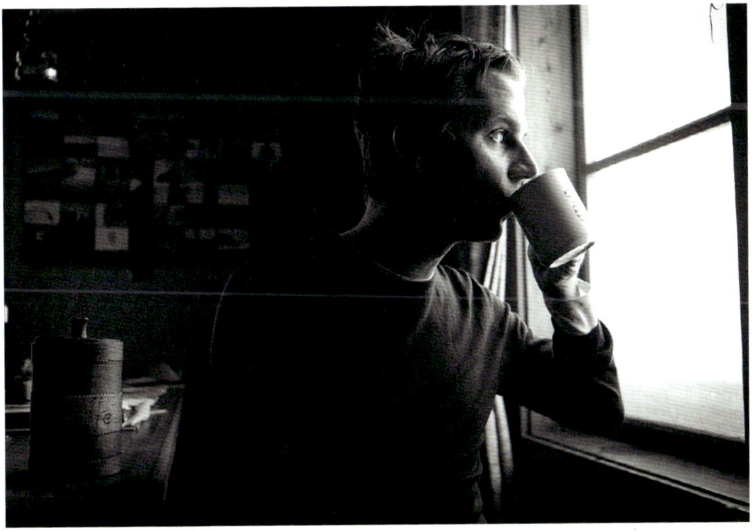

Ein Selfie bei natürlichem Licht – das Licht strahlt mein Gesicht an und gibt dem Foto Charakter. ISO 800 | 37 mm | f/5 | 1/25 s

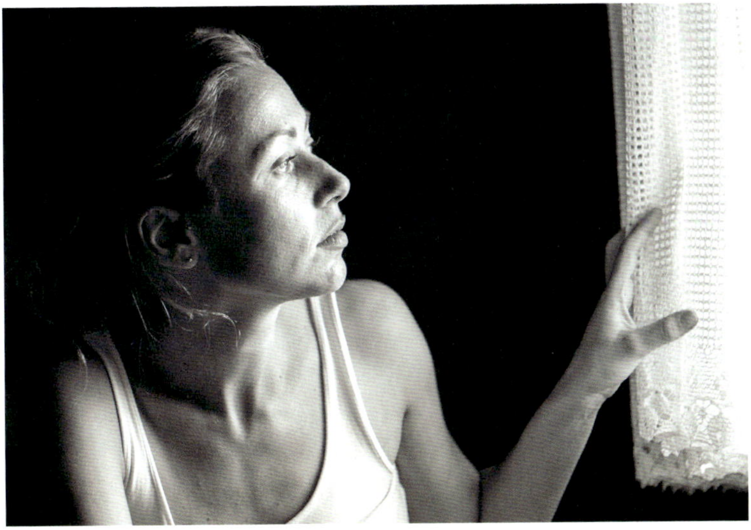

Das natürliche Licht, welches durch das Fenster scheint, nutze ich als weiche Lichtquelle und gebe dem Foto eine ganz besondere Stimmung. ISO 400 | 50 mm | f/2,0 | 1/160 s

2. Aufgabe SUCHE NACH LINIEN

PROJEKT DER WOCHE

Fotografiere jeweils ein Bild, in dem horizontale Linien, vertikale Linien und diagonale Linien den Blick des Betrachters auf sich ziehen. Wie verändern diese dein Foto und welche Wirkung haben diese Linien?

Linien sind überall – horizontal, vertikal, diagonal oder kurvig. Linien führen deinen Blick, und du folgst ihnen. Je nach Ausrichtung werden Linien unterschiedlich wahrgenommen.

Horizontal, vertikal oder diagonal?

Egal ob horizontal, vertikal oder diagonal – auf den ersten Blick sind Linien nicht immer erkennbar. Aber auch Spuren im Sand, der Kondensstreifen am Himmel oder ähnlich abstrakte Punkte können als Linie ins Auge fallen und den Blick des Betrachters führen.

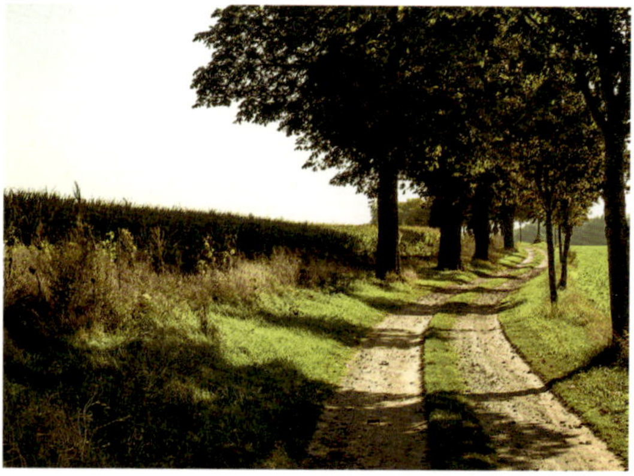

Vertikale Linien haben oft etwas von Wachstum, Kraft und Aufbruch (hohe Häuser, Bäume, eine lange Straße).
ISO 100 | 50 mm | f/5,6 | 1/1200 s

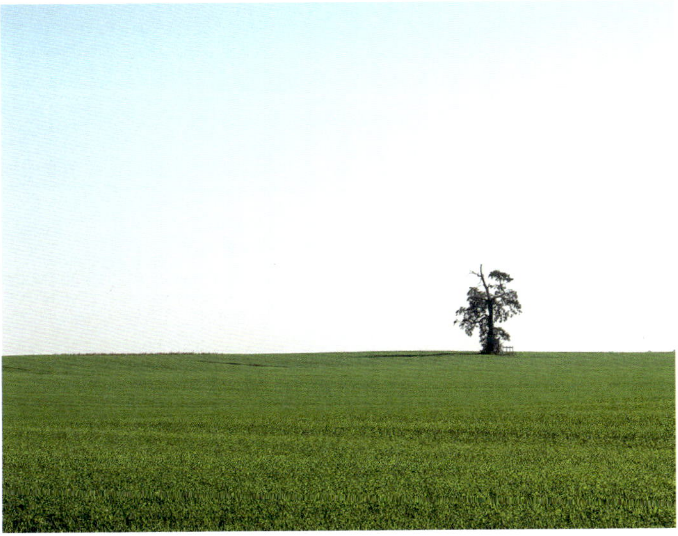

Horizontale Linien wirken oft stabilisierend oder geben Halt (denke an den Horizont oder umgefallene Bäume).
ISO 100 | 100 mm | f/5,6 | 1/1200 s

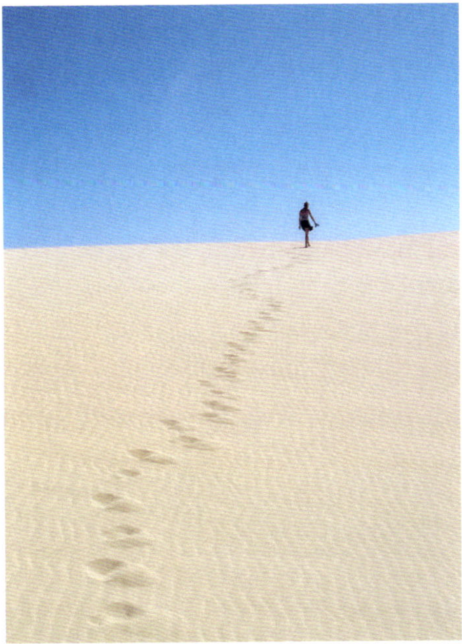

Diagonale Linien – manchmal abstrakt – führen den Blick. Hier in Leserichtung von links nach rechts.
ISO 200 | 25 mm | f/11 | 1/640 s

3. Aufgabe DER NATÜRLICHE RAHMEN

PROJEKT DER WOCHE

Gib deinem Motiv einen Rahmen. Wie kreativ gehst du ran? Suche den Blick durch Hofeinfahrten, Fenster oder Hecken. Gehe dann abstrakter ran und lasse andere Dinge als Rahmen fungieren. Beobachte die Bildwirkung. Wichtig: Dein Foto sollte ein klares Hauptmotiv haben. Dabei soll dein Rahmen unterstützen – nicht ablenken!

Es geht um das Thema Bildkomposition. Überall findest du natürliche Rahmen für dein Motiv. Das ist der Blick durch eine Tür, eine Hecke, die Ansicht durch eine Hofeinfahrt. Oder etwas nicht unbedingt Identifizierbares, das dem Hauptmotiv einen Rahmen gibt – zum Beispiel Äste, Blätter oder der Schulterblick durch die Menge.

Gib deinem Bild Tiefe

Eine Umrahmung bettet dein Hauptmotiv in den Kontext ein und sorgt für Räumlichkeit in deinem Foto. Der Rahmen verleiht zudem Tiefe und leitet den Blick des Betrachters. Aber limitiere dich bei der Suche nicht nur auf Rahmen, die vor deinem Hauptmotiv liegen. Du kannst auch mit Rahmen spielen, die hinter deinem Motiv liegen. Denke dabei beispielsweise an einen Treppenaufgang oder eine beleuchtete Tafel.

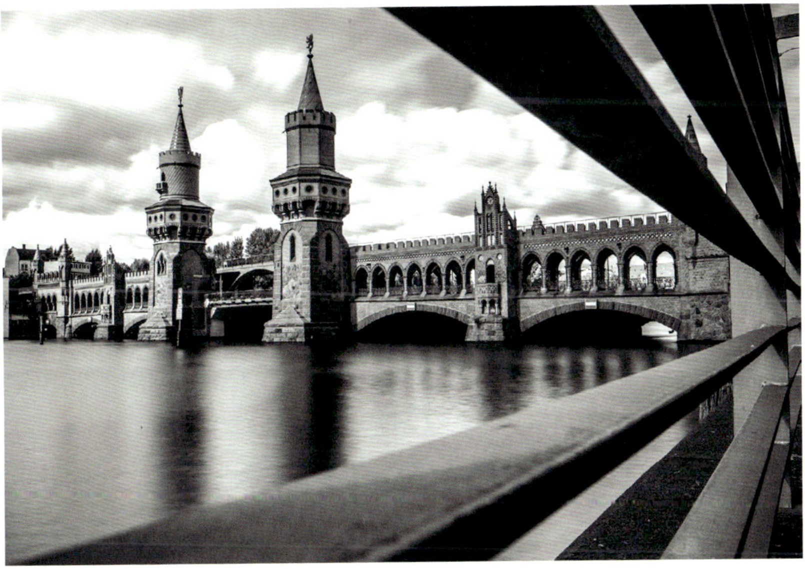

Ein Rahmen fokussiert den Blick auf dein Hauptmotiv. Sei kreativ – überall findest du Rahmen wie hier der Blick durchs Brückengeländer. ISO 100 | 24 mm | f/18 | 20 s

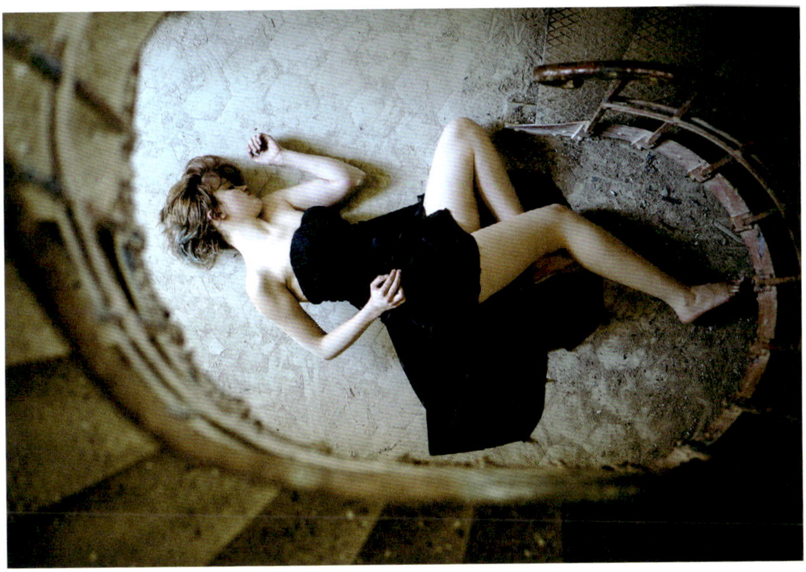

Du führst den Blick des Betrachters direkt auf dein gewünschtes Hauptmotiv und gibst dem Foto eine gewisse Tiefe. ISO 400 | 85 mm | f/2,5 | 1/80 s

4. Aufgabe Weniger ist mehr

Projekt der Woche

Reduziere dich. Fotografiere nur Ausschnitte. Deute dein Motiv an. Wie viel braucht es, damit Freunde oder Bekannte erkennen, was auf dem Motiv zu sehen ist? Es macht Spaß, sich zu minimieren und weg-zulassen. Plötzlich ist es wie Aufräumen!

Mit meinem Weitwinkelobjektiv fiel es mir schwer, mein Bild nicht zu überladen. Ich war überfordert: Was will ich im Bild betonen? Also minimiere Bildinhalte! Das Gehirn hat die Begabung der Autovervollständigung. Ist ein Motiv angedeutet, beispielsweise ein halbes Rad oder eine Tür, wird dein Gehirn den Rest hinzufügen.

Lass alles Unwichtige weg

Reduziere dein Foto auf das Wesentliche. Das erzeugt Spannung, ohne das Bild zu überladen. Der Autor Antoine de Saint-Exupéry sagte: *„Perfektion ist nicht dann erreicht, wenn man nichts mehr hinzufügen, sondern wenn man nichts mehr weglassen kann.“*

Tipp: Die Festbrennweite für den gewissen Blick

Für diese Übung hat mir eine 50-mm-Festbrennweite geholfen – also ein Objektiv mit nur einer Brennweite ohne Zoom.

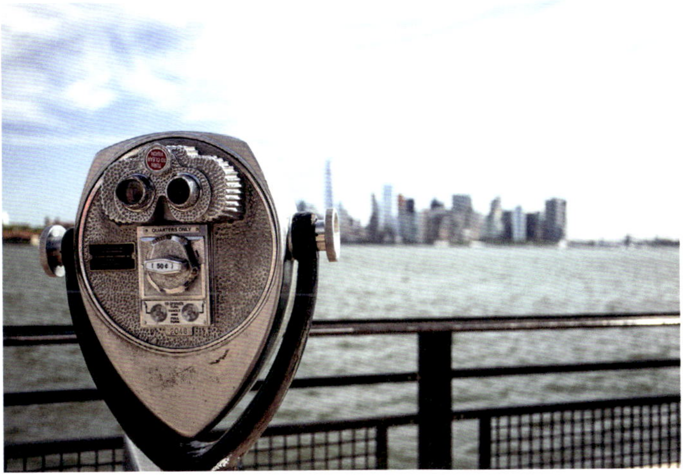

Eigentlich schon ganz gut. Aber geht nicht vielleicht noch weniger?
ISO 100 | 38 mm | f/4 | 1/400 s

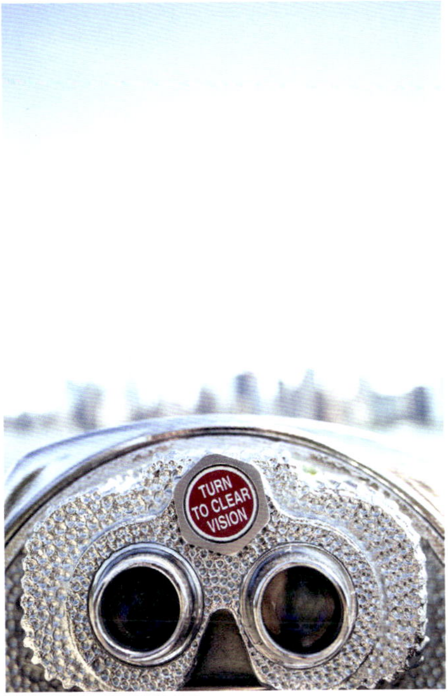

Oft geht noch weniger! Lass Platz, damit das Motiv wirken kann. Zeige nicht alles. Damit bleibst du geheimnisvoll und lässt Raum für Fantasie.
ISO 100 | 38 mm | f/4 | 1/400 s

5. Aufgabe Raus aus der Mitte

Projekt der Woche

Wende die Drittelregel für dein Foto an. Schalte das Gitternetz auf deinem Display hinzu. Platziere dein Hauptmotiv nicht mittig, sondern auf einer der Schnittmarken. Wie verändert sich die Bildwirkung? Wende die Regel auch bei Nahaufnahmen und Details an. Als Trick kannst du die Mitte deines Displays mit einem Klebestreifen zukleben. Dann bist du gezwungen, alles Sichtbare an den Rand zu platzieren.

Die zentrale Platzierung des Hauptmotivs wirkt oft statisch und langweilig. Hast du von der Drittelregel gehört? Du teilst dein Bild in neun gleichgroße Teile. Platziere dein Motiv auf den Schnittkanten der Linien für eine gelungene Komposition.

Das harmonische Teilungsverhältnis

Die Drittelregel ist in der Bildkomposition fast immer zu finden. Dieses Teilungsverhältnis kommt oft in der Natur vor und wird vom Menschen als harmonisch empfunden. Darauf aufbauend gibt es den Goldenen Schnitt. Merke dir aber einfach die Drittelregel und komponiere damit deine Fotos!

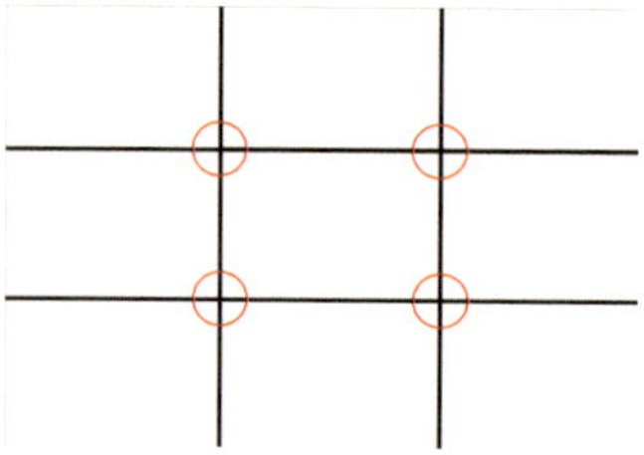

Die Platzierung auf den Schnittkanten gibt deinem Motiv Spannung.

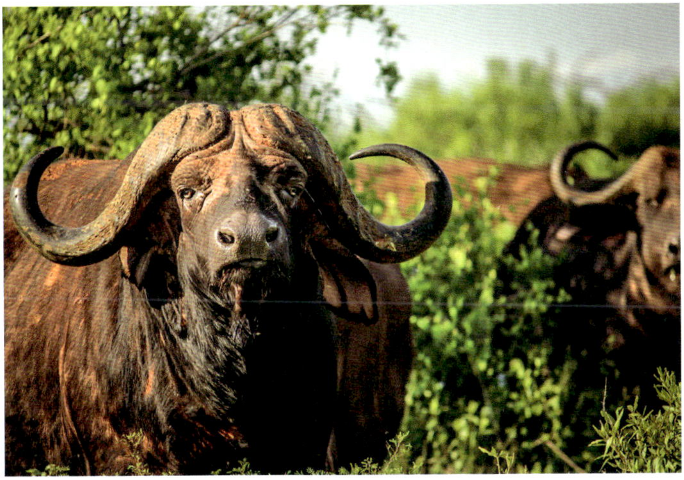

Der Afrikanische Büffel wirkt noch fotogener, wenn er nicht mittig platziert wird. So gewinnt das Foto an Spannung!
ISO 100 | 300 mm | f/5,6 | 1/250 s

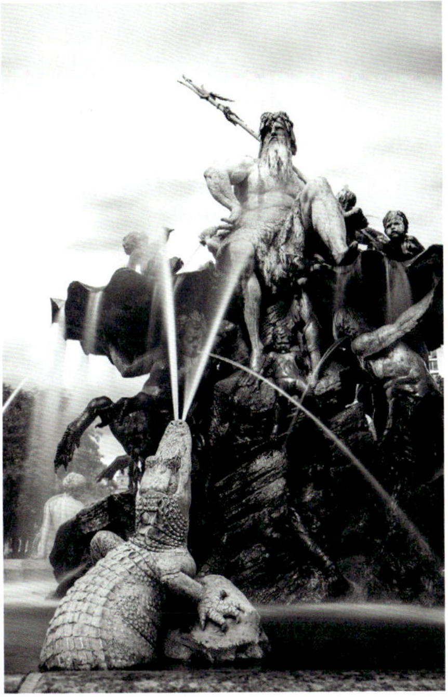

Ein klassisches Touristenmotiv in Berlin. Aber es gewinnt, wenn du den Neptunbrunnen nicht mittig, sondern nach der Drittelregel anordnest.
ISO 100 | 33 mm | f/20 | 20 s

6. Aufgabe GEH AUF AUGENHÖHE

PROJEKT DER WOCHE

Suche dir ein kleines Fotomotiv und spiele mit der Perspektive. Begib dich auf Augenhöhe. Probiere zudem das Gegenteil und ignoriere die Augenhöhe. Beobachte, wie sich die Wirkung deines Fotos verändert!

Wenn du mit einem Kind redest, gehst du oft in die Knie. Du bist auf Augenhöhe. So solltest du auch in der Wahl deiner Fotoperspektive vorgehen. Das schafft Authentizität.

Runter auf die Knie!

Unabhängig davon, ob du ein kleines Tier, eine Blume oder ein Spielzeug ablichtest: Wenn du ein Motiv auf dem Boden fotografierst, wirkt dieses anders, wenn du mit der Kamera auf Augenhöhe gehst. Du kannst auch die Augenhöhe ignorieren. Das schafft ein Gefühl der Überlegenheit, Ehrfurcht, Größe oder Ähnliches.

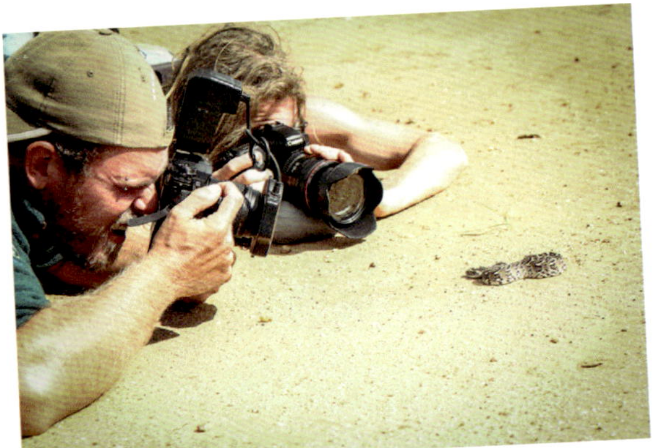

ISO 100 | 50 mm | f/32 | 1/400 s

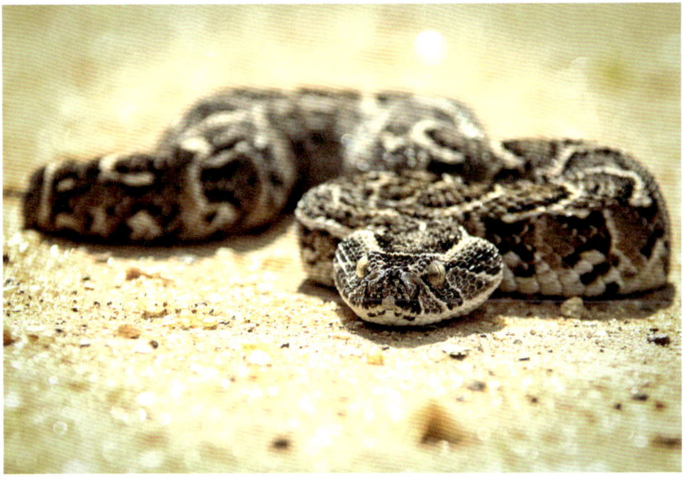

Wenngleich es bei manchen Motiven Überwindung erfordert: Ist der Fotograf auf Augenhöhe, wirken die Fotos authentisch und die Größenverhältnisse stimmen, wie bei dieser afrikanischen Giftschlange.
ISO 100 | 190 mm | f/5,6 | 1/400 s

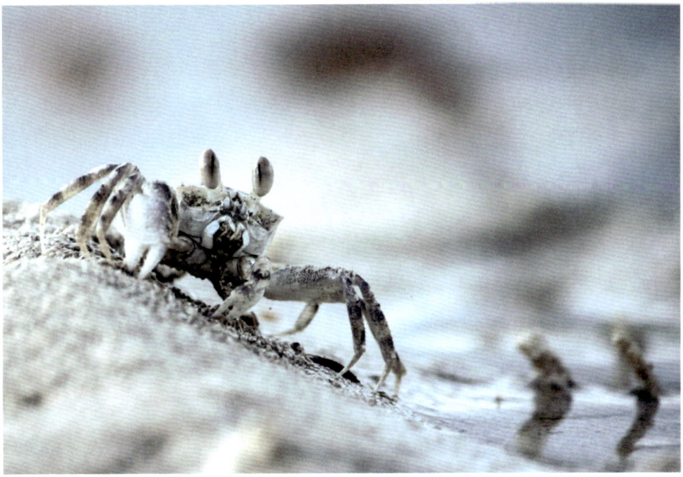

Krabbe in Kenia: Ein Tag, an dem mir kein Foto gelingen wollte. Bis ich alles auf dem Boden näher betrachtete und diesen kleinen Freund traf!
ISO 400 | 250 mm | f/6,3 | 1/60 s

7. Aufgabe GEH NAH RAN

PROJEKT DER WOCHE

Welches Objekt eignet sich, um näher betrachtet zu werden? Geh nah ran. Setze es in den Fokus. Wie verändert sich die Wirkung des Motivs? Bei einem Porträt wirst du zuerst für Verunsicherung sorgen. Niemand möchte im ersten Moment, dass man ihm zu nah kommt. Respektiere das. Wenn du die Erlaubnis hast, geh nah ran mit der Kamera – die Wirkung ist enorm!

Welche Details lassen sich entdecken? Wie verändert sich der Ausdruck? Nah heranzugehen passt perfekt zu der Idee, das Foto zu minimieren. Konzentriere dich auf Details. Zudem bekommt dein Foto eine ganz neue Wirkung durch diese Nähe.

Volles Augenmerk auf die Aufmerksamkeit

Schule deinen Blick für das Wesentliche im Foto. Nun kann das Auge das Motiv nicht mehr verfehlen. Es ist schlichtweg die einfachste Art, dein Thema im Foto herauszustellen.

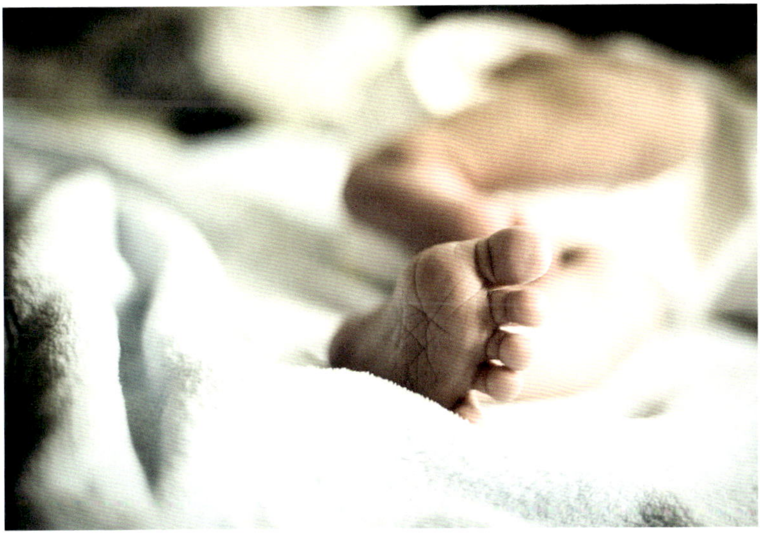

Mache dir Capas Satz zu eigen: „Gehe näher ran! Du wirst erstaunt sein, wie sich das Motiv verändert.“ ISO 650 | 35 mm | f/2 | 1/50 s

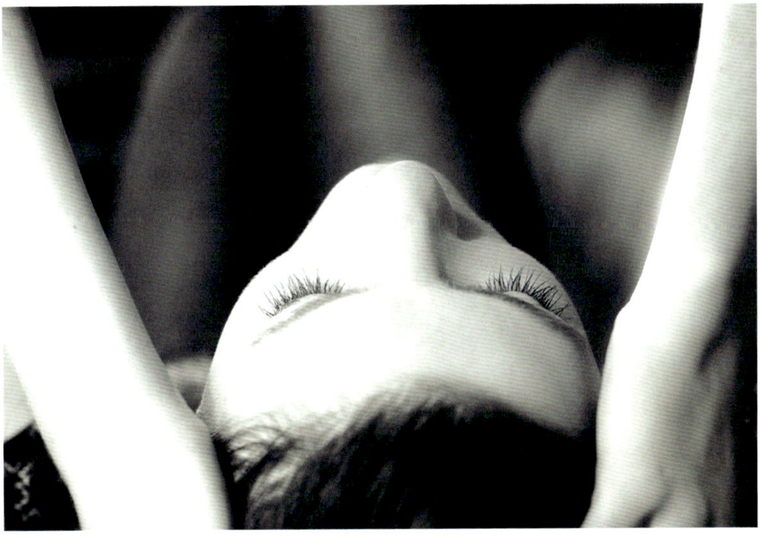

Wenn du sehr nah rangehst, verändert sich dein Motiv. Auf einmal bekommt dein Foto eine gewisse Intimität zwischen Betrachter und Motiv.
ISO 100 | 85 mm | f/4,5 | 1/125 s

8. Aufgabe: Fotografiere den Moment

Projekt der Woche

In dieser Aufgabe geht es um Authentizität. Aufgabe ist es, dass du versuchst, „echte" Momente mit der Kamera einzufangen. Beim Einkaufen, im Café mit Freunden oder zu Hause in der Familie. Achte dabei weniger auf technische Details als auf den richtigen Moment.

Die Alle-mal-herschauen-und-lächeln-Momente sind nicht die, die ein Bild einzigartig machen. Dazwischen passiert viel mehr. Das kleine Detail, das Lächeln, die Angst, der Sprung, der Schrei, die Einsamkeit, die Nachdenklichkeit. Wichtig ist die Schnelligkeit beim Fotografieren. Oft passieren die kleinen Momente unbemerkt.

Entwickle ein Gespür für die kleinen Momente

Viele Motive sehe ich zufällig, wenn ich mit der Kamera in der Stadt unterwegs bin – nennen wir es „Streetphotography". Da suche ich zwar nach besonderen oder ironischen Momenten. Oft sind es die vielen kleinen, schönen Augenblicke, die große Wirkung haben.

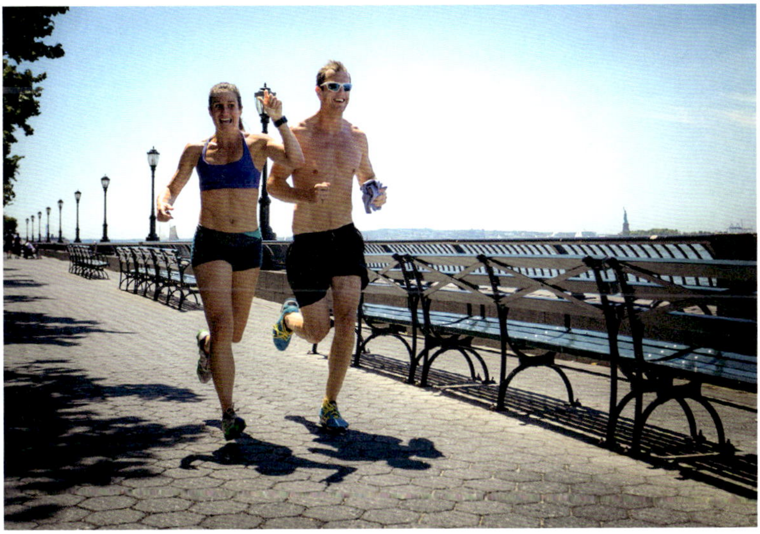

Spontaner Schnappschuss mit einer Portion Ironie und Blick für die Perspektive.
ISO 100 | 40 mm | f/4 | 1/320 s

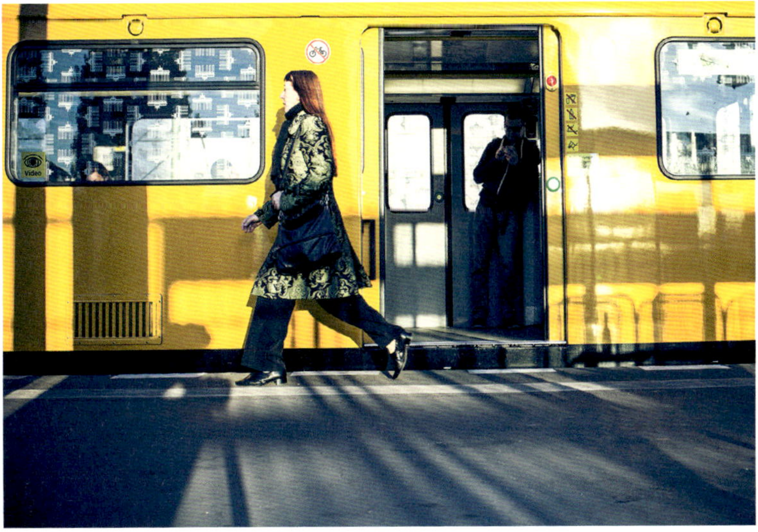

Ein alltägliches Bild am Berliner U-Bahnsteig. Verliere dich nicht in technischen Details. Viele solcher Momentaufnahmen mache ich mit dem Smartphone oder meiner Kompaktkamera statt der großen Spiegelreflexkamera. Wichtig ist das Auge für die Perspektive.
ISO 200 | 35 mm | f/5 | 1/320 s

9. AUFGABE

LICHTSPUREN SICHTBAR MACHEN

PROJEKT DER WOCHE

Hast du eine Autobahnbrücke in der Nähe, einen Rummelplatz oder eine belebte Kreuzung? Positioniere dich dort zu einbrechender Dunkelheit und mache die Lichter sichtbar. Variiere die Belichtungszeiten und beobachte, wie die Lichter sich verändern. Zu Beginn ist es hilfreich, eine Kameraposition in etwas erhöhter Lage zu wählen – der Blick vom Balkon oder der Brücke beispielsweise.

Mit deiner Kamera hast du die Möglichkeit, Lichter und Spuren sichtbar zu machen, die du mit bloßem Auge so nicht sehen kannst. Die können von Fahrzeugen wie Autos oder auch einem Zug kommen, ebenfalls eignen sich Lichtquellen wie Fahrgeschäfte auf dem Rummelplatz oder Feuerwerksraketen an Silvester.

Mit längerer Belichtungszeit arbeiten

Halte den ISO-Wert niedrig (100–400 ISO). Experimentiere mit Belichtungszeiten zwischen 5–20 s. Bei Wahl einer kleinen Blende ab f/16 ergeben die Blendenlamellen sternenförmige Reflexionen. Ich empfehle, die Fotos in der Langzeitbelichtung mit Fernauslöser zu machen, damit die Kamera beim Auslösen nicht erschüttert.

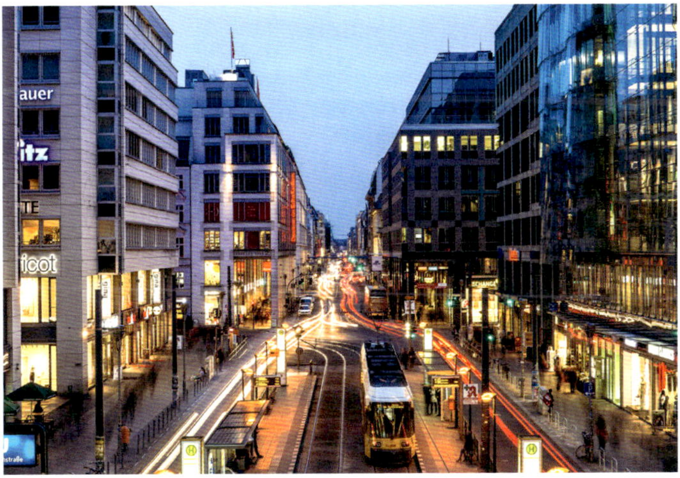

Für diese Zauberei gehst du in die Langzeitbelichtung. Zudem benötigst du Stativ und Fernauslöser. ISO 100 | 62 mm | f/22 | 10 s

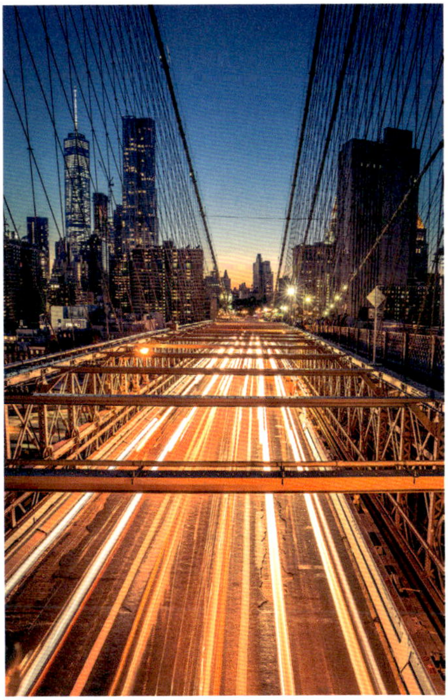

Die Brooklyn Bridge bei Nacht: Die Kamera fotografiert mit einer längeren Belichtungszeit und bildet die Autoscheinwerfer als Linien und Spuren ab. Wichtig ist, dass dein Motiv eine eigene Lichtquelle hat oder reflektiert. Sonst wird es in dunkler Umgebung nicht eingefangen.
ISO 400 | 24 mm | f/8 | 5 s

10. Aufgabe: Mit Offenblende und Bokeh

Projekt der Woche

Suche dir ein Hauptmotiv (Person oder Gegenstand) und platziere dies vor beleuchtetem Hintergrund. Dank großer Blende und Fokus auf das Hauptmotiv wird sich im Hintergrund ein spannendes Bokeh ergeben. Variiere auch den Abstand zu dem beleuchteten Hintergrund und beobachte, wie sich das Bokeh verändert.

Kennst du den Begriff „Bokeh"? Das bedeutet „unscharf" oder „verschwommen" und kommt vom japanischen „boke" (ぼけ).

Trenne das Motiv vom Hintergrund

Per geringer Tiefenschärfe trennt man das Hauptmotiv vom Hintergrund und erzeugt so das charakteristische Bokeh. Die Wirkung der Tiefenschärfe ist abhängig von der Blendenöffnung. Eine große Blende mit kleinem Blendenwert (z. B. f/2,0) erzeugt den Fokus auf einen kleinen Bildbereich und große Unschärfe im restlichen Foto. Meine ersten Erfolge hatte ich mit der Festbrennweite. Ich empfehle ein günstiges 50-mm- oder 85-mm-Porträtobjektiv. Wichtig ist die Lichtstärke – also wie groß die maximale Blendenöffnung ist.

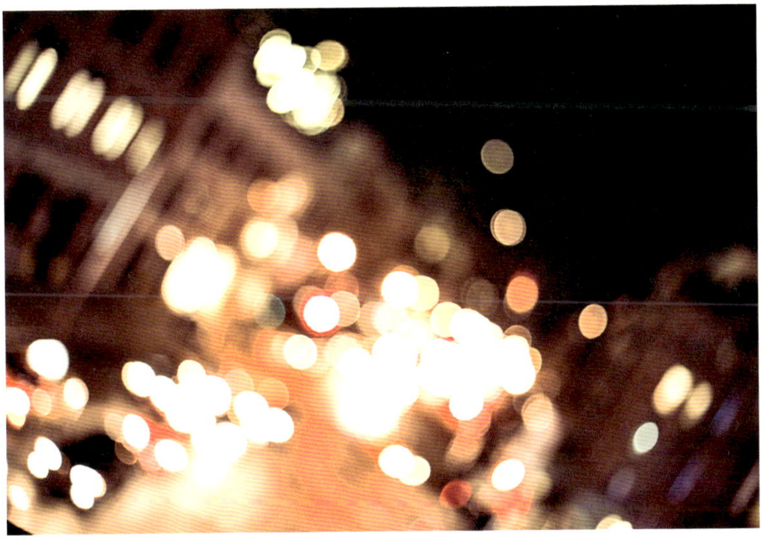

Bokeh verwenden wir in der Fotografie, wenn wir den Unschärfeeffekt beschreiben, der den Bokeh-Look ausmacht. ISO 1600 | 50 mm | f/2 | 1/25 s

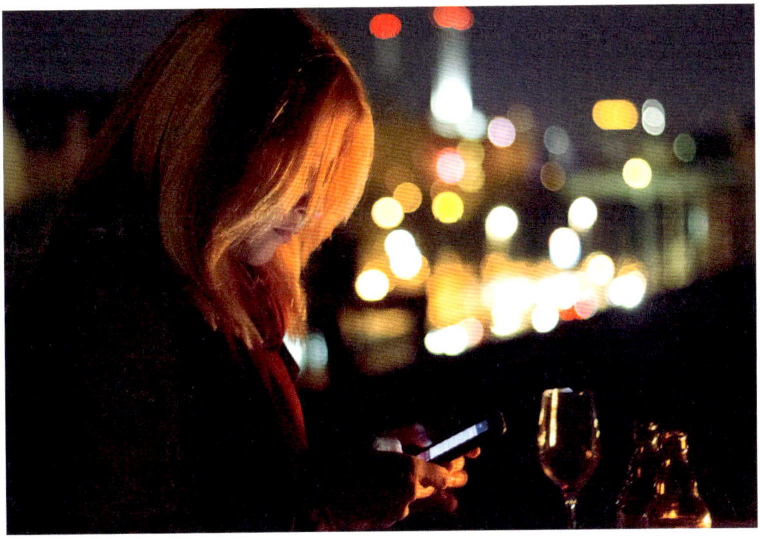

Porträts mit großer Blende wirken immer toll. Die charakteristischen Bokeh-Kreise entstehen in den hellen Bildbereichen. Daher eignet sich auch alles, was hinter deinem Hauptmotiv leuchtet (Straßenverkehr, Weihnachtsbaum, Leuchtreklame). ISO 3200 | 50 mm | f/1,8 | 1/50 s

11. Aufgabe Bildpaare und Bildfolgen

Projekt der Woche

Überlege dir passende Motive für ein Bildpaar und für eine Bildfolge. Welche Idee lässt sich als Bildpaar erzählen, erzeugt Neugier und einen Bezug zu dem jeweils anderen Foto? Welche Situation eignet sich für die Bildfolge? Wie setzt du diese in Szene?

Bildpaare und Bildfolgen

Das Bildpaar besteht aus zwei sich aufeinander beziehenden Fotos. Das kann eine ähnliche Perspektive zu unterschiedlichen Jahreszeiten sein. Oder zwei Fotos, die eine Geschichte erzählen oder einen anderen Bezug haben. Wichtig ist der sich erschließende Zusammenhang.

Bildfolgen zeigen oft gleiche Ausschnitte zu unterschiedlichen Zeitpunkten. Beispielsweise den belebten Bahnhof und Menschen von A nach B hastend oder das herunterfallende Wasserglas.

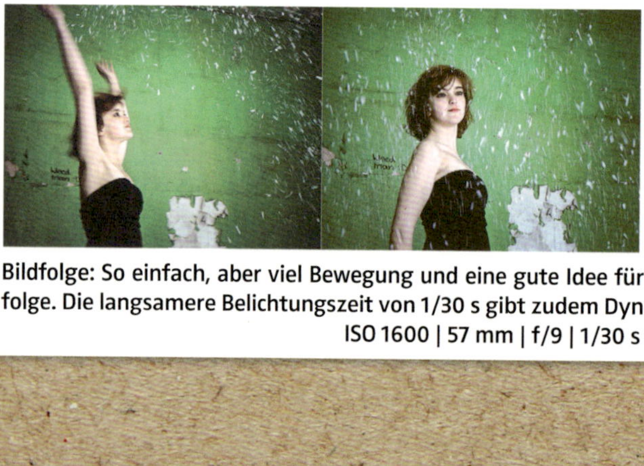

Bildfolge: So einfach, aber viel Bewegung und eine gute Idee für die Bildfolge. Die langsamere Belichtungszeit von 1/30 s gibt zudem Dynamik.
ISO 1600 | 57 mm | f/9 | 1/30 s (jeweils)

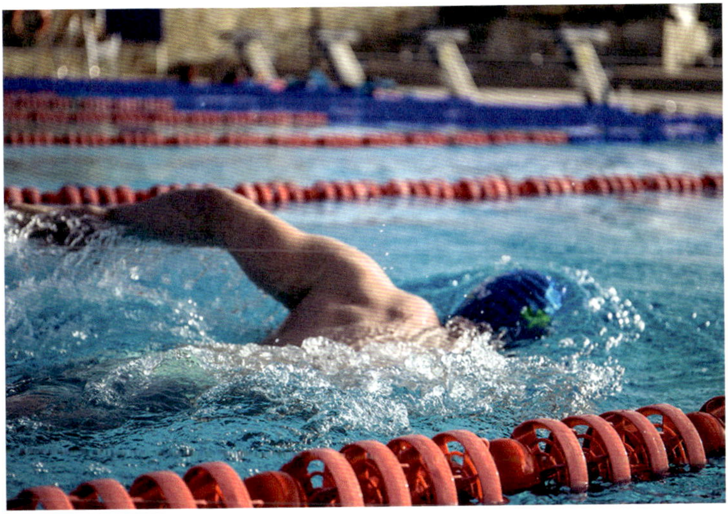

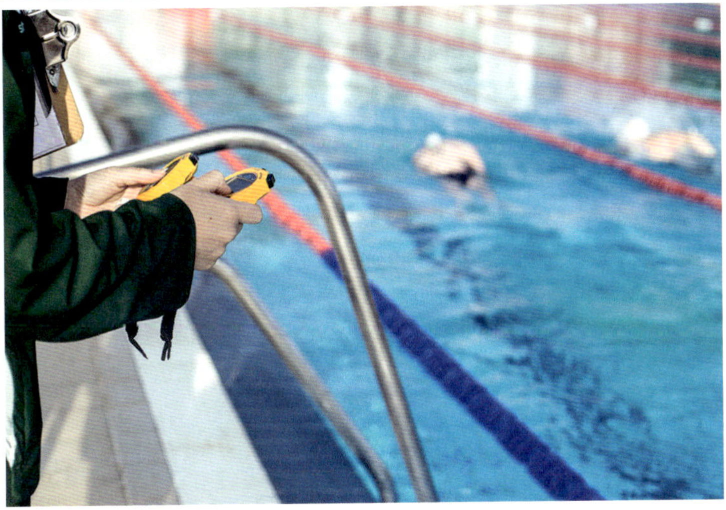

Bildpaar: Ein Schwimmer der Paralympics beim Training. Es finden sich Elemente wie die Streckenmarkierung, das Wasser und letztendlich der Schwimmer, der den Zusammenhang herstellt.
ISO 100 | 250 mm | f/4 | 1/1000 s (Schwimmer)
ISO 100 | 180 mm | f/4 | 1/2500 s (Trainer/Stoppuhr)

12. Aufgabe Blindflug

Projekt der Woche

Deaktiviere dein Display oder klebe es zu – den Sucher ebenfalls. Setze dir ein Limit von 30 Fotos. Fotografiere für den Rest des Tages oder die ganze Woche aus der Hüfte oder nimm die Kamera gerne auch in die gewohnte Haltung. Durch den Sucher zu schauen ist nicht erlaubt! Sei gespannt, was für Fotos dabei herauskommen. Ich empfehle für die Aufgabe den Einsatz einer Festbrennweite sowie die Einstellung der Programmautomatik oder Blendenautomatik.

Wir sind in der Digitalfotografie gewöhnt an die permanente Kontrolle. Nach jedem Foto schauen wir auf das Display. Ist alles scharf, ist alles drauf? Huch, wie sieht das denn aus? Die Möglichkeit, löschen zu können und viele Gigabyte Speicher zu haben, verzerrt unsere Konzentration auf das echte Foto. Dabei ist es wichtig, sich vor jedem Foto zu fragen, was ich fotografieren will.

Vertrau dem Gefühl und löse dich von der Kontrolle

Nun bist du auf dein Bauchgefühl angewiesen. Stell dir das Bild im Kopf vor. Wie soll dein Foto aussehen? Wie könnte die Einstellung passen? Ist die Belichtung richtig? Welche Schatten ergeben sich?

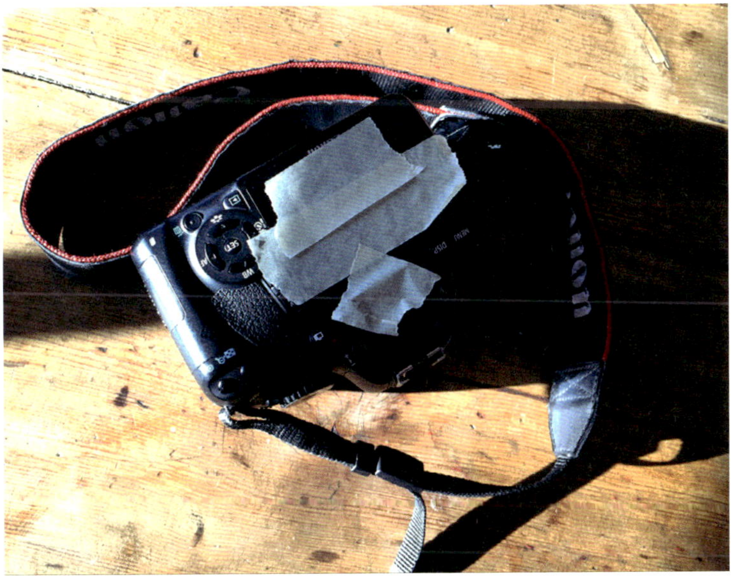

Es ist an der Zeit, dass wir uns lösen von der permanenten Live-View-Kontrolle. Gleiches gilt für den Sucher. Wir gehen in den Blindflug.

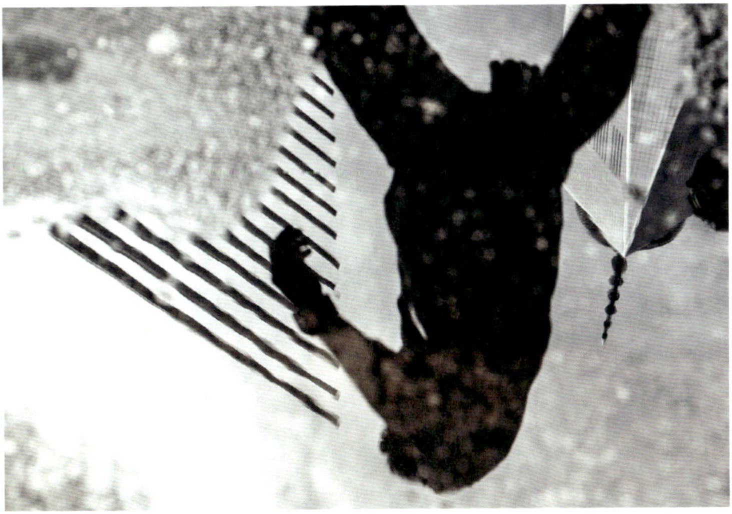

Fotos im Blindflug: Es beginnt ein toller Prozess in Deinem Kopf. Du denkst dir Motive aus, ohne durch den Sucher zu schauen. Ob es leicht unscharf ist, ist völlig egal! ISO 200 | 50 mm | f/4 | 1/200 s

13. Aufgabe Spiegelungen und Reflexionen

Projekt der Woche

Es gibt unendlich viel, was reflektiert: Spiegel, Metall (Autos!), Glas (Schaufensterscheibe) oder sogar Gegenstände, mit denen du nicht wirklich rechnest. Halte die Augen auf und fotografiere Motive zum Thema Spiegelungen und Reflexionen.

Es hat einige Zeit gebraucht, bis ich das Thema Spiegelungen und Reflexionen für meine Fotografie überhaupt wahrgenommen habe.

Tiefenschärfe bei Spiegelungen und Reflexionen

Wie fokussiere ich im Hinblick auf die Tiefenschärfe? Im Zweifel wähle eher eine kleine Blende ab f/8 oder höher. Das trägt dazu bei, dass Spiegelbild und Objekt scharf im Bild sind. Der Fokus – also das Scharfstellen deines Objektivs – hängt von der Entfernung zwischen Objekt und der Reflexion ab. Wenn du sehr nah dran bist, wird es dir nicht immer gelingen, beides scharf zu stellen. Probiere etwas rum, bis du ein für dich optimales Ergebnis erzielst.

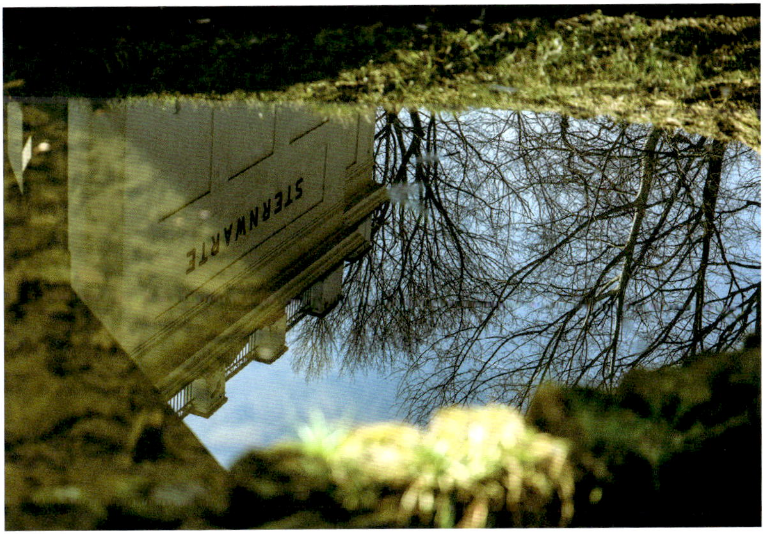

Egal ob Pfützen, Autoscheiben, Fenster oder Spiegel – es macht Spaß, damit zu spielen und eine neue Welt zu entdecken. ISO 500 | 70 mm | f/4 | 1/500 s

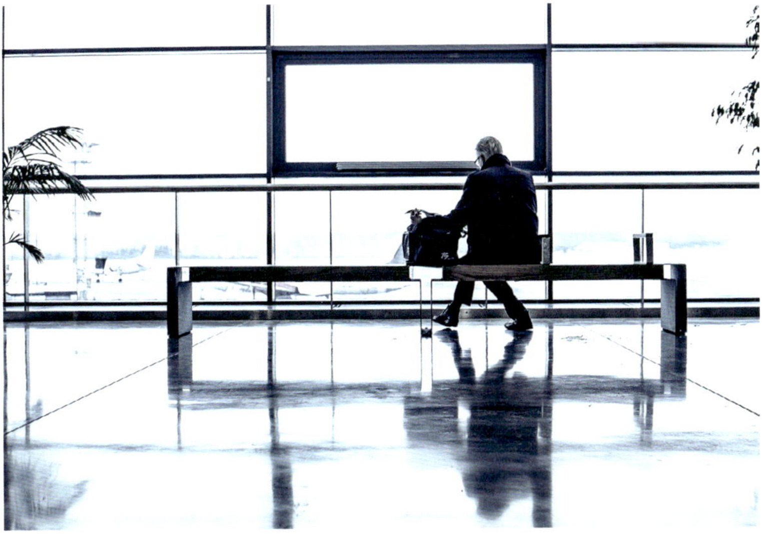

Spiegelungen und Reflexionen kommen in verschiedensten Formen vor – auch auf glatten Fußböden. Nutze das aus, egal ob du in der Architektur-, der Makro- oder der Landschaftsfotografie zu Hause bist. ISO 320 | 50 mm | f/4,5 | 1/80 s

14. Aufgabe – Fülle den Ausschnitt

Projekt der Woche

Mache dich auf die Suche nach passenden Formaten und fülle den Ausschnitt. Gib acht auf interessante Elemente, die deinem Bild zusätzlich Spannung geben, wie ein interessantes Muster oder eine Textur. Zu Beginn hilft dir die Möglichkeit, aus erhöhter Perspektive zu fotografieren, um den Rahmen zu füllen.

Hast du schon mal den Ausdruck „fill the frame“ gehört? Das kommt aus der Bildgestaltung und meint, gewisse Elemente aus dem Bild wegzulassen. In der Regel haben Bilder, in denen du den Rahmen füllst, keinen Himmel oder Horizont.

Was braucht dein Foto?

Das Ausfüllen des Rahmens lässt dich darüber nachdenken, was am besten auf dein Foto passt. Welche Details möchtest du hervorheben, welche Momente oder was lässt du weg, damit du den Rahmen füllst? Entscheide du!

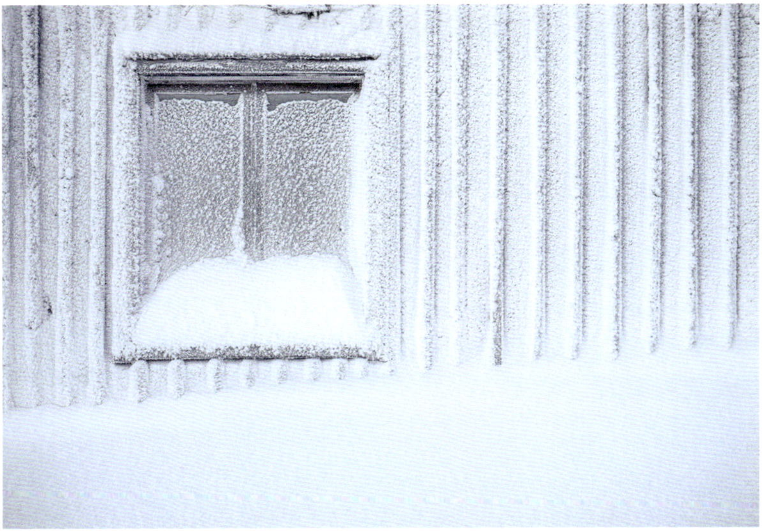

Es sind keine klassischen Bilder. Wie so oft geht es um das Weglassen. So ist völlig offen, wie es um das Foto herum weitergeht.
ISO 400 | 33 mm | f/4,5 | 1/25 s

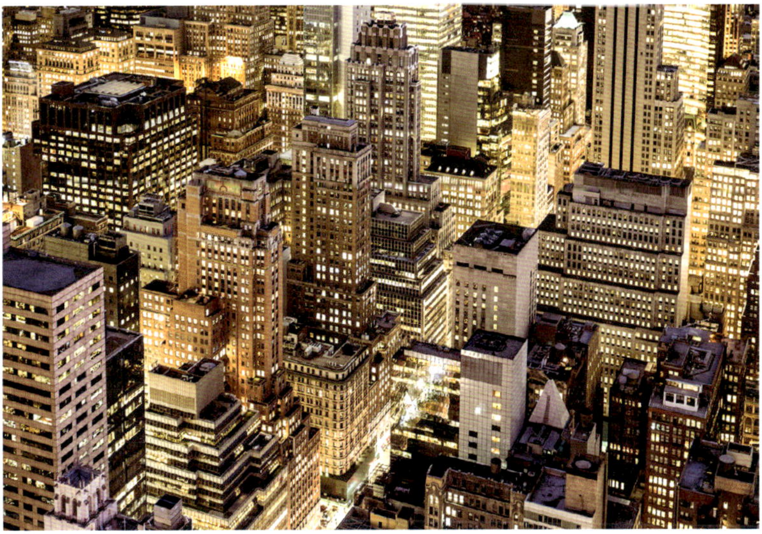

Ein ungewöhnlicher Anblick von Manhattan. Ich nahm die Häuserschluchten ohne Horizont auf. Durch diese Art der Bildgestaltung betonst du dein Hauptmotiv auf besondere Weise. Lerne das Spiel mit Mustern und fülle den Rahmen.
ISO 500 | 50 mm | f/4 | 4 s

15. Aufgabe – Denke abstrakt

Projekt der Woche

Ziel ist, dass du neue Motive schaffst. Es kommt nicht drauf an, dass diese erkennbar sind. Was passiert, wenn du ganz nah an die Milchglasscheibe rangehst, wenn du direkt in die Deckenlampe fotografierst, Tesafilmstreifen vor dein Objektiv klebst oder von oben ins Wasserglas fotografierst? Alles ist erlaubt! Wenn du unsicher bist, fotografiere mehrere Versionen und entscheide am Computermonitor.

Wir entfernen uns für diese Aufgabe von realen Motiven und lassen das „gegenständliche Denken“ los. Wir versuchen, nur die abstrakten Formen eines Gegenstandes wahrzunehmen.

Probiere dich aus

Das Ziel ist offen. Die Bilder entstehen oft aus dem Moment heraus. Als Hilfsmittel spiele mit dem Ausschnitt. Gehe nah ran oder sehr weit weg. Verdrehe die Perspektive. Lass dich ein auf extreme Lichtsituationen – Gegenlicht, geblendet werden, Licht von unten, farbiges Licht – erlaubt ist, was gefällt.

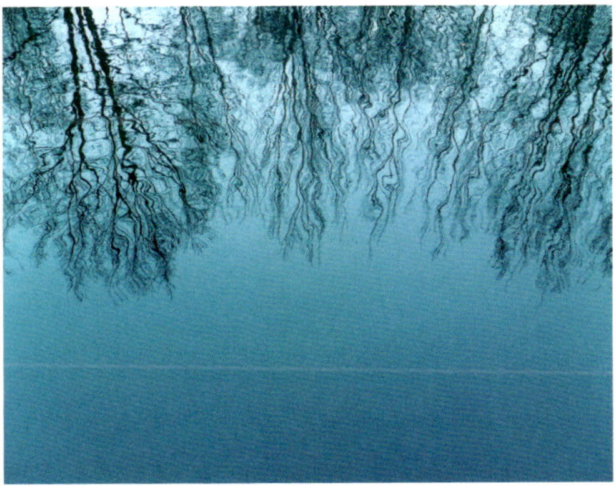

Spiegelung von Bäumen im Landwehrkanal – auf den Kopf gedreht.
ISO 250 | 30 mm | f/2,2 | 1/80 s

Hier habe ich die Spiegelung auf einer glänzenden Tür fotografiert. Experimentiere dabei mit Kamerabewegung und Belichtungszeit.
ISO 250 | 30 mm | f/2,2 | 1/80 s

16. Aufgabe FREELENSING

PROJEKT DER WOCHE

Löse das Objektiv vom Kamerabody und starte mit einfachen statischen Motiven wie zum Beispiel dem Glas auf dem Tisch oder den Blumen in der Vase. Fotografiere das gleiche Motiv immer auch einmal mit dem Objektiv am Body und großer Blende und beobachte den Unterschied. Besonders toll wirken Freelensing-Motive bei einem Porträt oder bei Mustern, da du mit dem Schärfebereich spielst wie bei einem Tilt-Shift Effekt.

Diese Aufgabe ist mit Vorsicht und Sorgfalt anzugehen. Du löst das Objektiv von dem Kamerabody und fotografierst mit freier Linse („freelensing") bzw. mit losem Objektiv. Du hast dabei jeweils in einer Hand die Kamera und in der anderen Hand das Objektiv. Die Blende ist beim Abnehmen vom Body automatisch komplett geöffnet, und das Display mit dem Blendenwert zeigt dir einen Strich oder eine Null an.

Übung und Fingerspitzengefühl

Ich geh oft in den Live-View-Modus. Wenn es dir gelingt, in deinem Motiv den wichtigen Bereich deines Fotos zu fokussieren, ist das Ergebnis gigantisch.

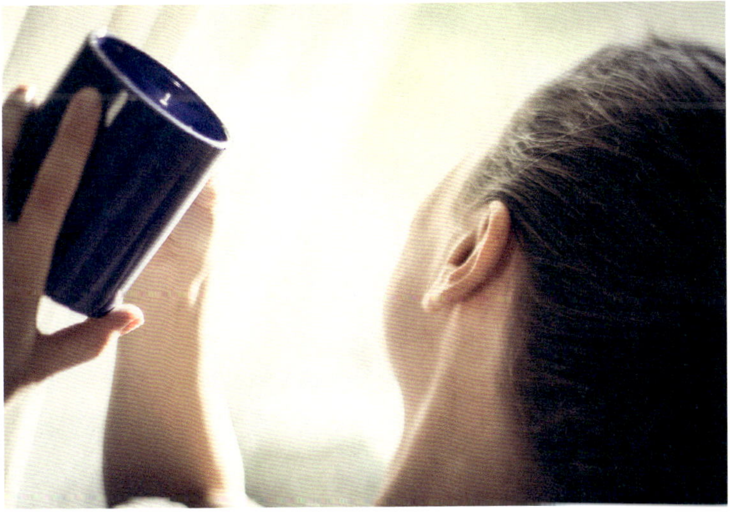

Du hast nur einen ganz geringen Schärfebereich und zudem die wackelige Kamera und das Objektiv in der Hand. Am besten geht Freelensing mit einer Festbrennweite. Ich nutze dafür immer die 50-mm-Festbrennweite, denn die liegt gut in der Hand. ISO 100 | 50 mm | f/0 | 1/1000 s

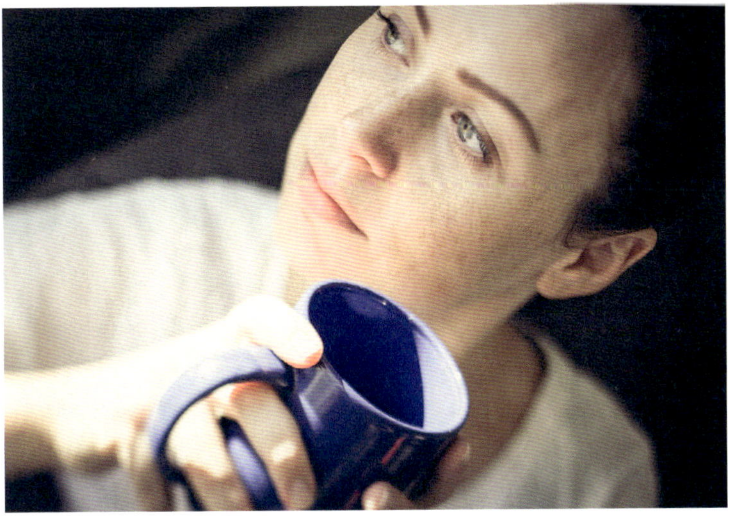

Im Freelensing erreichst du eine besondere Unschärfe, die das Foto spannend macht. Es erfordert Übung, den Schärfepunkt zu finden. ISO 200 | 50 mm | f/0 | 1/1000 s

17. Aufgabe Der harte Anschnitt

Projekt der Woche

Ein guter Ort zum Üben ist ein belebter Ort mit vielen Menschen. Du kannst immer wieder neue Anschnitte ausprobieren. Wie verändern sich die Motive? Lass deine Hauptdarsteller seitlich ins Bild ragen und setze harte und mutige Schnitte. Beobachte, wie sich die Spannung im Bild verändert.

Wir haben uns in einigen Übungen damit beschäftigt, weniger auf das Foto zu bekommen. Es ist spannend, dem Wunsch zu widerstehen, das Motiv in voller Größe zu zeigen. Ein Bildformat und eine Perspektive haben nämlich sehr viel mehr zu bieten.

Mach einen harten Schnitt

Trau dich, einen harten Schnitt zu machen und dein Motiv durch- oder anzuschneiden. Es bedarf etwas Übung, sowohl für das Auge als auch für den Moment, um den Auslöser zu betätigen. Natürlich kannst du die Wirkung auch durch das nachträgliche Beschneiden (Cropping) des Fotos in Lightroom oder ähnlichen Programmen erreichen. Aber ich empfehle dir, das Foto in echt so zu fotografieren, da es dann eine noch stärkere Wirkung hat.

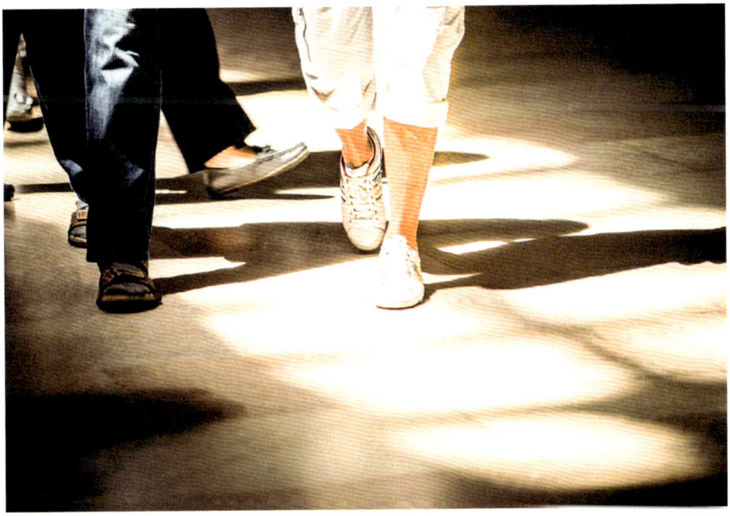

Die Herausforderung ist, dass du dir genau überlegst, was du in deinem Bild haben möchtest und was nicht. ISO 800 | 182 mm | f/2,8 | 1/250 s

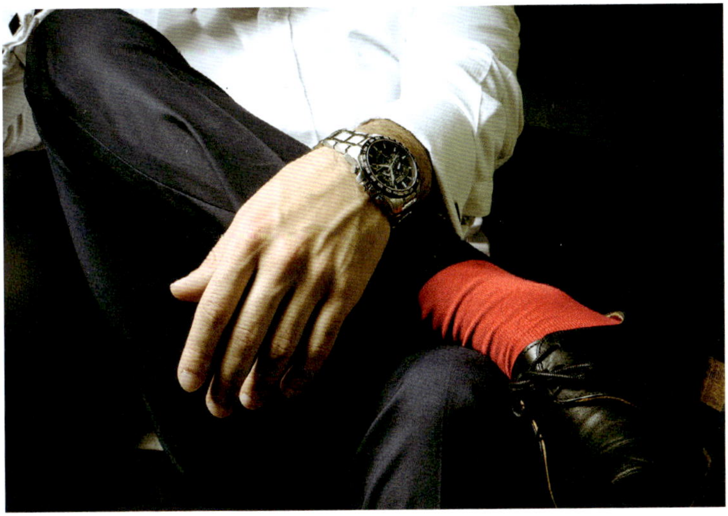

Den harten Schnitt nicht dem Zufall zu überlassen, kann zu einem Kernelement deiner Bildgestaltung werden. Wie ändert sich dein Motiv, wenn du einen harten Schnitt setzt und dich traust, etwas wegzulassen?
ISO 400 | 50 mm | f/20 | 1/80 s

18. Aufgabe Licht und Schatten

Projekt der Woche

Beobachte den Schatten. Wie fällt er hinter deinem Motiv? Wie kannst du ihn isolieren? Kannst du ihn vielleicht sogar als Hauptmotiv inszenieren? Dabei helfen dir extreme Lichtbedingungen. Zudem empfehle ich den Wechsel in Schwarz-Weiß, denn da wirken Schatten besonders imposant, und nichts lenkt von ihnen ab.

Mit dem Licht haben wir uns bereits beschäftigt. Wie ist es mit dem Schatten? Wenn dieser richtig inszeniert ist, können Schatten Gefühle verstärken oder dem ganzen Bild eine tolle, surreale Stimmung geben.

Isoliere den Schatten

Schatten verbinde ich automatisch mit Schwarz-Weiß. Dabei isoliere ich den Schatten, dann tritt dieser noch deutlicher als geometrische Form hervor.

Vier Tipps für gute Fotos mit Schatten

1. Schau nach unten, nicht voraus.
2. Warte auf dramatisches Licht.
3. Zeige auch mal nur den Schatten deines Hauptmotivs.
4. Halte Ausschau nach Mustern.

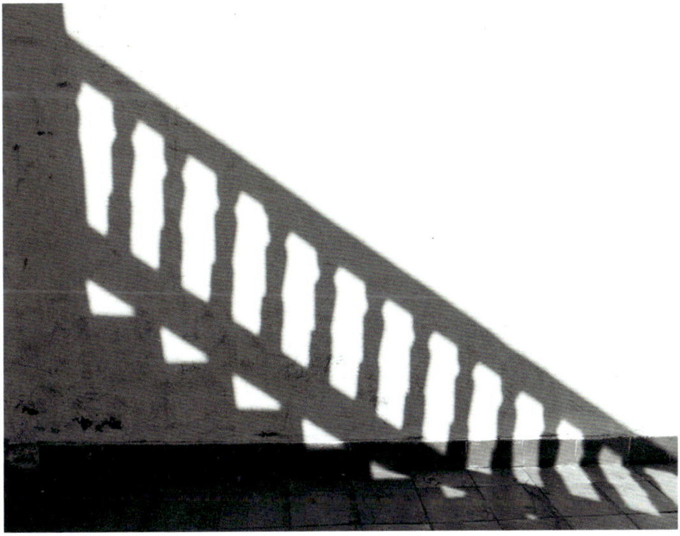

Zu Beginn ist es nicht ganz leicht, ein Auge für die Schatten zu entwickeln. Wie wirkt er, wie erwische ich ihn gut auf dem Foto?
ISO 250 | 27 mm | f/10 | 1/800 s

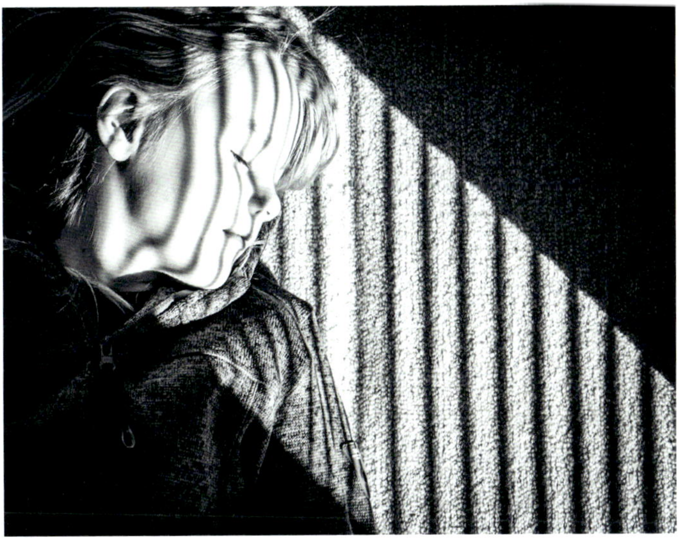

Durch das Sonnenlicht ergeben sich interessante Schatten durch die Jalousie. Meine Nichte Helen probiert, wie sich die Schatten auf ihrem Gesicht anfühlen. ISO 250 | 50 mm | f/2,5 | 1/800 s

19. Aufgabe: Denke in Kreisen

Projekt der Woche

Halte Ausschau nach Kreisen. Wo lassen sie sich überall entdecken? Woraus entstehen sie? Eine Linie, die zum Kreis wird? Wie groß denkst du? Wie klein ist dein Blick für Details? Mach dich also auf die Suche.

Kannst du in Kreisen denken? Schule dein Auge – beginne mit den sehr sichtbaren und nähere dich dann den abstrakteren Formen eines Kreises an.

Beruhigen und zentrieren

Der Kreis hat eine große Faszination. Er ist symmetrisch und strahlt so eine Zentriertheit und Ruhe aus. Das lässt den Blick des Betrachters auf diese Form fokussieren. Wie schon im Kapitel zu den geometrischen Formen geschrieben, hilft es deinem Foto, es auf dieserlei Formen zu reduzieren. Das beruhigt und gibt dem Auge Halt.

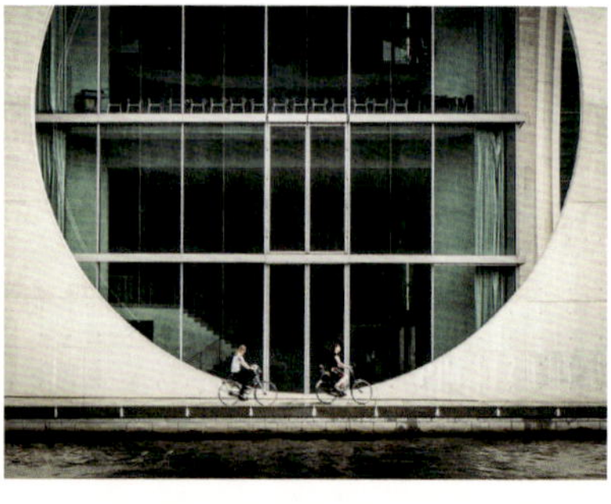

Der Halbkreis, durchbrochen durch zwei Radfahrer – das Regierungsviertel von Berlin ist ein toller Ort für geometrische Formen.
ISO 250 | 50 mm | f/7,1 | 1/80 s

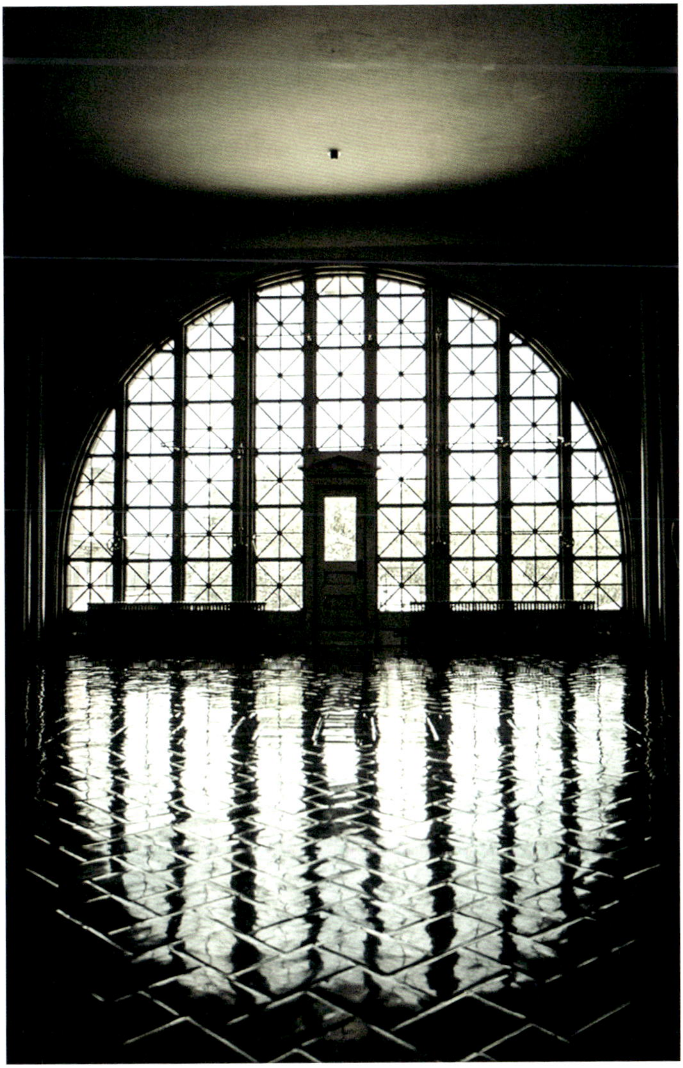

Diese Form bekommt eine zusätzliche Spannung durch die Spiegelung auf dem Boden, die den Kreis sich erst schließen lässt. Zu sehen ist das Fenster des Gebäudes auf Liberty Island in New York.

ISO 400 | 30 mm | f/4 | 1/250 s

20. Aufgabe Kleine Welten

Projekt der Woche

Hast du vielleicht noch passende Figuren oder Requisiten zur Hand? Dann such dir eine geeignete kleine Welt und erfinde Geschichten. Es macht Spaß, den Blick zu lenken und das Auge für kleinste Details zu entwickeln.

Diese Herausforderung ist der perfekte Zeitvertreib, wenn du mal zu Hause bist. Denke dich hinein in die kleinen Welten, und erfinde Situationen und Geschichten.

Entdecke das Gefühl für kleine Details

Als Requisiten benötigst du etwas in kleinem Maßstab (Lego- oder Modeleisenbahn-Figuren o. Ä.). Bringe diese in die reale Welt. Sei kreativ! Für die richtige Stimmung und den Blick für das Detail fotografiere ich die Bilder mit meiner Kompaktkamera im Macromodus und mit großer Blende und geringer Tiefenschärfe (z. B. f/2,8). Ich gehe nah ran und ziehe den Betrachter in die Situation rein.

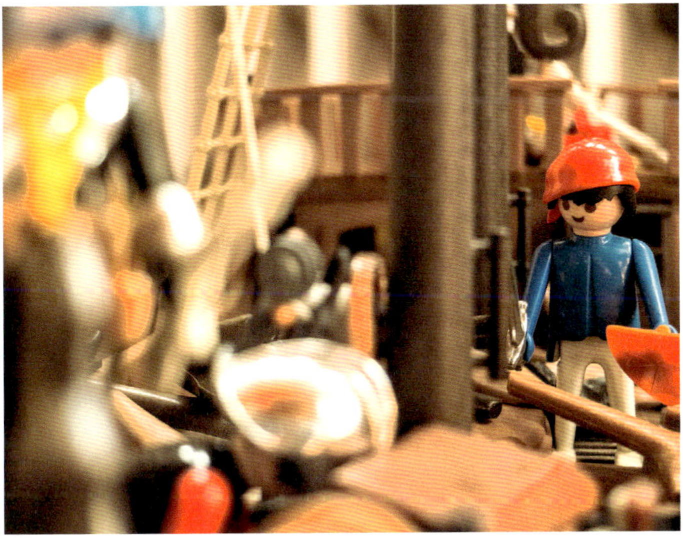

Playmobil-Figuren auf dem Piratenschiff – ich gehe hinunter auf Augenhöhe mit den Figuren, um mit Offenblende die richtige Stimmung zu erzeugen. ISO 400 | 60 mm | f/2,5 | 1/60 s

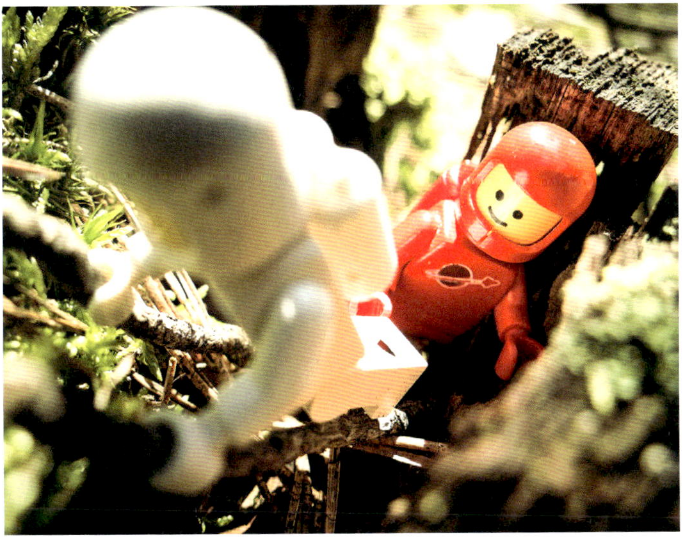

Lego-Figuren auf Waldexpedition: Sei kreativ und erfinde eigene Geschichten. ISO 400 | 30 mm | f/3,2 | 1/400 s

21. Aufgabe Emotionale Architektur

Projekt der Woche

Das Spiel mit Perspektiven kannst du toll ausprobieren bei Dächern, die sich vor dir erheben. Teste verschiedenste Distanzen und Winkel. Gerade um das Foto nicht zu überfrachten, ist es sogar besser, Details und Ausschnitte eines Gebäudes zu fotografieren, als das ganze Haus abbilden zu wollen.

Wenn du an Architekturfotografie denkst, dann denkst du vielleicht an akkurate Fotografien und große Detailtreue? Ich möchte dir die emotionale Architekturfotografie zeigen. Das bedeutet: Vergiss die Wirklichkeit.

Gib dem Foto Spannung

Es macht Spaß, jegliche Bezugspunkte aus deinem Foto zu eliminieren. Was meine ich damit? Spiele mit den Achsen, drehe deine Kamera gegen jede Norm, konzentriere dich lediglich auf Formen.

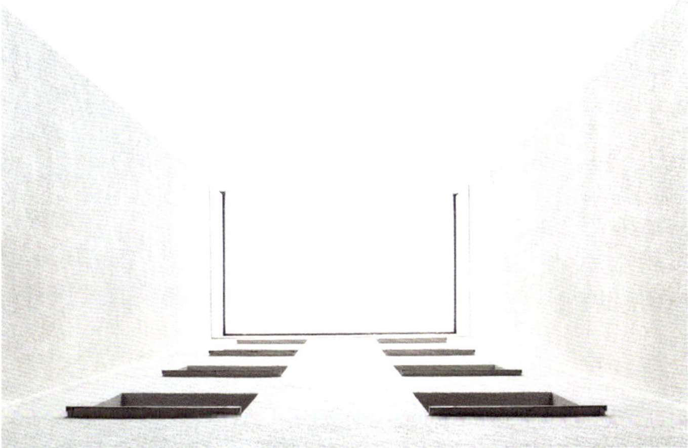

Eigentlich ein ganz normaler Hochausaufgang – mit dem Blick nach oben ein sehr fotogenes Motiv und perfekt für emotionale Architekturfotografie. ISO 400 | 30 mm | f/7,1 | 1/200 s

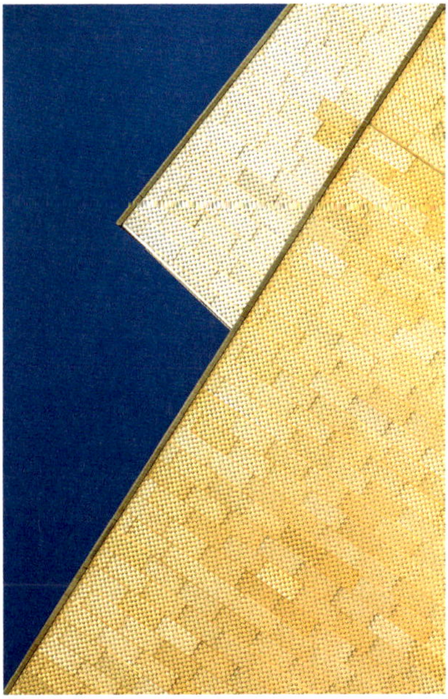

Zoome weit in dein Foto hinein, verdrehe den Himmel, lass Erdboden oder Horizont völlig raus, spiele mit geometrischen Formen und greife Ausschnitte heraus
ISO 400 | 180 mm | f/8 | 1/1200 s

22. Aufgabe Aus der Froschperspektive

Projekt der Woche

Die Froschperspektive wirkt toll mit klarem Vordergrund und Hauptdarsteller oder eben mit einer klaren Perspektive hin auf dein Hauptmotiv. Begib dich auf den Boden der Tatsachen und fotografiere aus tiefem Winkel. Wie ändert sich die Bildwirkung?

Jede Änderung des Blickwinkels ändert die Wirkung. Dafür ist die Froschperspektive – auch Untersicht genannt – ein tolles Stilmittel. Das heißt, du visierst einen Gegenstand an, indem du dich unter die normale Augenhöhe begibst.

Führe den Blick hin zum Motiv

Wenn du einen spannenden Vordergrund hast oder den Blick mit Linien hin zu deinem Hauptmotiv führst, bietest du Details für den Betrachter. Dadurch gewinnt dein Foto.

Tipps für deine Froschperspektive:

- Niedriger Blickwinkel leicht nach oben geneigt
- Spannend, um Dominanz, Größe oder Macht darzustellen
- Bei viel Himmel achte darauf, dass du das Foto nicht überbelichtest (ausbrennst).

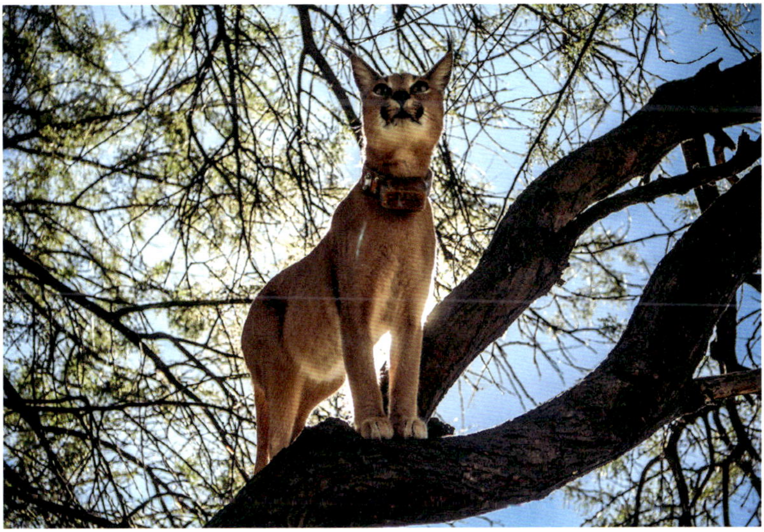

Der afrikanische Luchs wirkt majestätischer aus der Froschperspektive.
ISO 100 | 60 mm | f/11 | 1/400 s

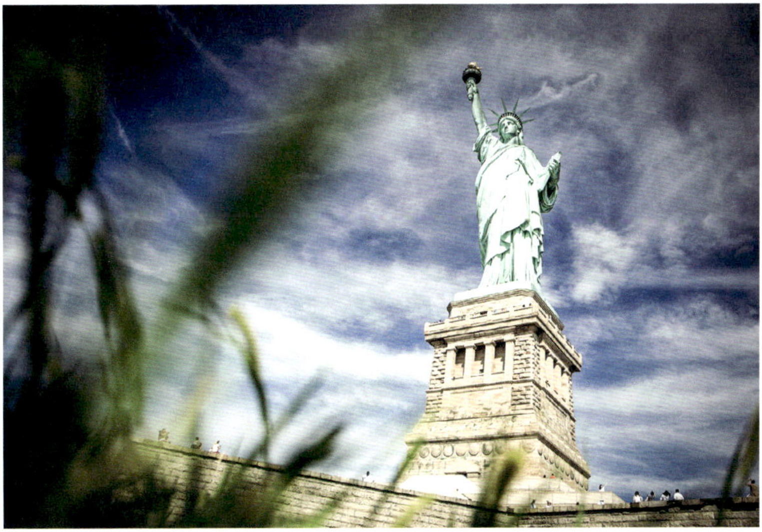

Die Freiheitsstatue aus der Froschperspektive. Das Gras bringt uns in die Beobachterrolle. Jedes Motiv verändert sich, wenn du den Winkel änderst. Sei nie zufrieden mit dem ersten Foto! ISO 100 | 28 mm | f/4 | 1/500 s

23. Aufgabe Low-Key – Die dunkle Seite

Projekt der Woche

Überlege dir ein geeignetes Motiv für deine Low-key-Aufnahme. Was eignet sich zum Beispiel dank spannender Konturen, um besonders präsent vor dunklem Hintergrund hervorgehoben zu werden? Natürlich sind Gesichter immer spannend. Wie ändert sich der Ausdruck durch die Beleuchtung?

Bei der Low-key-Fotografie sind Schatten und dunkle Bereiche beabsichtigt. Wenige helle Bildteile setzen Akzente im Bild.

Wie machst du ein Low-key-Foto?

Deine Lichtquelle sollte intensiver sein als das Umgebungslicht. Normalerweise hast du einen schwarzen oder dunklen Hintergrund. Super ist ein abgedunkelter Raum mit einem Licht oder Blitz, den du seitlich zum Motiv positionierst.

Woher kommt Low-Key eigentlich?

Ich habe mal gelesen, dass High-key und Low-key Begriffe aus den Anfangszeiten des Films sind. Mangels Ton musste man andere Möglichkeiten finden, Helden und Schurken klar voneinander abzugrenzen. Daher wurden Bösewichte im Dunkeln stehend von unten angestrahlt, während der Superheld im hellen Licht steht.

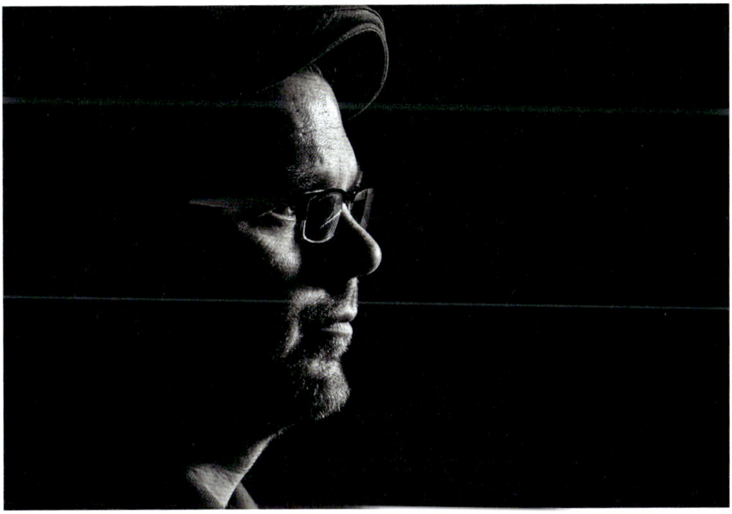

Mein Bruder Frank in Low-key: Gezieltes Licht betont die Konturen.
ISO 100 | 85 mm | f/5,6 | 1/200 s (mit Blitz)

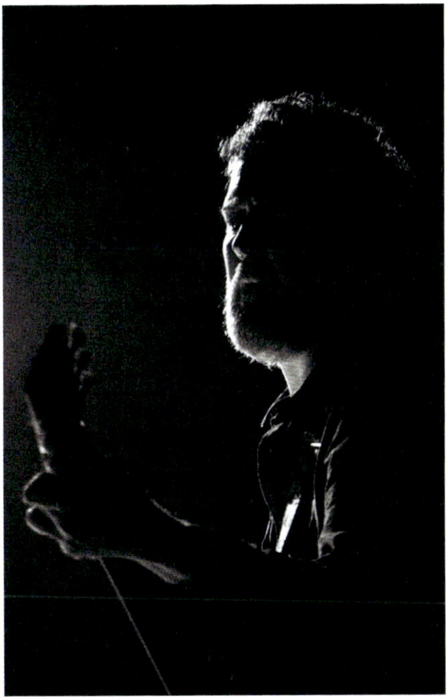

Der irische Musiker Glen Hansard im Berliner Admiralspalast. Für mich ein perfektes Setting für tolle Low-key-Fotos, in denen nur die Kontur des Musikers auf der Bühne betont wird.
ISO 6400 | 135 mm | f/2,8 | 1/200 s

24. AUFGABE TIEFE UND EBENEN

PROJEKT DER WOCHE

Begib dich auf die Suche nach passenden Motiven, um Tiefe und Ebenen darzustellen. Wo hast du einen schönen Weitblick? Wo platzierst du dein Hauptmotiv? Wo kannst du genug Platz lassen für die einzelnen Ebenen? Hast du sogar die Gelegenheit, verbindende Elemente zwischen den Ebenen zu nutzen – Linien, die den Blick leiten und die räumliche Wirkung unterstützen?

Dein Bild ist immer die zweidimensionale Abbildung. Daher versuchst du, möglichst viel Tiefe ins Foto zu bekommen. Dabei hilft dir eine Unterteilung des Bildes in zwei Ebenen (Vorder- und Hintergrund) oder besser noch in drei: Vordergrund, Mittelgrund und den Hintergrund. Das gibt deinem Foto eine räumliche Wirkung und wirkt für den Betrachter sehr anziehend. Besonders in der Landschaftsfotografie wird diese Aufteilung genutzt.

Lerne mehr über die Wirkung von Ebenen

Ein tolles Beispiel für die Wirkung von Ebenen ist das Foto „Moonrise, Hernandez, New Mexico“ von Ansel Adams. Du findest es über die Internetsuche!

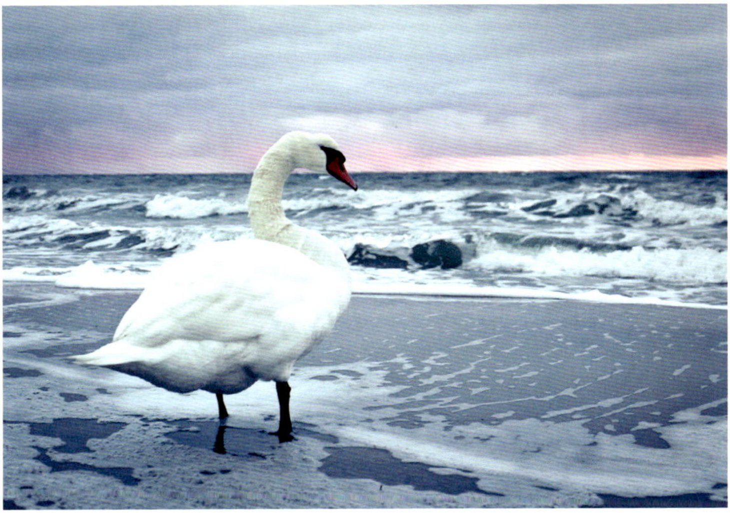

Ich platziere im Vordergrund mein Hauptmotiv (den Schwan). Durch große Blende ist dieser scharf, und Mittel- und Hintergrund, also Strand, Meer und Himmel, verschwimmen in der Unschärfe. ISO 320 | 44 mm | f/4 | 1/100 s

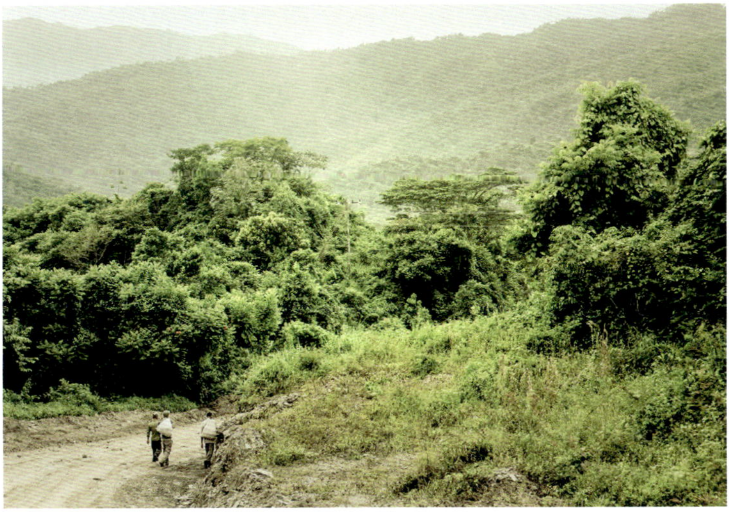

Der Versuch, die Tiefe, aber auch die Größe deutlich zu machen durch Aufteilung in Ebenen: im Vordergrund der Weg und die Arbeiter, im Mittelgrund die Hügel in sattem Grün und im Hintergrund die Bergkuppen in leichtem Grau. ISO 160 | 38 mm | f/5 | 1/400 s

25. Aufgabe — Der Sog der Bildmitte

Projekt der Woche

Begib dich auf die Suche nach passenden Motiven, wo der Fokus hin zur Bildmitte Spaß macht. Das Auge strebt nach dem Blick zum hellsten Punkt, und es entsteht eine Sogwirkung. Das können Flure in Gebäuden, eine Allee oder das Licht am Ende des Fußgängertunnels sein. Wie verändert sich dein Motiv, wenn du es symmetrisch zur Bildmitte hin anordnest? Was passiert, wenn du es nach der Drittelregel anordnest? Vergleiche die Ergebnisse.

Eigentlich passt eine Fokussierung auf die Bildmitte nicht zur Drittelregel. Doch gibt es Motive, bei denen der Fokus auf die Bildmitte ausdrücklich gewünscht ist und eine tolle Wirkung erzielt.

Symmetrie und Vignettierung stützen den Sog

Das Auge will hin zum hellsten Punkt. Was sind passende Motive? Als Voraussetzung muss für mich eine Symmetrie des Motivs gegeben sein. In der Nachbearbeitung füge ich manchmal eine leichte Vignettierung hinzu, also einen dunklen Rand. Dann bündelt sich die Helligkeit meines Motivs hin zur Bildmitte.

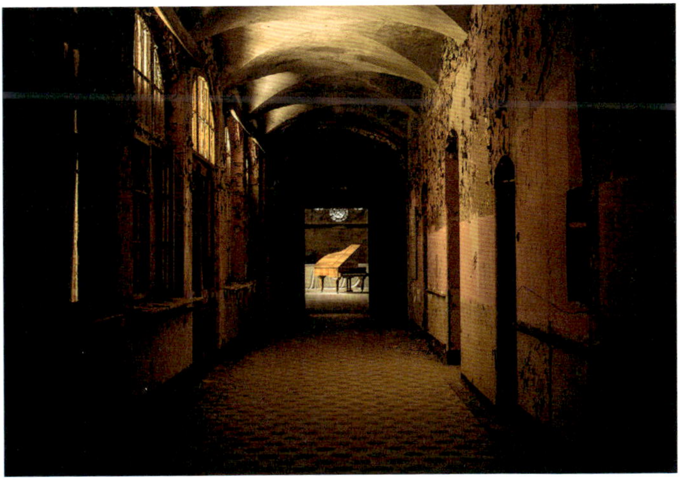

Der Fokus auf dem Fluchtpunkt ist vom Auge schnell zu erfassen und führt beim passenden Motiv zu einer Sogwirkung hin zur Bildmitte.
ISO 250 | 50 mm | f/8 | 1/8 s

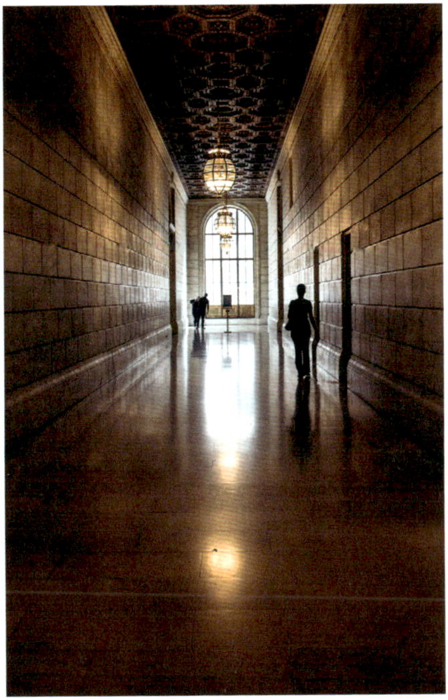

Ein spannendes Motiv, entstanden in New York. Die Personen im Bild verstärken den Sog der Mitte.
ISO 800 | 24 mm | f/4 | 1/40 s

26. Aufgabe STRUKTUR UND TEXTUR

PROJEKT DER WOCHE

Mach dich auf die Suche nach Texturen. Die Baumrinde, das Mauerwerk oder das Holz des alten Schuppens. Verwechsle die Textur nicht mit Mustern. Was findest du, was die Textur stört und dein Foto noch interessanter macht? Der Schmetterling auf der Baumrinde oder das Loch im Asphalt. Schau hin: Texturen sind überall!

Struktur und Textur spielen eine wichtige Rolle in der Fotografie. Sie sind für mich verbunden mit der Assoziation der Berührung. Oft gehe ich dabei sehr nah ran an die Texturoberfläche. Wichtig: Die Textur ist nicht zu verwechseln mit dem Muster.

Kombiniere Texturen mit Objekten

Für die richtige Inszenierung sind Licht und Schatten wichtig. Der passende Lichtwinkel lässt die Textur dreidimensional erscheinen. Du spürst förmlich die Oberfläche. Wenn zudem noch ein Objekt „stört“, dann ergibt sich eine tolle Spannung im Foto.

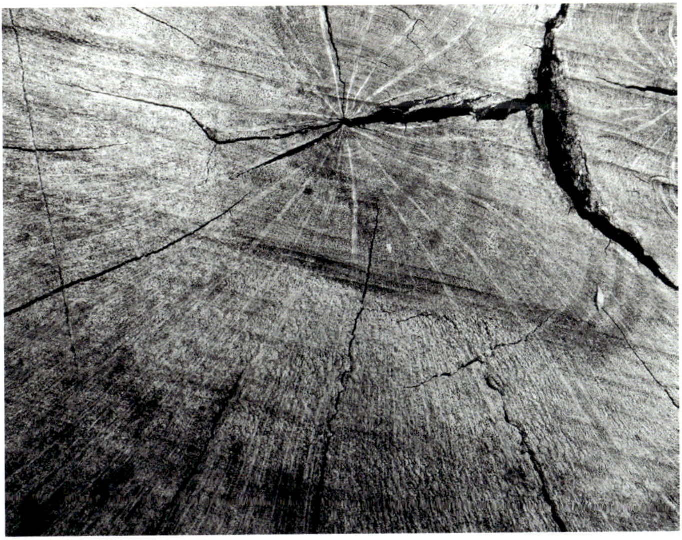

Ein Baumstumpf hat sehr spannende Strukturen. Gerade wenn man diese so reduziert, dass nur noch die Struktur des Holzes und die Textur der Oberfläche sichtbar werden. ISO 400 | 27 mm | f/5 | 1/100 s

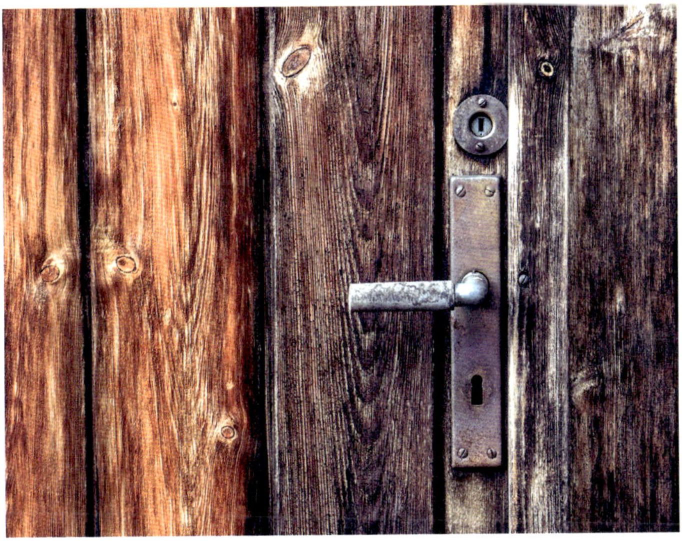

Hier kombiniere ich die spannende Struktur der alten Tür mit den simplen Formen des Türgriffs. So ergibt sich ein toller Kontrast. ISO 320 | 72 mm | f/4 | 1/100 s

27. Aufgabe – Leere und negativer Raum

Projekt der Woche

Komponiere ein Fotomotiv mit negativem Raum. Versuche, dass dieser dein Hauptmotiv positiv hervorhebt und für den Betrachter gut als negativer Raum erkennbar ist. Überlege, wie das Gleichgewicht zwischen negativem und positivem Raum ist. Kannst du noch eine alternative Version fotografieren, in der weniger negativer Raum sichtbar ist? Wie verändert sich die Wirkung?

Als „negativer Raum“ wird jener Bereich bezeichnet, der nicht das Zentrum der Aufmerksamkeit darstellt und somit den Hintergrund oder auch die Grundfläche beschreibt. Oft wird dieser Bereich zum Beispiel in Werbeanzeigen für Text auf dem Bild verwendet.

Verschaffe deinem Motiv Luft

Achte beim Betrachten von Fotos darauf, ob du einen negativen Raum erkennst. Inwieweit hilft er dem Foto, das Hauptmotiv auszumachen? Sei kritisch! Vielleicht ist der negative Raum manchmal nicht förderlich und lenkt vom Hauptmotiv ab, zum Beispiel wenn er eine sehr intensive Farbe hat.

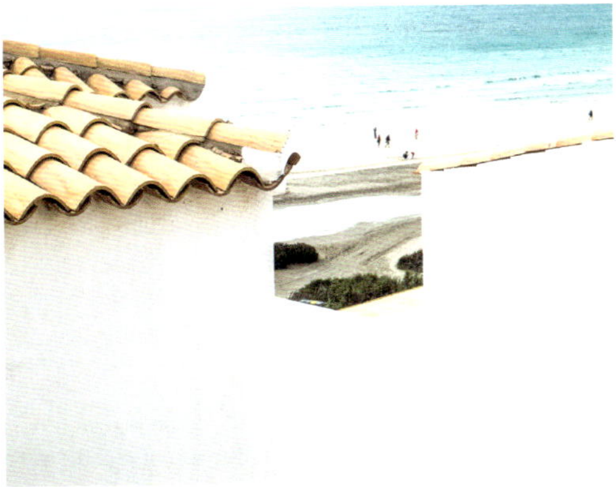

Der negative Raum ist ein tolles Stilmittel, um dem Foto Luft und Raum zu verschaffen für die Bildwirkung.
ISO 400 | 72 mm | f/11 | 1/800 s

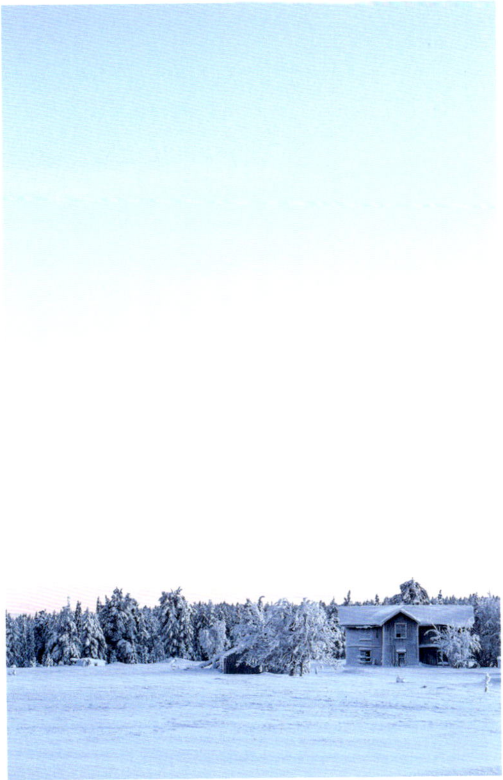

Als negativer Raum eignen sich der Himmel oder auch große monotone Hintergründe wie Hauswände oder Freiflächen.
ISO 640 | 50 mm | f/6,3 | 1/100 s

28. Aufgabe – Kreative Unschärfe

Projekt der Woche

Was passiert, wenn dein Foto komplett und ganz gewollt unscharf ist? Du schaltest dazu in den manuellen Fokus und steuerst die Schärfe per Hand. Welche Bilder ergeben sich in deinem Kopf? Wie nehmen andere deine Fotos wahr? Probiere es einmal aus!

Iiiihh, das ist ja alles unscharf! So was Blödes – oder nicht? Was passiert, wenn du absichtlich mal dein Foto „out of focus" drehst? Bei solchen Spielen freue ich mich über die Kreativität, die dabei entsteht.

Motive bewusst in Unschärfe fotografieren

Du kannst eine digitale Unschärfe per Lightroom & Co. hinzufügen. Aber ich meine in meiner aktuellen Fotoaufgabe die gekonnt gesetzte Unschärfe. Diese wertet dein Foto enorm auf und lässt es möglicherweise richtig professionell wirken.

Tipp: Kippschalter AF/MF am Objektiv umstellen

Viele Spiegelreflex- oder auch Bridge-Kameras haben vorne am Objektiv oder Kameragehäuse einen Kippschalter mit der Aufschrift AF/MF. Das bedeutet automatischer Fokus (AF) oder manueller Fokus. Bei der Auswahl „manueller Fokus" kannst du die Schärfe von Hand einstellen und eben auch eine tolle Unschärfe erzeugen.

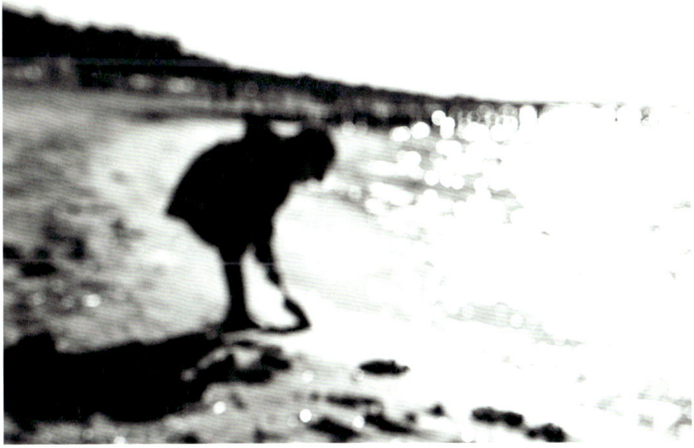

Kreative Unschärfe: Plötzlich hast du bei einem Motiv viele Assoziationen. Das kleine Kind am Strand kann dann zu einem Motiv aus deiner Kindheit werden. ISO 100 | 35 mm | f/4 | 1/1600 s

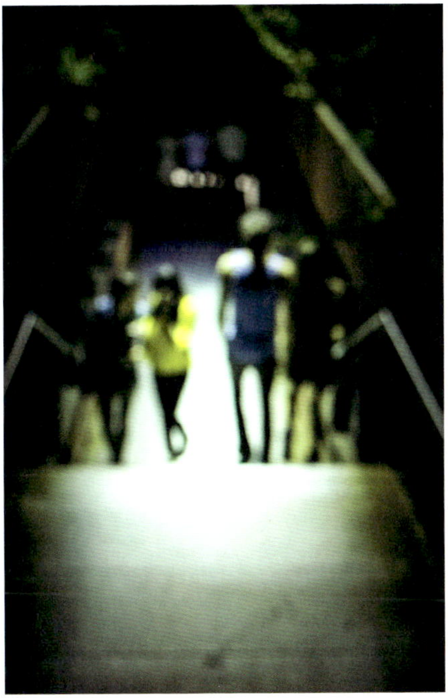

Du spielst sonst mit unscharfen Hintergründen oder lenkst das Auge des Betrachters auf einen gewissen Punkt. Aber trau dich einmal, komplett in die Unschärfe zu gehen. ISO 2500 | 50 mm | f/2,8 | 1/50 s

29. Aufgabe – Das Porträt

Projekt der Woche

Diese Woche geht es um das Porträtfoto. Suche dir eine Person, zum Beispiel im Bekanntenkreis, und fotografiere ein richtiges Porträt. Nehmt euch Zeit dafür. Dazu gehört die Suche einer passenden Location mit passendem, ruhigem Hintergrund. Und versuche, die oben genannten Tipps für dein Porträtfoto gleich umzusetzen.

Es macht mir Spaß, Gesichter zu fotografieren, mit meinem Gegenüber zu sprechen, seine Geschichten zu erfahren und dabei zu versuchen, die Persönlichkeit auf das Foto zu bekommen.

Tipps für dein Porträtfoto

1. Gehe nah ran: Porträts fotografiere ich mit großer Blende und einer 85-mm- oder 50-mm-Festbrennweite. Und ich gehe nah ran.
2. Rede mit deinem Gegenüber: Versteck dich nicht hinter deiner Kamera. Dann verliert ihr beide die Scheu.
3. Beachte die Drittelregel: Dein Gegenüber ist das Hauptmotiv – aber platziere nach der Drittelregel.
4. Funkeln in den Augen: Im Porträt geht's um das Funkeln in den Augen („catch light"), erzeugt durch Reflexion einer Lichtquelle.

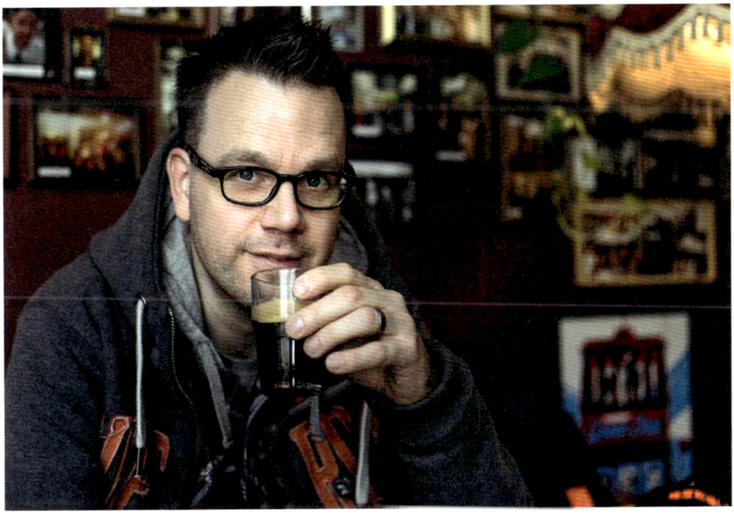

Dank großer Blende und natürlichem Licht auf dem Gesicht stört der etwas unruhige Hintergrund nicht, sondern verschwimmt in Unschärfe.
ISO 320 | 50 mm | f/2,8 | 1/100 s

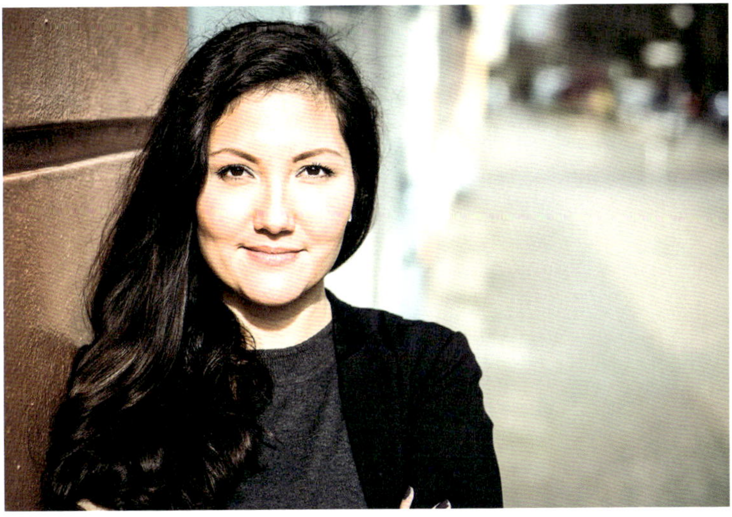

Am Anfang habe ich oft Fehler gemacht. Mal waren die Augen unscharf, dann hatte ich dank Weitwinkel zu viel drauf oder störende Elemente im Hintergrund. Aber keine Sorge – Porträts sind Übungssache.
ISO 100 | 85 mm | f/4 | 1/400 s

30. Aufgabe
Denke in Schwarz-Weiß

Projekt der Woche

Diese Woche widmen wir uns voll und ganz dem Thema Schwarz-Weiß. Suche dir sowohl Fotos aus deinem Archiv als auch neue Motive und fotografiere in Schwarz-Weiß bzw. wandle das Foto in der Bildbearbeitung in Schwarz-Weiß um. Du kannst den Vorschaumodus in der Kamera in Schwarz-Weiß umschalten. Das würde ich dir auch eher empfehlen, statt die Datei gleich auf Schwarz-Weiß umzustellen.

Ich stelle mir bei Schwarz-Weiß-Fotos immer folgende Fragen: Gewinnt mein Bild möglicherweise ohne Farbe? Das merkst du, wenn dein Blick vom Motiv angezogen oder abgelenkt wird. Inwieweit ändert sich die Bildstimmung oder das visuelle Gleichgewicht? Du kannst in Bildbearbeitungsprogrammen einfach zum Farbfoto zurückkehren und den Vorher/Nachher-Effekt vergleichen.

Das besondere Foto – zeitlos schön

Schwarz-Weiß hat eine gewisse Zeitlosigkeit – Farbe kann doch jeder! Insbesondere Fotos mit Texturen, Mustern oder Formen eignen sich durch den Kontrast für Schwarz-Weiß-Fotos.

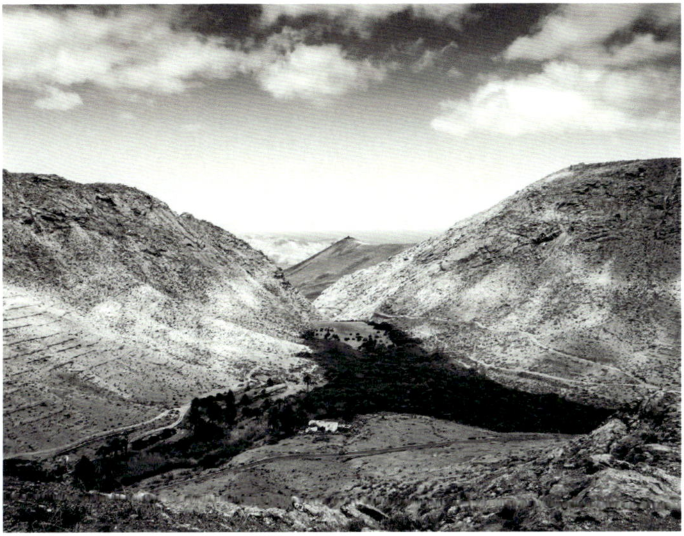

Manchmal kann es hilfreich sein, das Foto zu vereinfachen. Du kannst ablenkende Farben entfernen und die Aufmerksamkeit auf das Motiv lenken. Das kann ein atemberaubendes Ergebnis erzeugen.
ISO 320 | 25 mm | f/7,1 | 1/1000 s

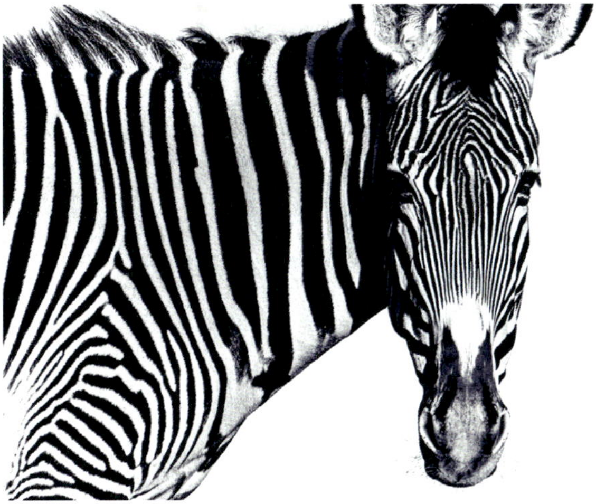

Manche Motive werden in Schwarz-Weiß zu etwas Besonderem! Die Zurücknahme der Farben reduziert nicht nur Motiv, sondern schärft den Fokus auf Texturen oder Muster, so wie bei diesem Zebra.
ISO 320 | 500 mm | f/6,3 | 1/2500 s

31. Aufgabe Die blaue Stunde

Projekt der Woche

Auf in die Nacht zur blauen Stunde. Suche nach einem Ort für tolle Motive. Halte auch Ausschau nach passenden Details, die dein Bild bereichern können. Ein See? Eine Hausfassade? Bäume als Rahmen? Linien, die das Auge leiten?

Denke an ein Stativ, denn du musst für ein scharfes Bild sehr schnell in lange Belichtungszeiten gehen.

Die blaue Stunde – das klingt geheimnisvoll. Dabei handelt es sich um die Zeit genau nach dem Sonnenuntergang. Alles schimmert und leuchtet in einem magischen Ton.

Die richtige Location zur richtigen Uhrzeit

Die blaue Stunde gibt es übrigens auch morgens vor Sonnenaufgang. Aber in der Regel spricht man bei der blauen Stunde eher von dem abendlichen Phänomen. Oft dauert sie – entgegen ihrem Namen – sehr viel kürzer als eine ganze Stunde. Meine Empfehlung sind Webseiten oder Apps wie http://suncalc.net – da findest du die genaue Uhrzeit für deine Region bzw. einen Fotoort für den passenden Zeitpunkt!

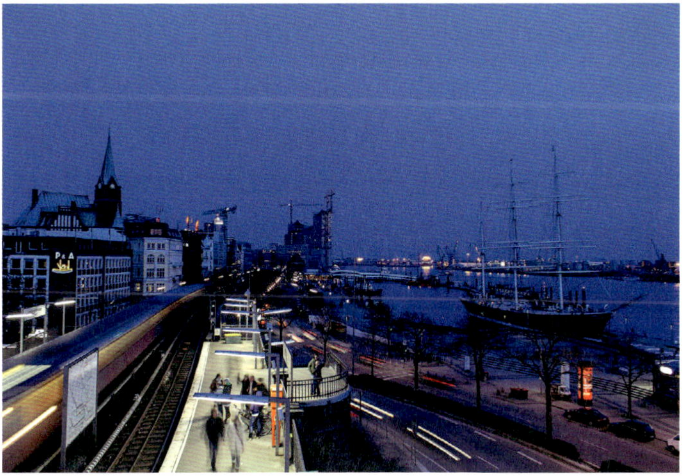

Hamburg Landungsbrücken: Der Himmel hat diese strahlendblaue Färbung während der Zeit der Dämmerung nach Sonnenuntergang, aber noch vor Eintritt der richtigen Dunkelheit der Nacht.
ISO 100 | 28,8 mm | f/5 | 5 s

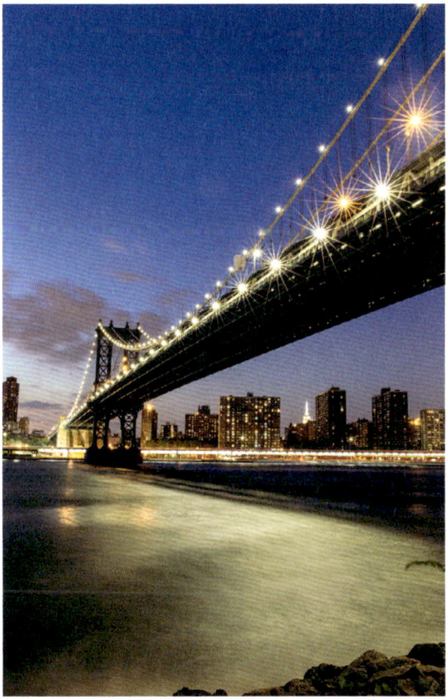

Manhattan Bridge in New York: Durch die Blende (f/22) werden die Lichter zu Sternen, und das Wasser wird durch die lange Belichtungszeit seidig weich.
ISO 800 | 32 mm | f/22 | 30 s

32. Aufgabe: Muster und Wiederholung

Projekt der Woche

Trainiere die Suche nach Mustern und Wiederholungen, wenn du mit deiner Kamera unterwegs bist. Oft reicht es schon, sich leicht in eine Szene hereinzuzoomen oder näher ranzugehen. Erwecke die Illusion, als handle es sich um ein sich unendlich wiederholendes Muster. Versuche im nächsten Schritt, die Muster zu unterbrechen. Halte Ausschau nach dem Highlight – der grünen Limone inmitten der gelben Zitronen. Wenn du diese Unterbrechung sogar in Form der Drittelregel anordnest, hast du ein sehr spannendes Muster erzeugt.

Muster findest du überall: in den Waben eines Bienenstocks, im Bürohochhaus an der Ecke oder in den Stuhlreihen in der Kirche.

Das sich ewig wiederholende Muster

Wenn du darauf achtest, wirst du überall Muster und Wiederholungen entdecken. Schnell kannst du auch den Eindruck verstärken, indem du in eine Szene hereinzoomst und dem Betrachter das Gefühl gibst, es handle sich um ein unendlich wiederholendes Muster.

Störungen beleben dein Foto: eine grüne Tomate inmitten der roten Tomaten, eine Person, die in der Menschenmenge in eine andere Richtung geht.

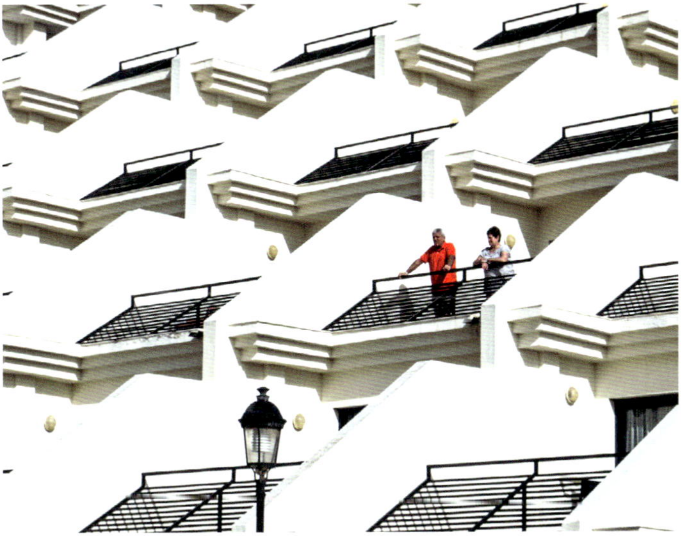

Lediglich die Fokussierung auf das Muster wirkt auf Dauer eintönig. Versuche, die Störung oder die Kontraste zum Muster zu beachten.
ISO 250 | 100 mm | f/9 | 1/1200 s

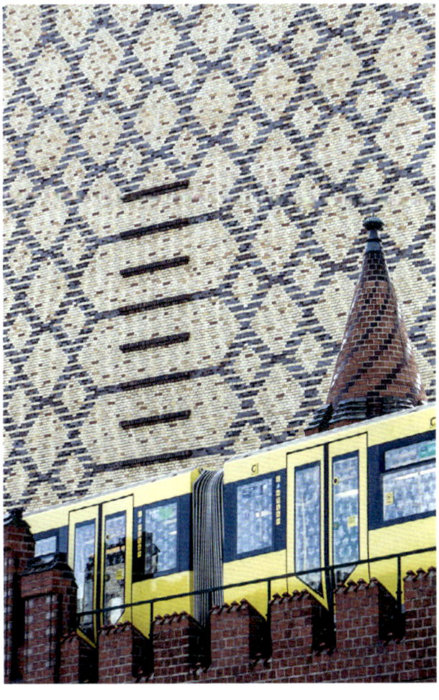

Was passiert in deinem Kopf? Die mehrfache Wiederholung aus Linien, Farben oder Formen erzeugt ein spannendes visuelles Echo. Das zieht die Aufmerksamkeit auf die Form(en) selbst.
ISO 200 | 113 mm | f/3,5 | 1/400 s

33. Aufgabe Dynamik und Bewegung

Projekt der Woche

Stelle Dynamik im Foto dar. Suche dir dazu ein geeignetes Objekt in der Bewegung. Autos bewegen sich linear, und damit kannst du gut üben. Tiere ändern manchmal abrupt die Richtung und sind etwas schwieriger. Deine Verschlusszeit ist abhängig von der Bewegungsgeschwindigkeit deines Motivs. Ich starte mit 1/30 Sekunde. Wenn dein Hintergrund zu doll verschwimmt, verkürze die Verschlusszeit.

Wie fotografierst du Dynamik und Bewegung, zum Beispiel das vorbeibrausende Feuerwehrauto oder den Radrennfahrer? Die Lösung sind Mitzieher! Perfekt, um Dynamik zu erzeugen.

Verwischte Bewegungen zeigen Dynamik

Auch ohne Mitzieher kannst du Dynamik erzeugen. Fotografiere längere Belichtungszeiten aus der Hand. Lass Personen sich bewegen. Verwischte Bewegungen ergeben eine tolle Dynamik im Bild!

Wie machst du Mitzieher?

Belichtungszeit (ca. 1/30 s) und Kamerabewegung sind entscheidend. Fokussiere auf dein Hauptmotiv in der Bewegung und nimm die Geschwindigkeit des Motivs auf. Um Verwackelung zu vermeiden, solltest du nach dem Auslösen leicht mitschwingen.

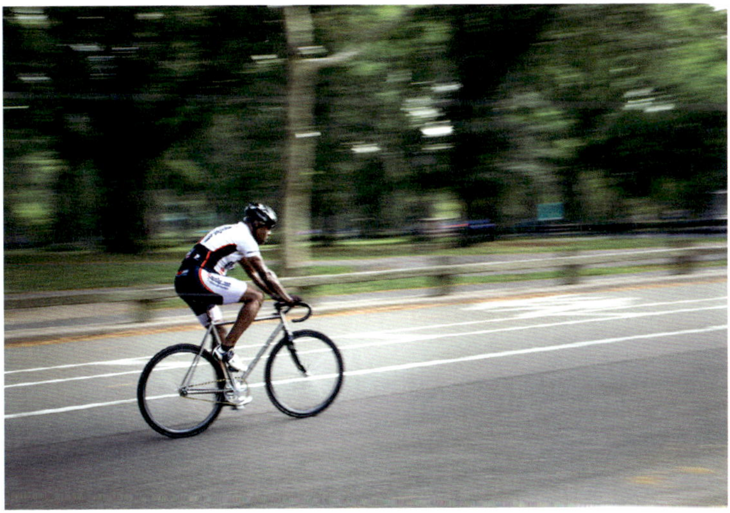

Der Radrennfahrer im Central Park ist das perfekte Mitziehermotiv.
ISO 100 | 35 mm | f/4 | 1/30 s

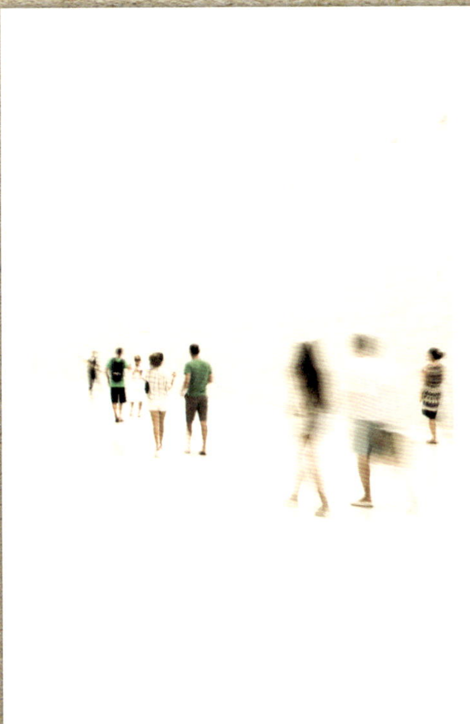

Dynamik kannst du auch ohne Mitzieher erzeugen. Eine halbwegs ruhige Hand und verwischte Farben – wie hier mit 0,4 s aus der Hand – erzeugen eine Dynamik im Foto.
ISO 1000 | 35 mm | f/18 | 0,4 s

34. Aufgabe DAS ERZÄHLENDE PORTRÄT

PROJEKT DER WOCHE

Die Herausforderung ist, diese Geschichte in nur einem Foto zu erzählen. Vielleicht ist das der erste Schritt zur Reportage oder vielleicht sogar schon die hohe Kunst der Reportage! Halte Ausschau nach einem passenden Charakter in deinem Umfeld. Es kann der Bäcker von nebenan sein oder auch ein Verwandter. Was macht die Person aus? Welches Umfeld gehört zu ihr? Setze es in Szene!

Das erzählende Porträt unterscheidet sich vom klassischen Porträt. Es geht darum, Personen im gewohnten Umfeld abzubilden. Dabei soll der Fokus klar auf deiner Hauptperson liegen. Was macht dein Gegenüber aus? Was sind Hobbys oder Charakterzüge?

Was passt zu deinem Gegenüber?

Es ergibt sich eine spannende Motivsuche. Der Surfer mit Surfboard, der Schuster in der Werkstatt – das Umfeld sollte schnell zu erfassen sein, damit der Betrachter versteht, was du zeigen möchtest. Diese Porträt-Art ist eine Form der Reportage mit nur einem Foto. Aber bedenke: Weniger ist mehr!

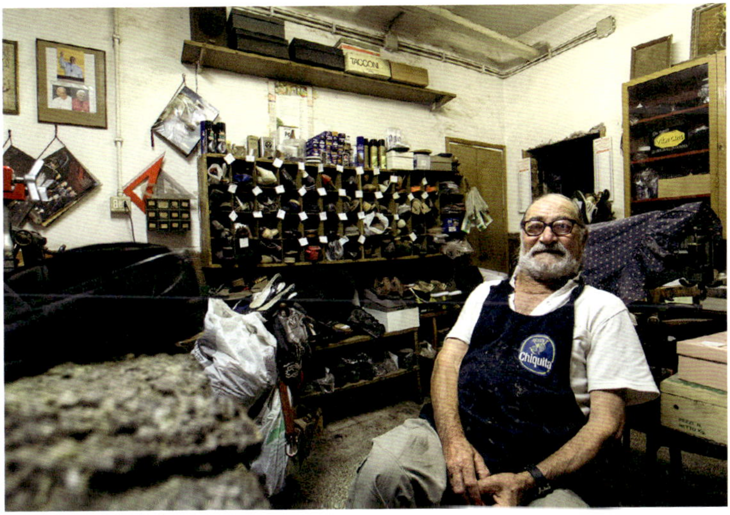

Der alte Schuster im römischen Trastevere – diese Porträt-Art ist eine schöne Form der Reportage in nur einem Bild.
ISO 1600 | 17,6 mm | f/3,5 | 1/50 s

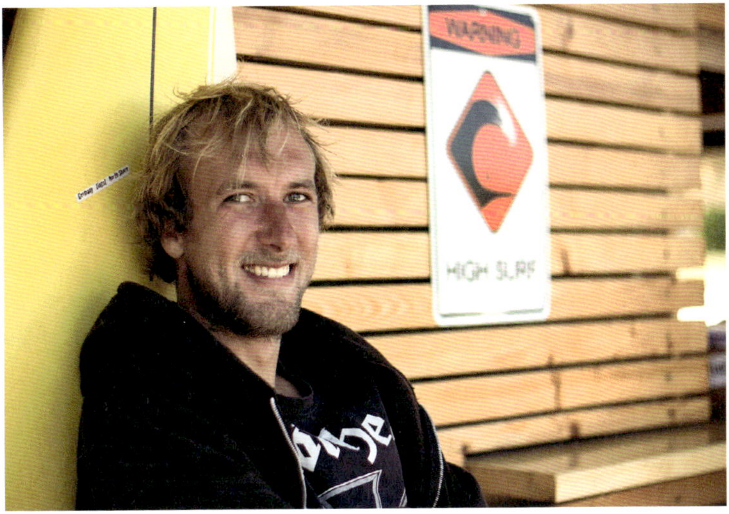

In der Regel wähle ich für das erzählende Porträt ein weitwinkligeres Objektiv und eine kleinere Blende (ab f/8) als beim klassischen Porträt. Ich will das Umfeld auch in der Tiefenschärfe. ISO 1600 | 17,6 mm | f/3,5 | 1/50 s

35. AUFGABE FOOD PHOTOGRAPHY

PROJEKT DER WOCHE

Suche dir zu Beginn ein einfaches Setting – vielleicht Kaffee und Kuchen – und übe mit dem natürlichen Licht und der Ausrichtung deines Stilllebens, bevor du dich an andere Speisen herantraust. Im Baumarkt habe ich mir eine kleine Tischplatte aus der Flohmarktecke gekauft, die ich auf den Boden legen kann. Denn damit klappt es besser mit dem Tabletop-Shooting, also dem Fotografieren von oben.

Ich bin kein Food-Blogger geschweige denn Hobbykoch. Trotzdem macht die Food-Fotografie mir großen Spaß, denn es ist eine tolle Art, ein Stillleben zu arrangieren.

Requisiten und Hintergrund aussuchen

Ich habe mir Fotos auf bekannten Food-Blogs angeschaut (z. B. upcloseandtasty.com oder hortuscuisine.com) und dann begonnen, mir passende Requisiten zurechtzulegen und die ersten Fotos vorzubereiten. Dazu gehört der passende Untergrund oder Hintergrund (je nach Perspektive). Im Stillleben und im Bereich der Food Photography geht es immer ums Licht. Es soll natürlich aussehen. Daher wird selten künstliches Licht verwendet. Wenn ich das richtige Licht habe, mache ich mich an die Feinarbeit der Ausrichtung der Details. Oft sind es diese, die Licht und Schatten beeinflussen.

Link-Tipp:
Auf meinem Blog findest du unter www.ig-fotografie.de/?s=food-fotografie eine Anleitung für das Selberbauen toller Fotohintergründe.

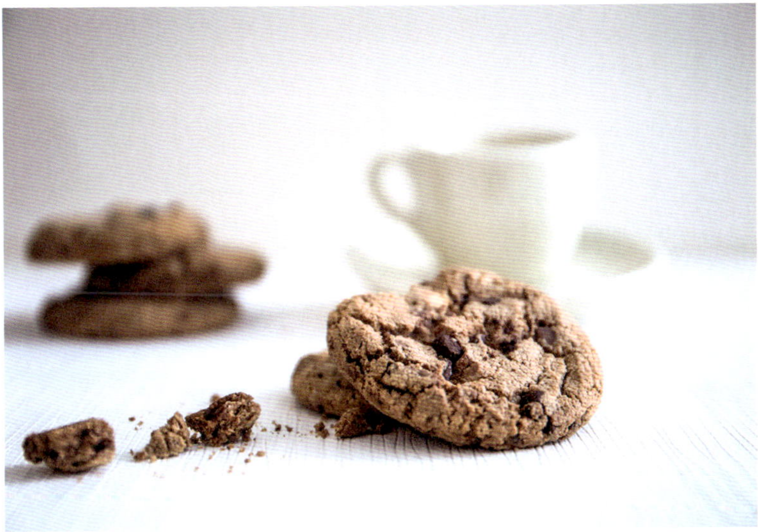

Wie kreiere ich diese stylishen Food-Photography-Welten, in denen jedes Essen wie ein kunstvolles Stillleben aussieht? ISO 400 | 70 mm | f/4 | 1/5 s

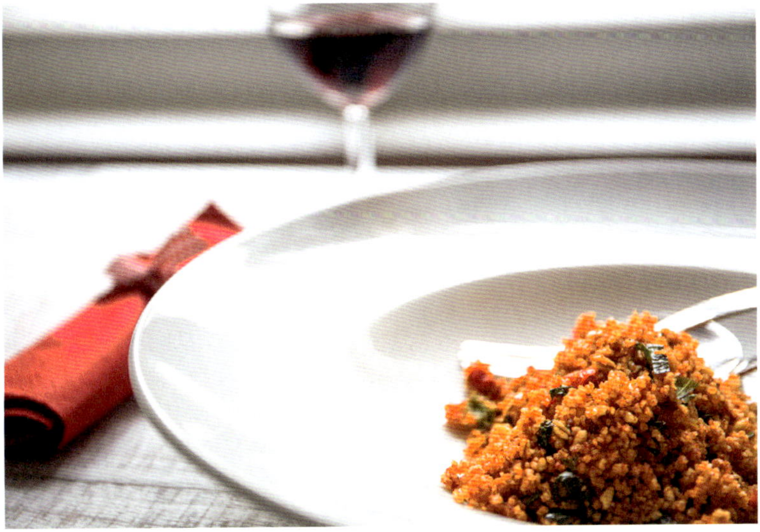

In der Bildgestaltung gibt es keinen strengen Regeln. Es bleibt dir überlassen, ob du es als Tabletop oder aus anderer Perspektive fotografierst.
ISO 2500 | 59 mm | f/4 | 1/40 s

36. Aufgabe Ich-Perspektive

Projekt der Woche

Überlege dir ein passendes Foto für deine Ich-Perspektive. Was passt zu dir? Was kannst du in der Hand halten? Wer kann dich an der Hand halten? Sei kreativ und spiele mit Orten, Hintergründen und Momenten. Du wirst erstaunt sein, wie eine Hand im Bild deinem Foto plötzlich Lebendigkeit verschafft.

Diese Motive kennst du von Instagram & Co. Dort gibt es ganze Streams, in denen man nur Fotos aus der Ich-Perspektive findet. Der ein oder andere mag denken: Aber jedes meiner Fotos ist doch aus der Ich-Perspektive, denn ich fotografiere es ja …

Lerne, eine Geschichte zu erzählen

Fotos aus der Ich-Perspektive erzählen in den meisten Fällen eine Geschichte. Du interagierst mit jemandem oder mit einem Objekt. Also bringe dich selbst mit ins Bild ein. Es handelt sich dabei aber nicht um ein Selbstporträt. Es sind deine Hand oder vielleicht auch deine Füße, die im Bild zu sehen sind.

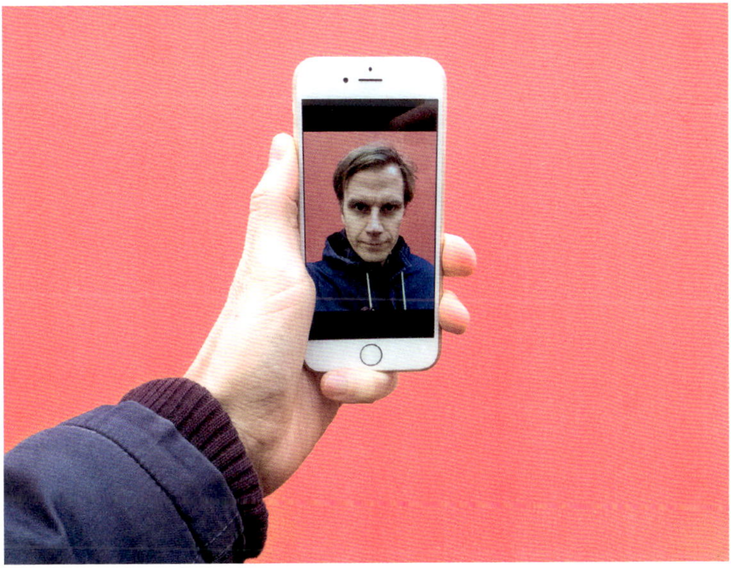

Lustige Ich-Perspektiven-Ironie: Der Einfachheit halber fotografieren viele diese Fotos mit dem Smartphone, da eine DSLR schwer zu halten ist. Auch eine Kompaktkamera ist gut geeignet. ISO 640 | 25 mm | f/11 | 1/40 s

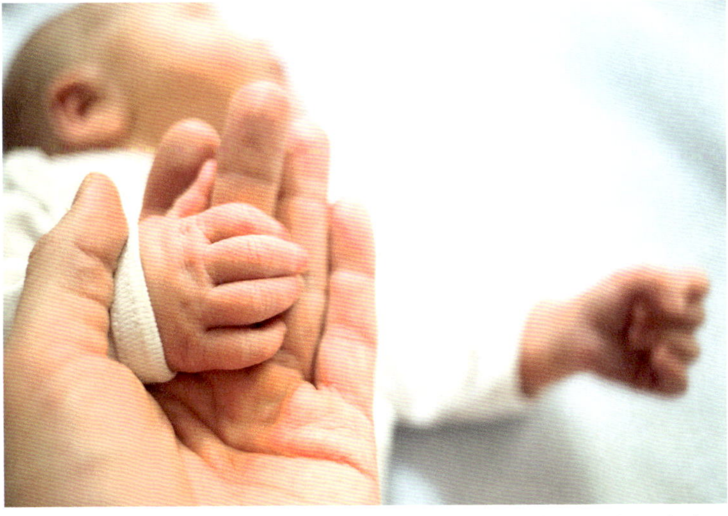

Fotografisch ein toller Kontrast: Kleine Hand trifft große Hand! Und einer der wichtigsten und tollsten Momente, die ich jemals in der Ich-Perspektive erleben durfte: Ich halte die Hand meines Sohnes.
ISO 640 | 35 mm | f/2 | 1/50 s

37. Aufgabe Dramatisches Licht

Projekt der Woche

Lerne, was gute Lichtquellen für gezieltes Licht sind. Wie wirken Smartphone, Kühlschrank, Kerze oder Stehlampe? Probiere es aus. Fotografiere dein Bild, in dem das dramatische Licht den Blick auf sich zieht.

Was passiert, wenn wir nur eine Lichtquelle haben – und sonst kein weiteres Licht im Bild? Dein Motiv wird sehr intensiv wirken. Wie verändert sich dein Foto mit dem Licht? Befindet sich deine Hauptperson mit dem Gesicht oder dem Rücken zum Licht?

Inszeniere das Licht!

Wenn du Licht gezielt inszenierst, steuerst du den Blick des Betrachters. Daher widmen wir uns in dieser Herausforderung dem dramatischen Licht. Warum dramatisch? Weil es die einzige Aufmerksamkeit erzeugt. Vorhang auf! Spot an! Big drama!

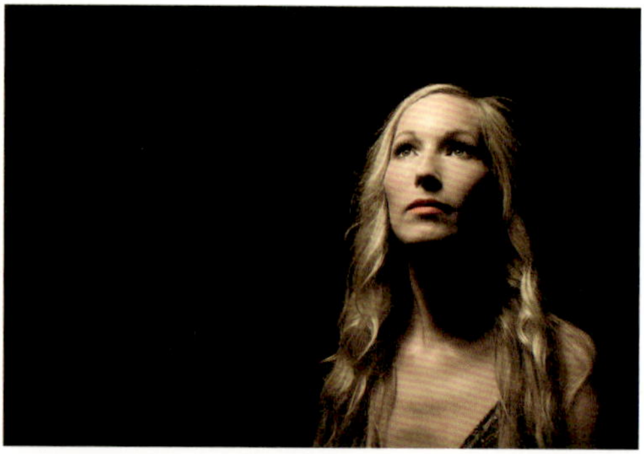

Das Licht kommt einzig von einer Stehlampe, die über dem Gesicht des Models leuchtet. Der Blick wandert nach oben. Der Rest des Raumes hüllt sich ins Dunkel. ISO 100 | 35 mm | f/2 | 1/50 s

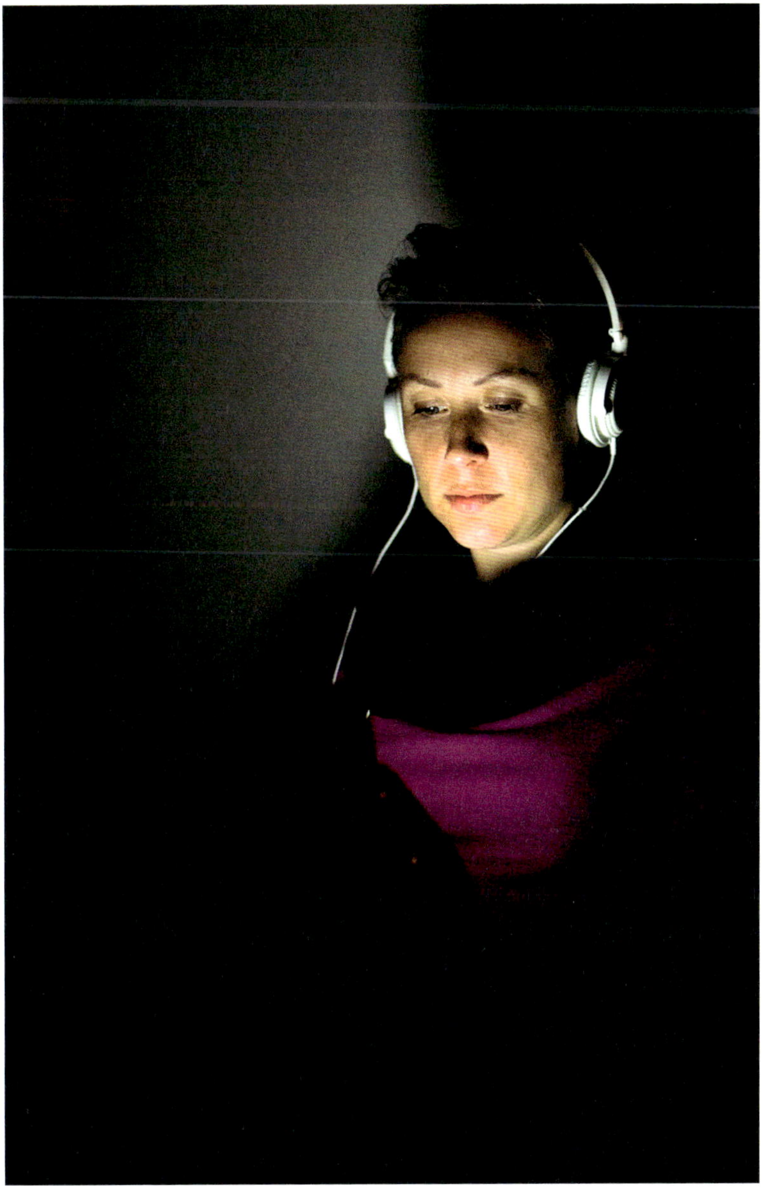

Smartphones und Tablets sind super, um dramatisches Licht zu erzeugen. Es beleuchtet gebündelt sehr hell direkt das Gesicht. Wenn ich zudem den Raum verdunkle, ergibt sich ein sehr dramatisches Licht.

ISO 2500 | 85 mm | f/1,8 | 1/80 s

38. Aufgabe: Den Vordergrund gestalten

Projekt der Woche

Wie möchtest du den Vordergrund deines Fotos gestalten? Welche Elemente fallen dir ein, um dein Foto zu öffnen und den Blick zu leiten? Suche auch nach Elementen, um Vorder- und Hintergrund zu verbinden.

Kennst du die nicht gerade originelle Merkregel „Vordergrund macht Bild gesund“? Damit ist gemeint, dass eine Dimension im Vordergrund deinem Foto eine gewisse räumliche Tiefe gibt.

Das Auge des Betrachters führen

So können beispielsweise Schienen oder markante Linien, die ins Bild hineinleiten, das Auge des Betrachters führen und verbinden Vorder- und Hintergrund miteinander. Natürlich habe ich auch einen Haufen Fotos ohne wirklichen Vordergrund, doch ist es eine tolle Übung, sich bewusst mit der Gestaltung des Vordergrunds zu beschäftigen. Dieser öffnet dein Foto und führt den Blick.

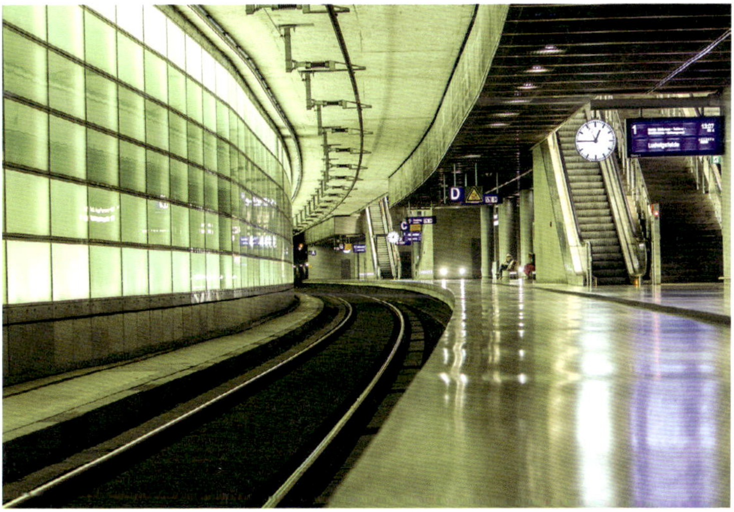

Linien – wie hier die Schienen – bieten eine tolle Möglichkeit, Vorder- und Hintergrund zusammenzuführen. ISO 100 | 55 mm | f/4,5 | 1/100 s

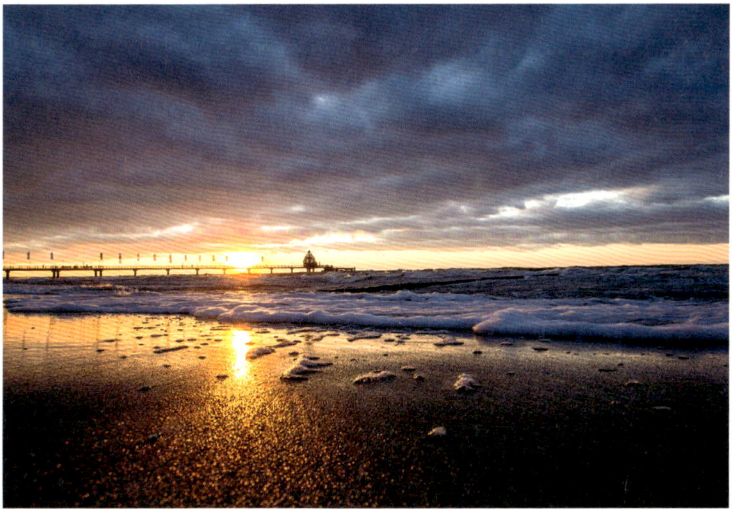

Schaumkronen auf dem Wasser enden im Sand und öffnen im Vordergrund den Blick für die beeindruckende Sonnenuntergangsstimmung am Strand von Zingst. ISO 200 | 20 mm | f/6,3 | 1/125 s

39. Aufgabe: Wenn der Tag anbricht

Projekt der Woche

Stell dir den Wecker auf eine Stunde vor Sonnenaufgang und fotografiere dein persönliches Sonnenaufgangsfoto. Zur frühen Stunde gibt es zudem weitere faszinierende Motive. Schau dich um. Liegt Nebel über den Wäldern, wie spiegelt sich das Licht im Tau auf den Wiesen, was passiert über dir am Himmel? Fliegen schon Vögel zur frühen Stunde? Es gibt viel zu entdecken, wenn der Tag anbricht.

Der frühe Vogel fängt den Wurm. Je nach Jahreszeit kann das auch schon um 4:30 Uhr sein. Schau im Internet nach Stichworten wie „Dämmerungsrechner“ für die passende Uhrzeit zum Sonnenaufgang. Plane morgens vorab genug Zeit für den Weg und das Packen ein, damit du nicht in Hektik kommst.

Alles beginnt

Der Sonnenaufgang oder auch die goldene Stunde direkt nach Sonnenaufgang liefert dir faszinierendes Licht. Der Tau auf den Wiesen, alles erwacht. Versuche, genau das Gefühl einzufangen!

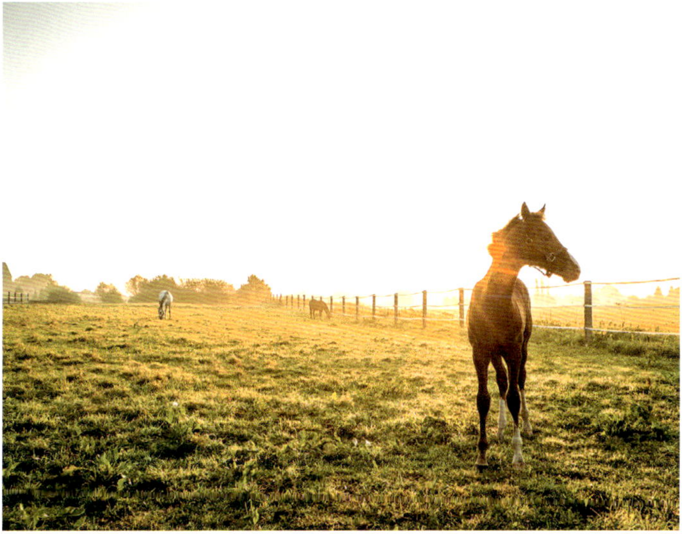

Hier habe ich ein leichtes Lens Flare – also eine Linsenreflexion – das dem Foto zusätzlich eine besondere Stimmung verleiht.
ISO 250 | 25 mm | f/3,6 | 1/250 s

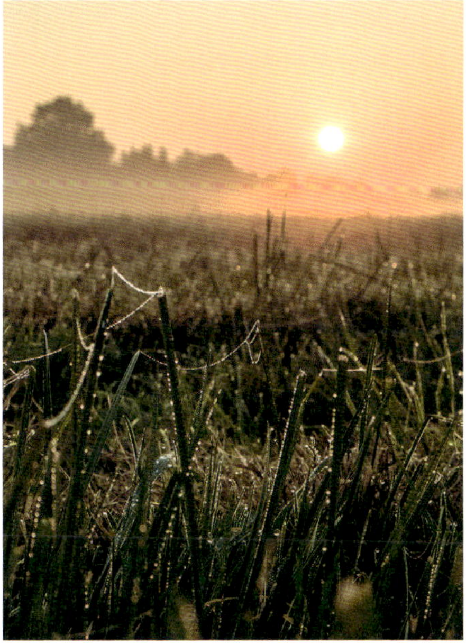

Ich empfehle, bei Sonnenaufgang etwas unterzubelichten und unbedingt in RAW zu fotografieren. Du hast dann noch genügend Spielraum, um das Foto später zu bearbeiten.
ISO 250 | 52 mm | f/6,4 | 1/500 s

40. Aufgabe Suche nach Rechtecken

Projekt der Woche

Versuche, nur in Formen zu denken und die Wirklichkeit zu vergessen. Nähere dich deinem Motiv sehr abstrakt. Lass dir helfen durch Rahmen (Fensterrahmen, Türen, Tordurchfahrten), Linien (Steine, Gehweg, Laternen) oder jeglichem anderen, das formgebend sein kann.

Eine so einfache Aufgabe nach so vielen Herausforderungen in den letzten Wochen? Weit gefehlt – die Reduktion auf Formen ist gar nicht so einfach. Du brauchst ein wachsames Auge.

Denke in Formen und vergiss die Wirklichkeit

Fokussiere dich auf die Formgebung des Rechtecks. Wo findest du Rechtecke? Welche Elemente helfen dir, um die Formen zu unterstützen oder vielleicht erst entstehen zu lassen?

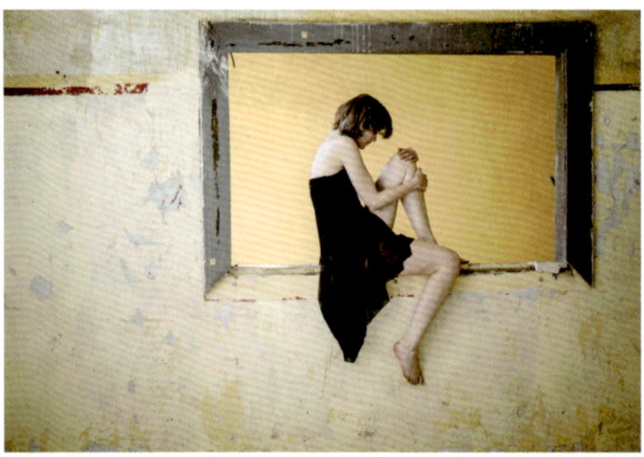

Diese Übung schult dich, damit du dich auf Formen zu konzentrieren lernst. Das entschleunigt dein Foto. Es gilt wie so oft: Weniger ist mehr. ISO 100 | 66 mm | f/4 | 1/30 s

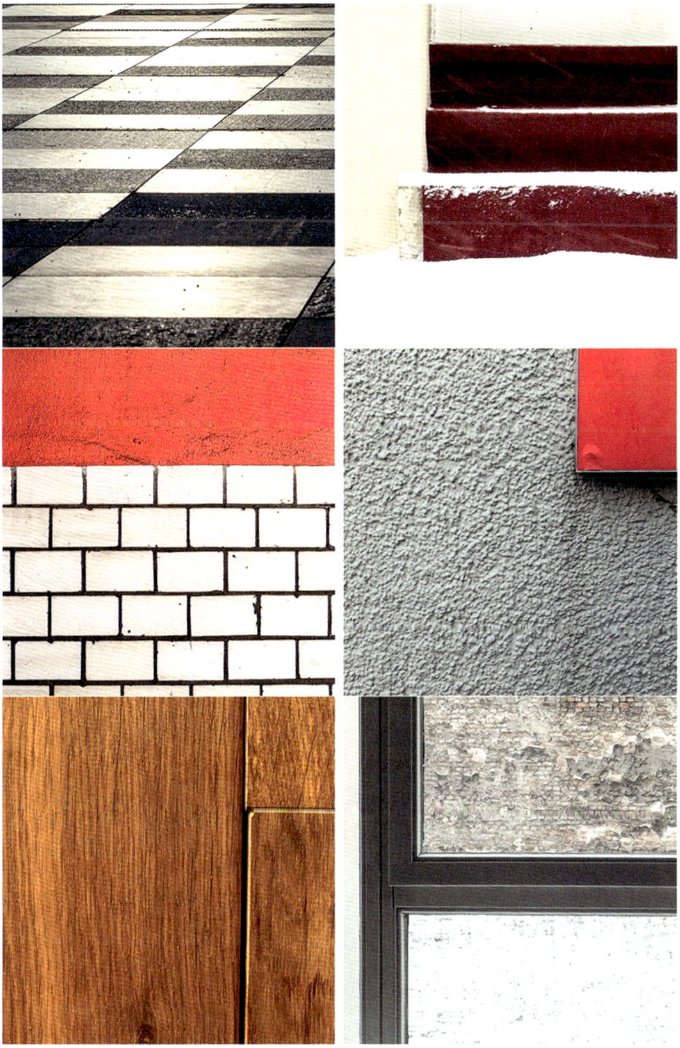

Beobachte Fensterrahmen, Schatten, Bordsteine oder Ähnliches. Wie viele Rechtecke und Formen passen auf dein Foto? Welche „Störung“ gibt ihm zusätzliche Spannung?

41. Aufgabe Lens Flare und Gegenlicht

Projekt der Woche

Suche dir ein geeignetes Motiv für dein Lens Flare. Es empfiehlt sich, die Lichtquelle im Gegenlicht anzuschneiden und mit der Intensität zu spielen – durch ein Objekt (Baum, Gebäude). Wenn du in die Sonne fotografierst, ergeben sich durch die Blendenflecken ein blasseres Bild und weniger Kantenschärfe. Variiere gegebenenfalls den Winkel.

Lens Flares sind Blendenflecken oder Linsenreflexionen, erzeugt durch extremes Gegenlicht. In der Fotografie werden sie oft vermieden. Ich finde es wichtig, diese gezielt einsetzen zu können.

Wie erzeuge ich Blendenflecken?

Das Gegenlicht (Sonne, Scheinwerfer o. Ä.) sollte in deinem Foto zu sehen oder teilweise sichtbar sein, um Blendenflecken zu erzeugen. Nicht unbedingt in der Bildmitte, sondern eher am Bildrand.

Tipp: So machst du Glanzsterne

Wenn du bei kleiner Blende (ab f/16) in eine Lichtquelle hineinfotografierst (Straßenlaterne, Sonne ...), ergeben sich Glanz- oder Blendensterne. Das sieht bei Landschaftsfotos und Nachtaufnahmen toll aus. Die Sternzacken sind abhängig von den Objektivlamellen.

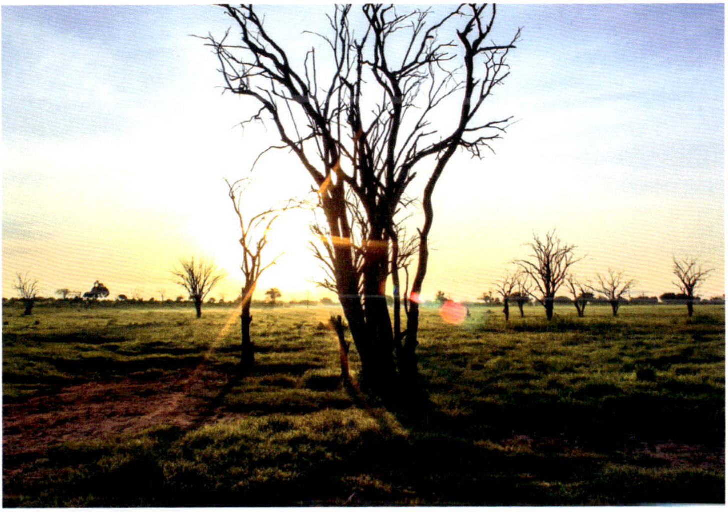

Sunrise in Kenia: Blendenflecken erinnern mich an Hollywood-Filme. Diese nutzen Lens Flare als Stilmittel bei Kameraschwenks.
ISO 100 | 36,8 mm | f/20 | 1/200 s

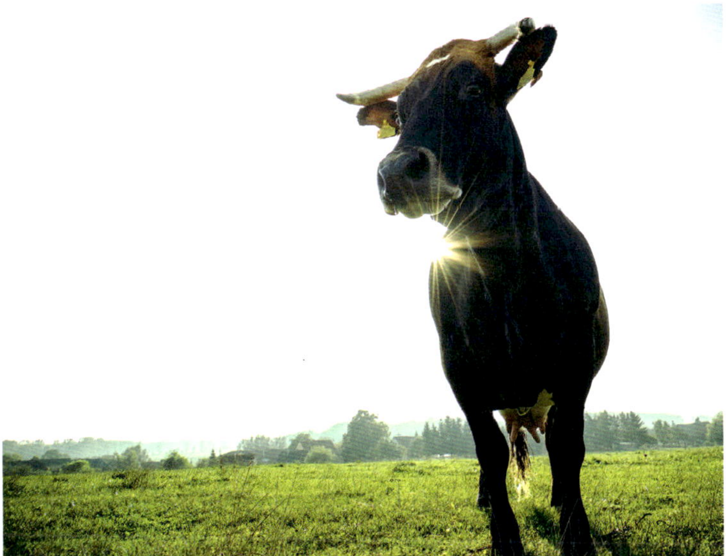

Die Kuh im Gegenlicht: Es ist interessant, damit zu experimentieren. Vergiss die Regel, niemals gegen die Sonne zu fotografieren. Lerne, kreativ mit Gegenlicht umzugehen. ISO 100 | 25 mm | f/2,5 | 1/1000 s

42. Aufgabe Die Serie und das Projekt

Projekt der Woche

Überlege dir ein Kurzzeitprojekt – am besten zwei bis drei unterschiedliche Tagesprojekte. Fotografiere diese an einem Tag zu Ende. Dabei kannst du Bildpaare oder Anfang und Ende einer Begebenheit zeigen und damit deine Geschichte erzählen. Suche ein verbindendes Element, das entweder das Überthema, eine Form oder eine irgendwie geartete Klammer darstellt. Es gibt unendlich viele kreative Themenideen: Menschen mit Smartphone, ausrangierte Fernseher am Straßenrand, bunte Haustüren oder Kirchtürme. Sei kreativ!

Hast du einen Haufen Fotos in deinem Archiv zu ähnlichen Themen oder im Rahmen der gleichen Fotosession fotografiert? Erkennst du den roten Faden? Eine Serie braucht ein verbindendes Element.

Wiedererkennungswerte schaffen

Die einfachste Verbindung wäre, wenn du das gleiche Foto mehrere Male hintereinander zu unterschiedlichen Uhrzeiten fotografierst. Das wäre jedoch etwas einfältig. Die Serie muss nicht zeitlich gebunden sein. Sie kann im Rahmen eines Shootings oder über lange Jahre entstehen. Ich habe Serien, die ich stetig weiterführe.

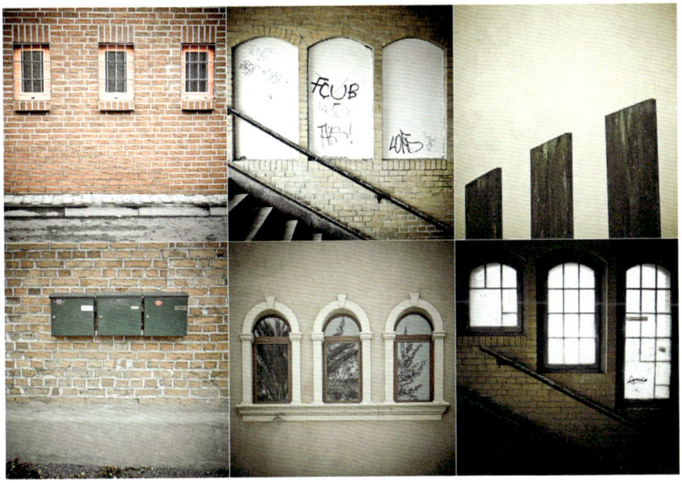

Eine Serie zum Thema „Die Zahl Drei“ – es braucht ein Überthema, das einen Wiedererkennungswert hat oder eine Art Klammer erkennbar macht.

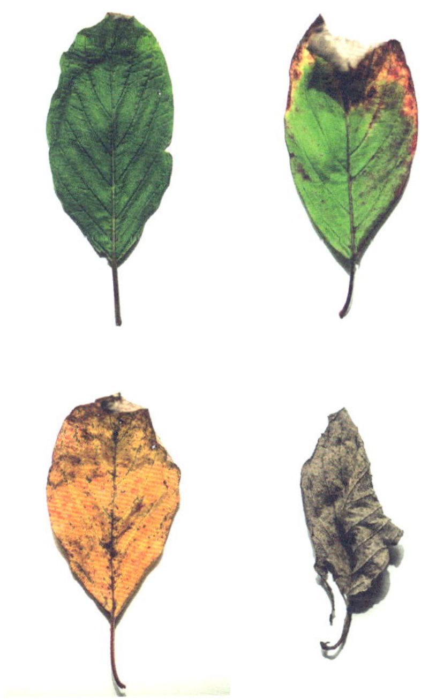

Mein Thema war „Blätter durch die Jahreszeiten“. Was interessiert dich? Was hat einen Wiedererkennungswert? An welche Orte kehrst du oft zurück?

43. Aufgabe Asymmetrisches Gleichgewicht

Projekt der Woche

Zugegeben, mir fällt diese Übung nicht leicht. Symmetrie kann ich immer erkennen, aber bewusst mit der Asymmetrie zu spielen ist schon schwieriger. Stell dich der Herausforderung und übe willentlich das asymmetrische Gleichgewicht und suche nach passenden Motiven.

Im Einführungsteil zu den Fotoaufgaben geht es um das symmetrische Gleichgewicht. Widmen wir uns diese Woche der Asymmetrie.

Nicht symmetrisch und trotzdem ausgeglichen

Wir streben das optische Gleichgewicht an, doch erzeugen wir eine asymmetrische Balance. Was bedeutet das? Die Asymmetrie lässt sich nicht spiegeln, und auf den ersten Blick ist keine Symmetrie erkennbar. Das sorgt für Spannung und macht das Foto interessant. Durch die optische Ausgeglichenheit funktioniert das Bild trotzdem.

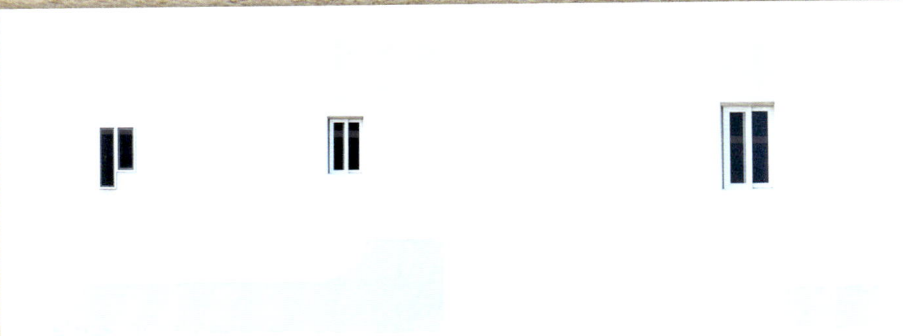

Während das rechte Motiv ohne Gegengewicht droht umzukippen, wirkt das linke Foto – trotz Asymmetrie – ausgeglichen und zudem spannender.

Jeweils ISO 200 | 35 mm | f/6,4 | 1/250 s

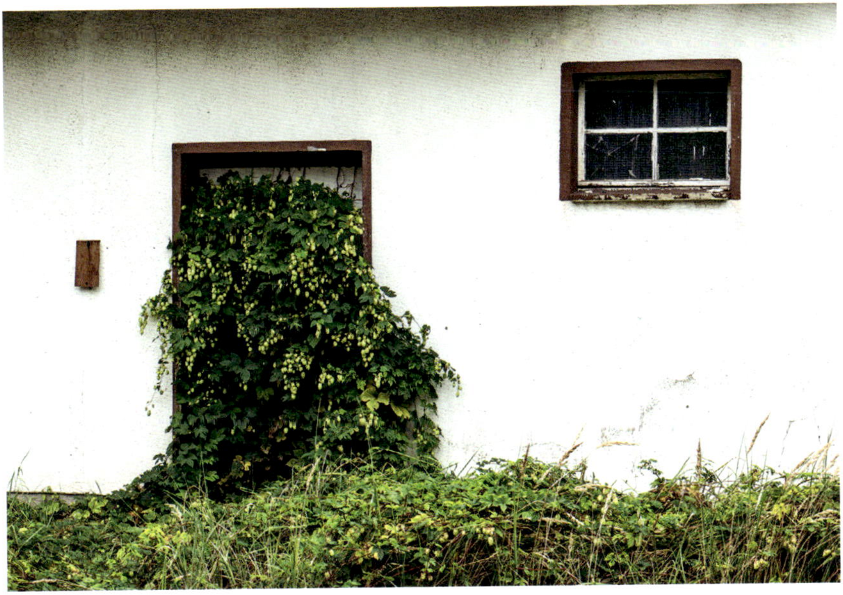

Trotz Asymmetrie erscheint die Gewichtung ausgeglichen. Beide Bildelemente bauen eine Spannung auf und lassen das Bild dennoch harmonisch erscheinen.

ISO 100 | 50 mm | f/6,3 | 1/60 s

44. Aufgabe INNEN UND AUSSEN

PROJEKT DER WOCHE

Suche dir eine geeignete Beobachterposition und fotografiere aus dem Fenster. Drehe die Situation um und fotografiere in den Raum hinein. Zur Übung eignen sich Straßencafés oder Ähnliches. Nutze Rahmen, Fenster, Türen oder was deine Perspektive unterstreicht.

Der Standpunkt hat viel mit Nähe oder auch Distanz zu tun. Wenn du einen Schritt zurückgehst – den Raum verlässt –, nimmt dein Foto eher eine Beobachterposition ein. Schaust du durch das Fenster hinaus, hat es eine gewisse Art von Distanz oder auch Schutz.

Probiere mehrere Perspektiven aus

Denk daran – durch eine Veränderung der Kameraposition entstehen spannende, neue Fotoperspektiven. Also sei nicht zufrieden mit dem ersten Foto. Wechsel von innen nach außen und andersrum.

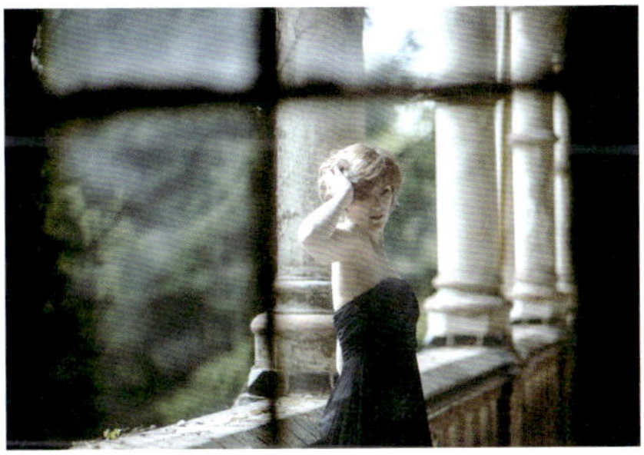

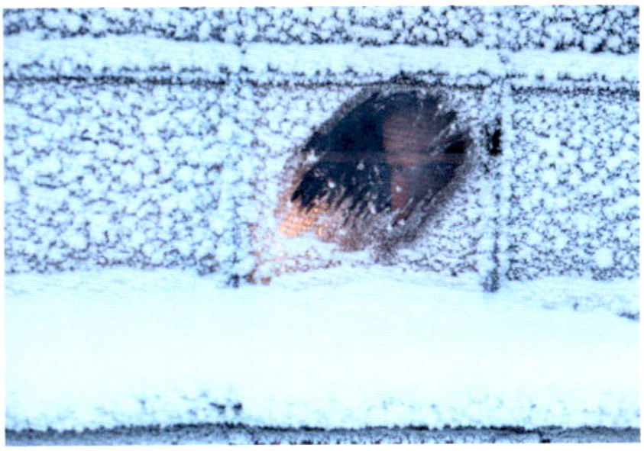

ISO 200 | 85 mm | f/2 | 1/640 s

ISO 400 | 85 mm | f/4 | 1/80 s

Wie ist dein Standpunkt? Blickst du nach innen? Schaust du raus? Das Foto verändert sich immer.

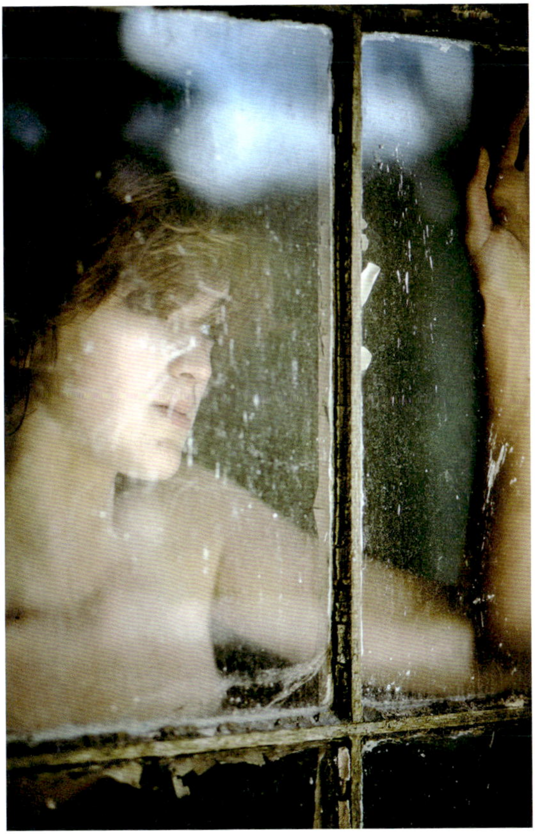

Das gleiche Motiv – nur diesmal blicken wir hinein. Durch die Distanz wirst du zum Beobachter. Spiele mit dem Fenster, spiele mit Rahmen, Glas und, und, und.
ISO 200 | 85 mm | f/2 | 1/800 s

45. Aufgabe Das Tierporträt

Projekt der Woche

In welcher Situation kannst du ein Tierporträt fotografieren? Hast du ein Haustier, dann hast du sicher oft geübt. Denke dran, dass wir nicht einfach ein Foto von einem Tier machen wollen, sondern uns an Dinge wie Drittelregel und Isolation des Hauptmotives erinnern wollen. Wichtig bei Tierfotos ist die Geduld.

Ein Tierporträt ist eine tolle Herausforderung für Spontanität und Schnelligkeit. Denn Tiere sind wie Kinder – unberechenbar. So musst du kreativ und schnell sein in deiner Bildgestaltung.

In Bewegung eine ruhige Hand haben

Wenn Tiere in Bewegung sind, halte neben der Bildkomposition ein Auge auf die Verschlusszeit. Die Aufmerksamkeit des Tiers bekommst du am besten durch Geduld oder ein leises Geräusch. Dabei hilft dir zum Beispiel eine knisternde Plastiktüte. Deaktiviere immer deinen Blitz, um das Tier nicht zu erschrecken!

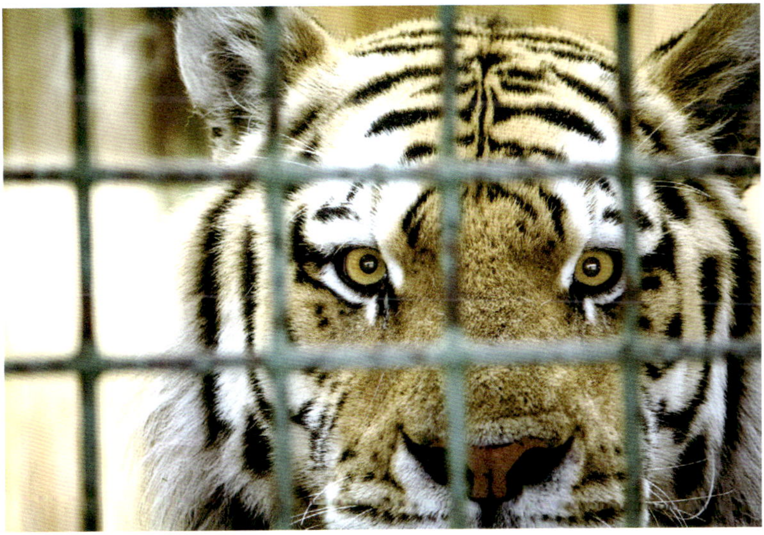

Bei Tieren gehe ich vor wie in der klassischen Porträtfotografie. Ich lege den Fokus auf die Augen und wähle eine große Blende.

ISO 1600 | 200 mm | f/5 | 1/30 s

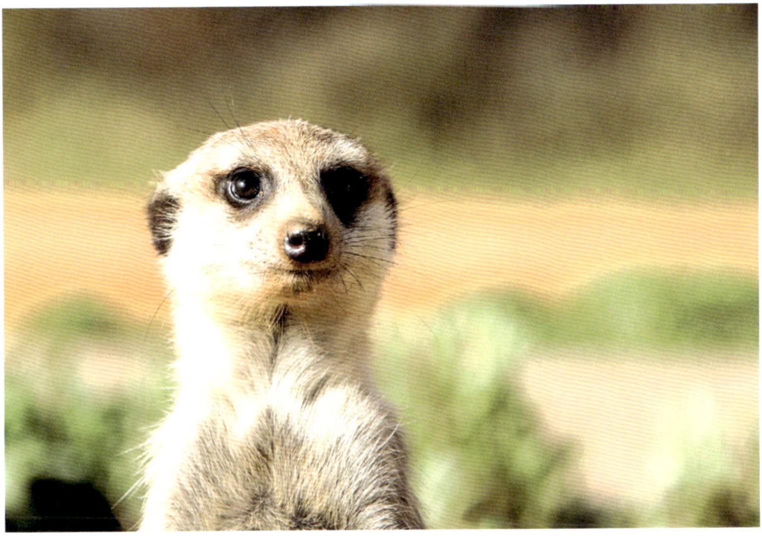

Der Erdmännchen in Namibia: Bei diesem Porträt lag ich flach auf dem Boden. Im Hintergrund verschwimmt der freie Blick auf Sandboden und Grün der Sträucher und isoliert eindrucksvoll mein tierisches Motiv.

ISO 100 | 200 mm | f/8 | 1/320 s

46. Aufgabe Foto-Essay

Projekt der Woche

Von der Theorie in die Praxis: Fotografiere dein erstes Foto-Essay! Suche dir ein Thema, das du porträtieren möchtest. Es ist egal, ob es der Tagesablauf eines Verwandten oder der Tag deines Zeitungsverkäufers ist. Es soll Spaß machen, dich damit zu befassen. Hast du schon Motive im Kopf? Was macht das Thema aus? Wie willst du die Szenen darstellen? Schreibe Stichworte auf und starte die Umsetzung.

Das Foto-Essay zeigt unterschiedliche Sichtweisen einer Szene oder Begebenheit. Dabei sind es verschiedene Bilder, die unterschiedlichen Aspekte und Perspektive einer Geschichte darstellen.

Ein Thema bietet viele Perspektiven

Denke in verschiedenen Perspektiven und Einstellungen, um das Essay vielseitig zu gestalten. Vergiss nicht die Details! Was machen die Hände, welche Dinge sind ebenfalls wichtig, um deine Geschichte zu erzählen? Wie viel Platz benötigt deine Geschichte – drei Bilder oder zehn?

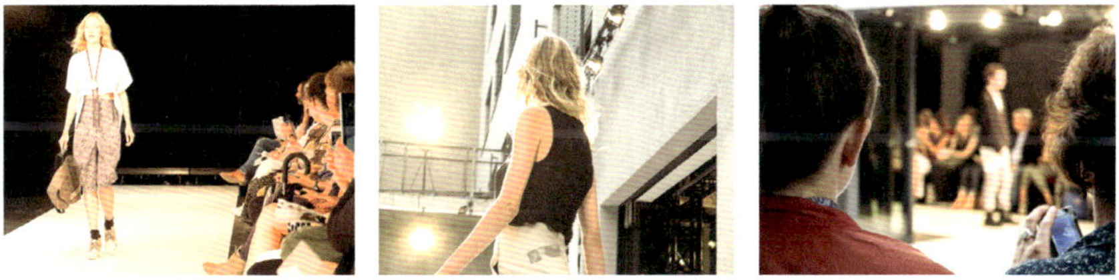

Fashion Week in Bildern: Eine Variation an Perspektiven macht das Essay spannend.

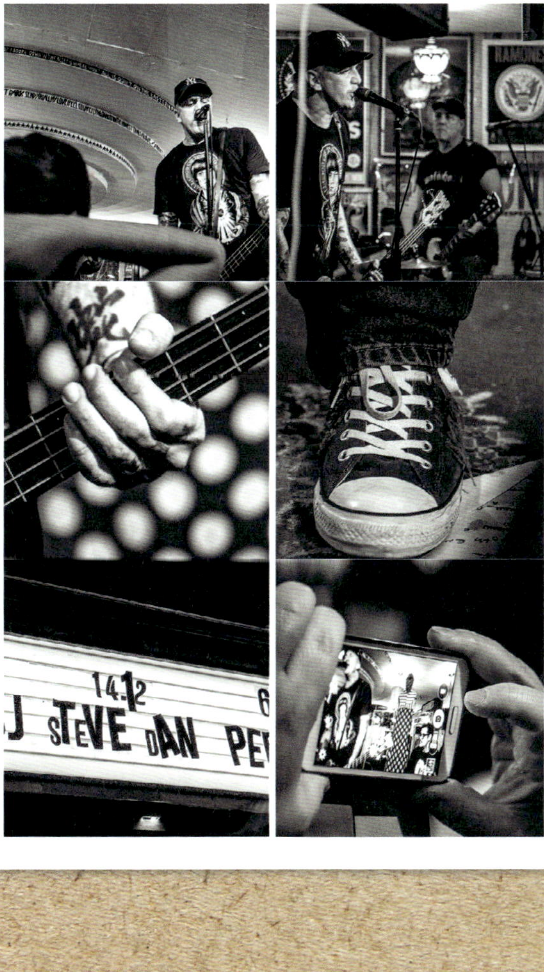

CJ Ramone gibt ein Clubkonzert in Berlin. Mir war wichtig, viele kleine Momente in meinem Essay zu porträtieren.

47. Aufgabe Eine Farbe

Projekt der Woche

Versuche, dich in deinem Foto auf eine Farbe zu beschränken, und beobachte, wie sich die Wirkung des Fotos verändert. Kombiniere diese Herausforderung wie immer mit den weiteren Regeln für eine gute Bildgestaltung, und du hast mal wieder ein gutes Rezept für ein interessantes Foto.

Auf die Farbe hast du bei deinem Foto oft keinen Einfluss. Oder doch? Öfter als du denkst! Ändere den Winkel oder den Ausschnitt und schon bestimmst du die dominierenden Farben in deinem Bild.

Setze Akzente mit Farben

Farbe kann auch falsche Akzente setzen und den Blick vom Hauptmotiv ablenken. Wenn etwas Wichtiges im Foto farblos ist, etwas Unwichtiges aber in knalliger Farbe, dann kann es die gewünschte Balance durcheinanderbringen!

Merkregeln für Farben

- Sei dir der Wirkung der jeweiligen Farben bewusst.
- Eine Motivreduktion verstärkt die Wirkung der Hauptfarbe.
- Farben können den Blick führen – also nutze sie bewusst!

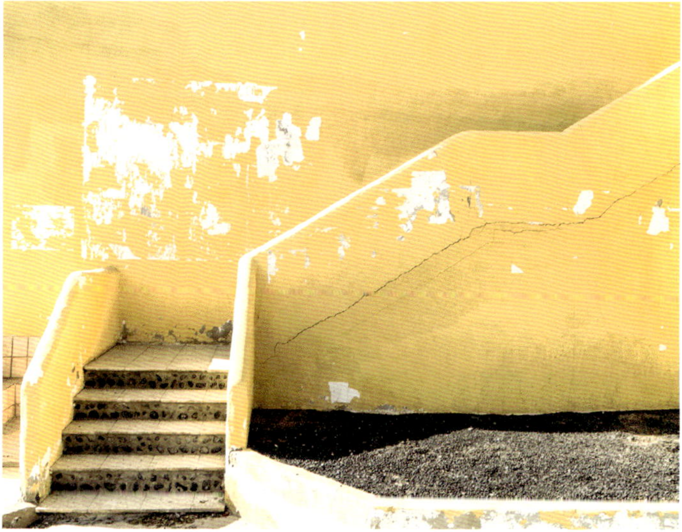

Wie wenig Inhalt verträgt dein Motiv? Welche Akzente müssen sein?
ISO 200 | 30 mm | f/8 | 1/250 s

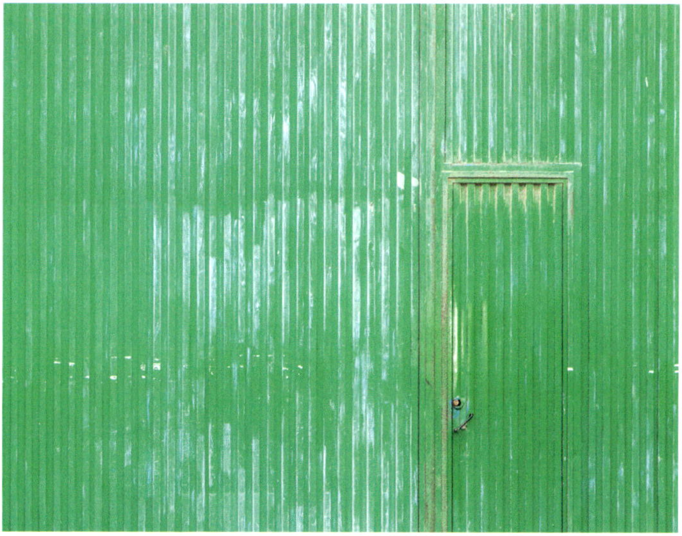

Nur eine Farbe im Foto zu haben ist eine echte Herausforderung. Hier fasziniert mich, dass sowohl Muster – durch das Wellblech – als auch Unterbrechung – durch die Tür – zu sehen sind.
ISO 200 | 30 mm | f/5 | 1/400 s

48. Aufgabe – Alt und vergessen

Projekt der Woche

Bekomme ein Gefühl für die Darstellung des Themas „Alt und vergessen". Welche Szene fällt dir ein, um diese Vergänglichkeit darzustellen? Welche Lichtsituation hilft dir, um den Prozess zu unterstreichen?

Die Zeit holt sich alles zurück. Wie stelle ich Alter und Vergängliches im Foto dar? Bei „alt und vergessen" denke ich an blasse Farben, vielleicht Schwarz-Weiß. Was macht den Ort oder den Gegenstand aus, den du inszenieren willst? Abblätternde Farben, verwelktes Leben? Fahles Licht, in dem aufgewirbelter Staub zu sehen ist?

Finde Assoziationen zum Thema „Alt und vergessen"

Hast du Gegenstände, die eben das dokumentieren? Alte Zeitungen, eine verwelkte Blume, eine dicke Staubschicht oder was auch immer dazu passt, um den Prozess im Foto darzustellen.

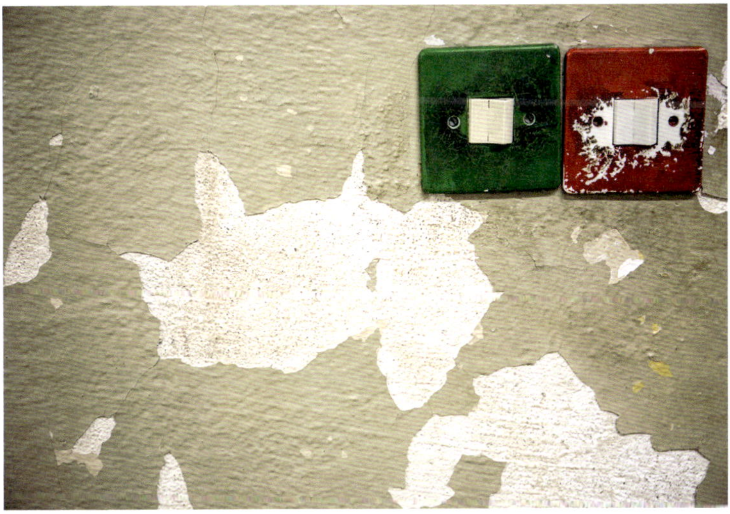

Auch im Kleinen kann man die Vergänglichkeit gut darstellen.
ISO 1000 | 70 mm | f/4 | 1/100 s

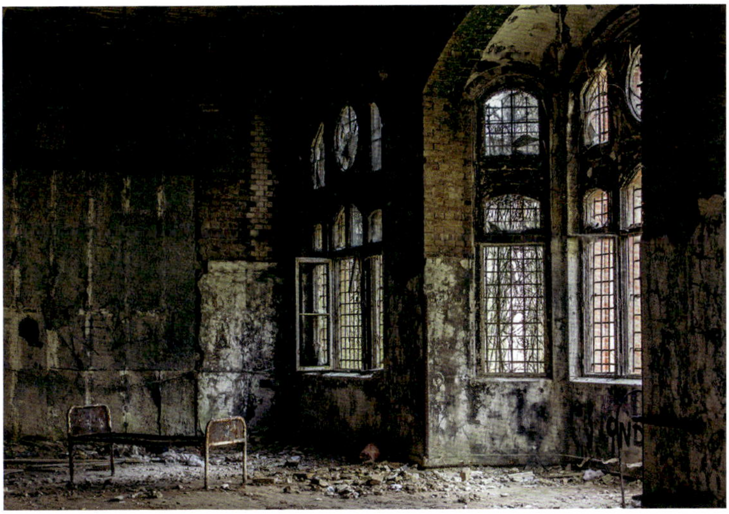

Ich bin ein großer Fan vergessener Orte – sogenannten Lost Places. Wenn du in Berlin bist, empfehle ich einen Besuch von Orten wie den Beelitz Heilstätten. Da findest du Locations wie aus einer anderen Welt.
ISO 800 | 60 mm | f/5 | 1/50 s

49. Aufgabe – Ein Gegenstand – viele Perspektiven

Projekt der Woche

Probiere neue Perspektiven! Suche dir dein Motiv und variiere die Perspektive. Wie viele Sichtweisen fallen dir ein? Hinknien, auf einen Stuhl stellen, Kamera drehen, auf die Trittleiter stellen, auf den Boden legen? Wie verändert sich die Bildwirkung?

Die Wahl der Perspektive stellt den räumlichen Bezug zwischen Objekt und Betrachter her. Größe, Platzierungen und Interpretation liegen komplett in deiner Hand. Soll dein Foto räumliche Tiefe haben oder eher zweidimensional wirken?

Deine Füße sind dein Zoom

Du kannst die perspektivische Wirkung über die Brennweite regulieren. Fotografierst du mit einem Weitwinkel oder mit einem Zoomobjektiv? Ich empfehle, mit einer Festbrennweite zu fotografieren. Da hast du kein Zoom, sondern musst näher ran oder weiter weggehen. Das macht die Perspektive greifbarer.

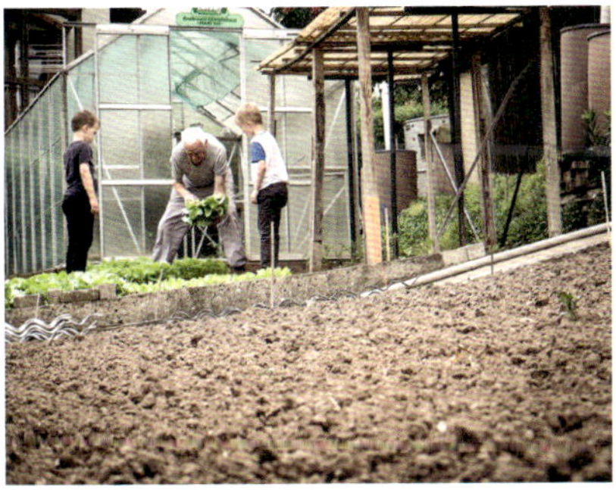

Perspektiven zu erkennen erfordert Übung und Mut zu experimentieren.
ISO 400 | 30 mm | f/2,5 | 1/125 s

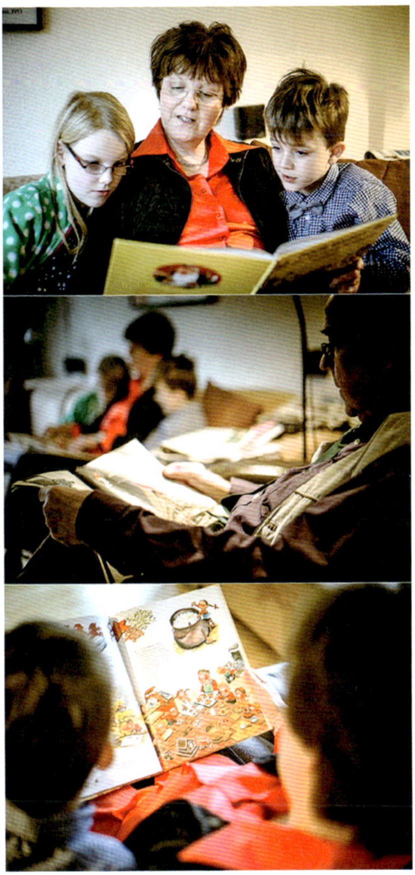

Die Oma liest vor – probier viele Perspektiven aus. Einige hast du schon in den vorherigen Herausforderungen kennengelernt.

50. Aufgabe Minimalismus

Projekt der Woche

Fotografiere ein minimalistisches Foto. Ziel ist es, dein Fotomotiv zu reduzieren. Hast du ein klares Hauptmotiv und einen starken Hintergrund? Denke an den Einsatz von Linien, Formen und Mustern. Drittelregel oder Symmetrie helfen zudem, dein Foto zu vereinfachen.

Es geht darum, eine Szene so zu reduzieren, dass ich nur die wichtigsten Elemente im Foto behalte. Wähle dazu ein markantes, einnehmendes Motiv, das ins Auge springt. Die Herausforderung ist – ähnlich dem Thema „Weniger ist mehr" –, durch Einfachheit und Weglassen die Wirkung deines Fotos zu fokussieren.

Denke an Farbe, Form und Textur

Wir versuchen, im Minimalismus noch mehr den klaren, aber sehr reduzierten Einsatz der gelernten Komponenten wie Farbe, (geometrische) Form, Linie und Textur zu realisieren.

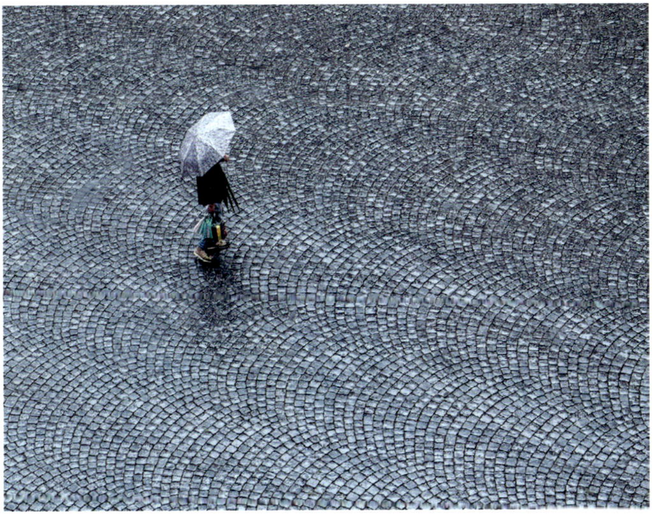

Drittelregel, Muster und ein eindeutiges, aber reduziertes Hauptmotiv. Das macht dieses sehr minimalistische Foto aus. Frage dich bei jedem Foto: Wie kann ich jegliche Ablenkung aus dem Foto verbannen? ISO 400 | 35 mm | f/5,6 | 1/320 s

Bei minimalistischen Szenen setze ich auf klare Farbakzente und geometrische Formen. Hier gibt zudem der negative Raum dem Motiv viel Luft.
ISO 250 | 82 mm | f/6,4 | 1/800 s

51. Aufgabe – Das Gegenteil

Projekt der Woche

Bekomme ein Gespür für neue Ideen durch Umkehr ins Gegenteil. Denke dir Fotoideen aus und kehre sie ins Entgegengesetzte um. Ein Porträt ohne Kopf, eine Blume nicht frisch in der Vase, sondern verblüht oder sogar tiefgekühlt ...

Du hörst ein Stichwort und hast dein Foto im Kopf? Du hast eine genaue Vorstellung, wie du eine Blume fotografierst? Du denkst an eine Vase oder die Blumenwiese? Der Rummelplatz ist schillernd und hell, beim Porträt setzt du auf ein Lächeln und den Blick in die Kamera. Was passiert, wenn du es ins Gegenteil umdrehst?

Assoziation ins Gegenteil umkehren

Überrasche den Betrachter und komm auf neue Motivideen. Welche Gegenteilspaare fallen dir ein? Jung oder alt, Augen geöffnet oder Augen geschlossen, zur Kamera blickend oder mit dem Rücken zur Kamera. Denke auch in Zustandsbeschreibungen wie frisch oder verdorben, warm oder kalt. Spiele mit Licht, Farben oder Positionen wie Weiß oder Schwarz oder auch Letzter oder Erster.

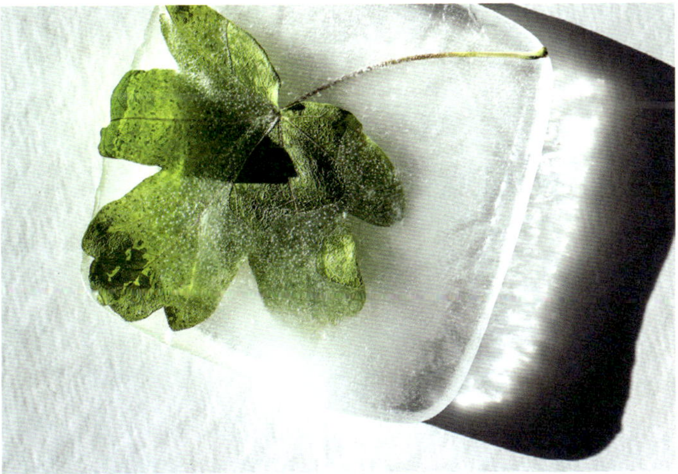

Ein grünes Blatt – tiefgefroren. ISO 125 | 50 mm | f/4 | 1/1000 s

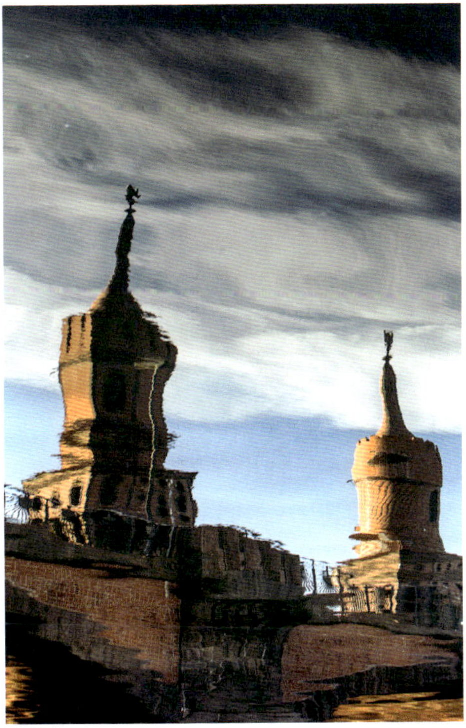

Mach mal ein Foto von der Oberbaumbrücke! Und was passiert, wenn wir es ins Gegenteil umkehren – und einfach die Spiegelung fotografieren? ISO 320 | 70 mm | f/5,6 | 1/250 s

52. Aufgabe Das kleine Helferlein

Projekt der Woche

Ziel dieser Aufgabe ist, dass du ein Auge für Kompositionshilfen entwickelst. Welche kleinen Hilfsmittel und Kompositionsmittel fallen dir für dein Foto ein? Probiere Neues aus! Spiele mit Sonnenbrillen, alten Bilderrahmen, Zweigen und was immer dir einfällt.

Wie schon manches Mal hier im Buch erwähnt: Versuch, deine Fotoidee immer noch einmal zu überdenken. Manchmal hilft es deinem Foto, wenn du eine kleine Stütze hast, eine Kompositionshilfe.

Per Hilfsmittel zum Wow-Effekt

Was hast du bei dir? Eine Sonnenbrille? Einen Handspiegel? Was liegt um dich herum, was könntest du nutzen? Zweige? Ein alter Eimer? Alles kann deinem Foto helfen, es neu zu komponieren und einen kleinen Wow-Effekt hinzuzufügen.

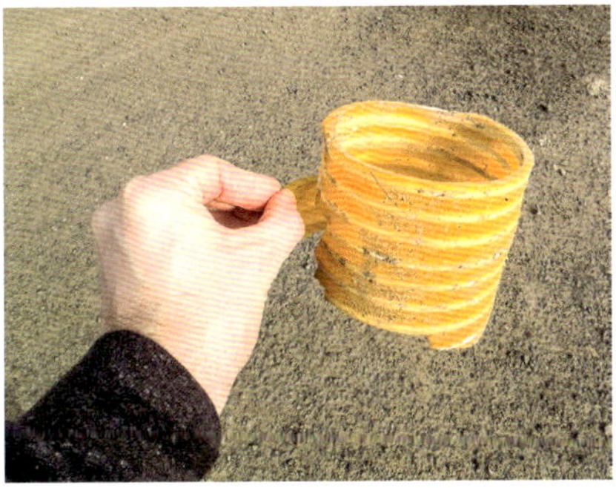

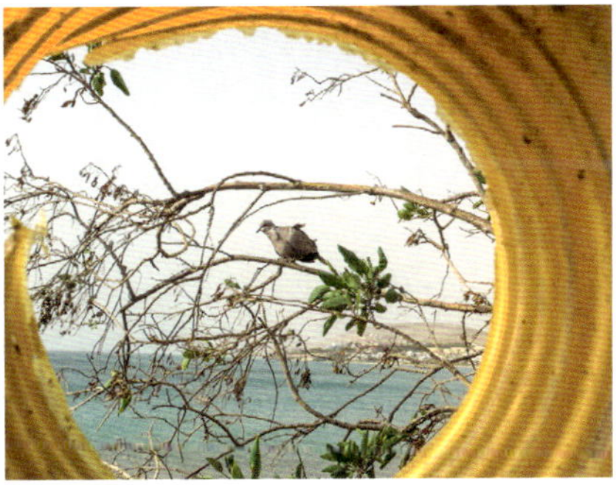

Irgendwie gefiel mir der Blick noch nicht. Dann habe ich ein Plastikrohr genommen, das am Straßenrand lag, und als Kompositionshilfe genutzt.
ISO 250 | 40 mm | f/11 | 1/400 s

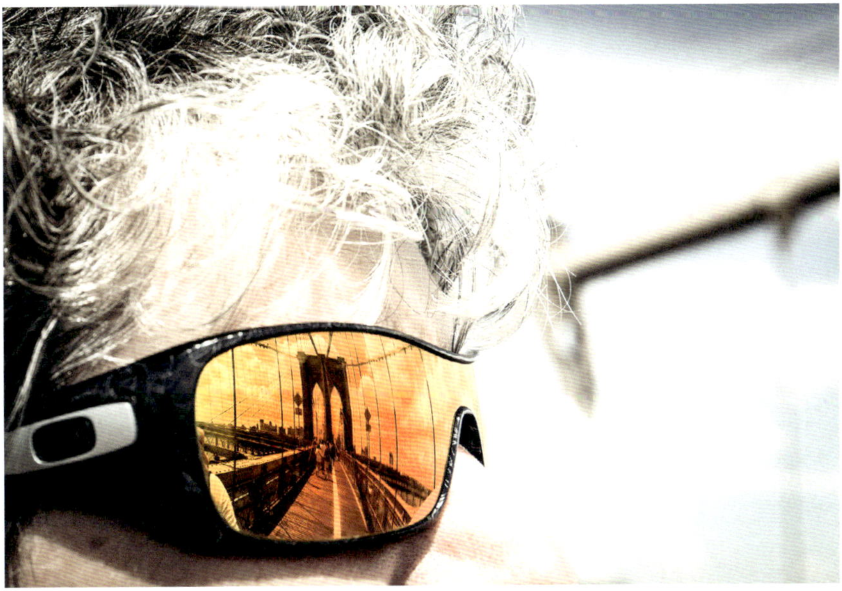

Die Brooklyn Bridge wurde schon millionenfach fotografiert. Aber als Reflexion in der Sonnenbrille ist es mal etwas anderes! ISO 160 | 55 mm | f/9 | 1/60 s

NACH DEM FOTO IST VOR DEM FOTO: 5 EINFACHE TIPPS ZUR BILDBEARBEITUNG

Nicht jedes Foto ist „out of the camera" ein absolutes Meisterwerk. Es wird getrickst und aufgebrezelt. Ganz so intensiv will ich es nicht betreiben. Erstens bin ich kein sonderlicher Crack in Photoshop & Co. Ich bearbeite meine Fotos gerne mit Lightroom, wo man ja schon mal per se etwas weniger Auswahl an Nachbearbeitungswerkzeugen hat. Zudem bin ich kein Fan von großer Nachbearbeitung. Doch ein paar einfache Schritte wende ich bei meinen Fotos immer an, um ihnen den kleinen Extraschliff zu geben.

Vorab sei gesagt: Jedes Bearbeitungsprogramm verwendet andere Begrifflichkeiten. Die Basiswerkzeuge hat aber fast jedes halbwegs empfehlenswerte Programm an Bord.

1. Die Welt begradigen: der Horizont

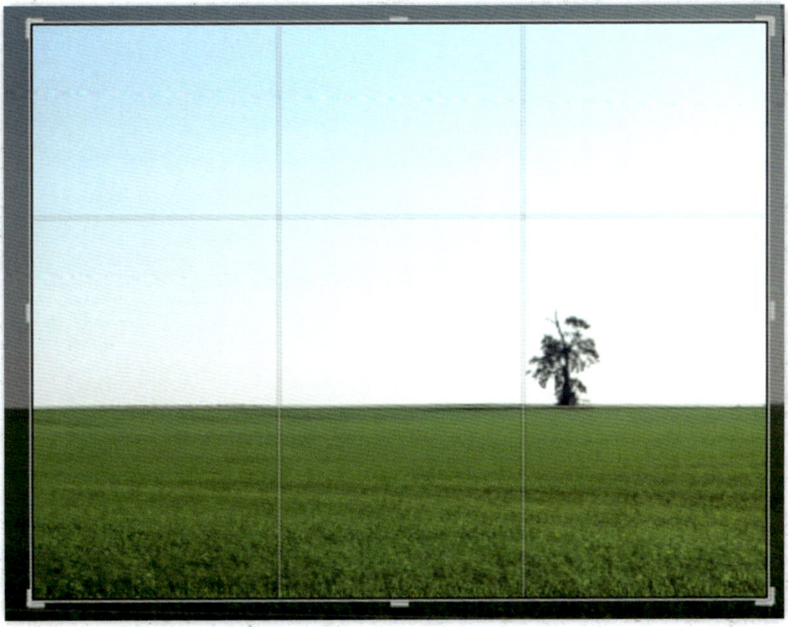

Eine sehr einfache, aber wirkungsvolle Korrektur.

Zu allererst korrigiere ich den Horizont. Diese Linie sollte wirklich waagerecht sein. Sonst wird den Betrachter unterbewusst irgendwas stören.

2. Unwichtiges raus: klare Schnitte setzen

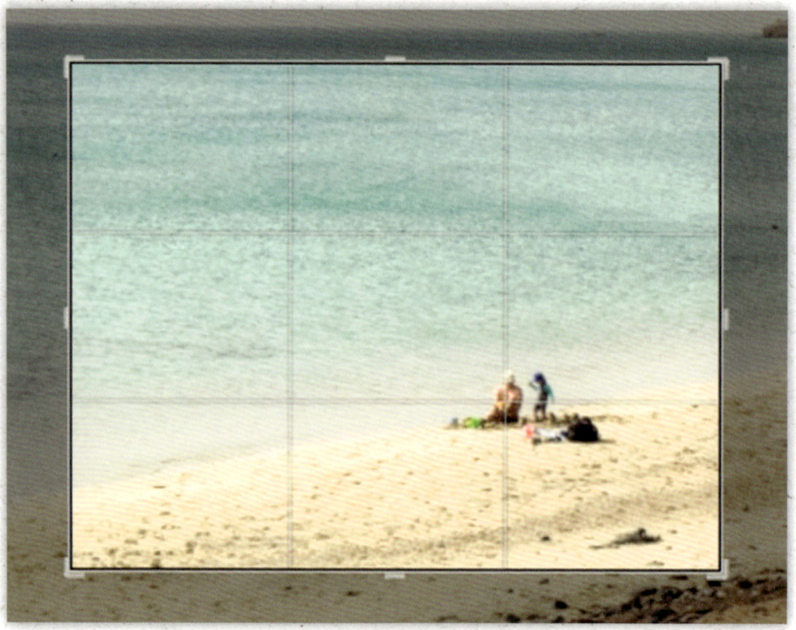

Reduziere dein Motiv und eliminiere alles Unwichtige.

Eine Person läuft halb ins Bild? Ein Baum ragt ungewollt hinein? Trenne dich von Unwichtigem und beschneide bei Bedarf das Foto. Das lenkt den Blick auf das Wesentliche.

3. Die richtigen Farben: der Weißabgleich

Gleiche den Weißabgleich und damit die Farbe im Foto an. Fotografiere dazu unbedingt im RAW-Format. Dann hast du dein Foto als digitales Negativ und allen Spielraum im Hinblick auf Anpassungen im Weißabgleich.

4. Farben und Kontraste: anpassen

Wie wirken die Farben? Satt, kräftig und leuchtend? Wie sollen sie wirken? Stimmen die Kontraste? All das ist auch Teil meines Routine-Workflows.

5. Der Blick für das Wesentliche: die Augen

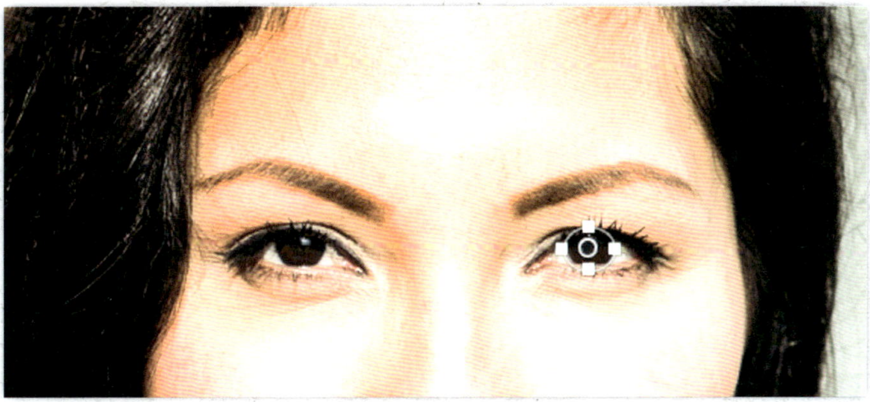

Die Augen machen dein Porträt – also gib ihnen etwas Schärfe und Sättigung.

Sobald du Menschen fotografierst, sind die Augen enorm wichtig. Da geht der Blick hin. Also betone diese doch ein wenig. Etwas Schärfe, etwas Sättigung und schon ist es da – das Leuchten in den Augen.

ZUM ABSCHLUSS: KREATIVE FOTOSPIELE

PROJEKT 52
★
DEIN FOTO DER WOCHE

Mit jedem Schritt ein Foto

Eine Übung, um die Wahrnehmung zu schulen – passend zu Projekt 52: Gehe genau 52 Schritte. Bevor du den 53. Schritt machst, mache ein Foto. Mit jedem nächsten Schritt fotografierst du ein weiteres Foto. Limitiere dich. Fotografiere insgesamt 24 Bilder – mache also insgesamt 76 Schritte.

Projekt A – Z

Suche dir einen passenden Ort und fotografiere Gegenstände nach Anfangsbuchstaben des Alphabetes. Bist du draußen, dann suche nach A wie Ameisen, G wie Gras oder W wie Wasser. Es ergeben sich Unmengen an Motiven und immer wieder neue, je nach dem Ort, an dem du bist. Denke kreativ!

Fotos nach Thema

Wie in allen Aufgaben kannst du dir auch einfach eigene Themen setzen. Wie wäre es zum Beispiel, an einem Tag nur gelbe Dinge zu fotografieren, nur Quadratisches oder nur Fotos von Schuhen zu machen?

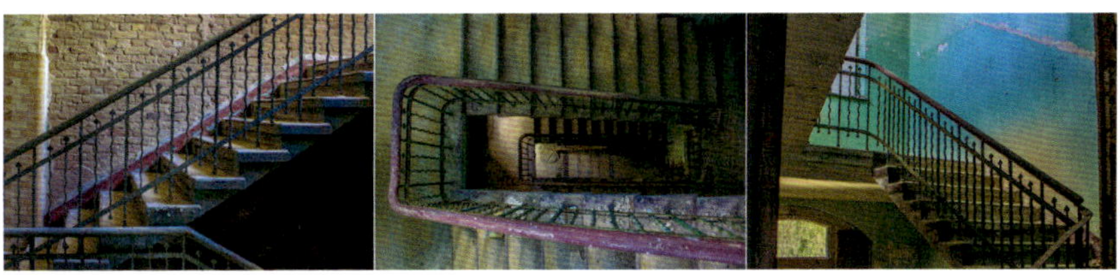

Ich suche mir gerne Themen – Treppen sind zum Beispiel ein tolles Thema.

Schnitzeljagd

Gerade als Gruppe ist die Foto-Schnitzeljagd super. Jemand erstellt eine Liste an Dingen und Aufgaben, die es zu erfüllen gibt, und alle machen sich auf den Weg, diese zu fotografieren. Denke an Themen und Ideen wie „etwas Schwarzes“, „Zusammensein mit Freunden“ oder „Herbst“. Es ergeben sich unendlich viele Herangehensweisen aller Teilnehmer.

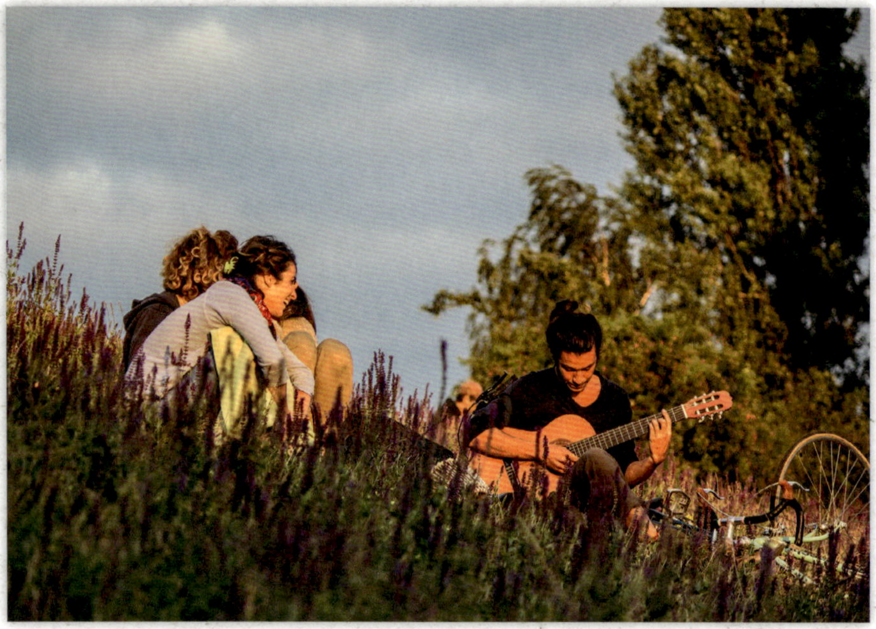

Wie wäre es mit einer Foto-Schnitzeljagd? Meine Idee zum Thema „Zusammensein mit Freunden" – gefunden im nächstgelegenen Stadtpark!
ISO 400 | 200 mm | f/5 | 1/32 s

Nur ein Foto

Mache einhundert Schritte. Nicht mehr – nicht weniger. Überlege dir vorher die Richtung und den Ort. Denn sobald du den hundertsten Schritt gemacht hast, fotografierst du ein Foto. Nur eines!

(D)Ein Tag in Bildern

Ich weiß nicht, ob du den Film „Life in a Day“ kennst, der einen ganzen Tag auf der ganzen Welt zeigt. Jeder erlebt ihn anders, jeder dokumentiert ihn anders. Wie wäre es, wenn wir deinen Tag als Fotoprojekt nehmen? Beginn den Tag zum Beispiel mit dem Blick aus deinem Fenster. Oder mit deiner Bushaltestelle oder dem Kiosk, an dem du deine Tageszeitung kaufst. Jede Stunde fotografierst du ein Foto. Du kannst das Projekt in die Länge ziehen – du musst nicht 24 Stunden aufbleiben. Irgendwann solltest du die 24 Fotos komplett haben.

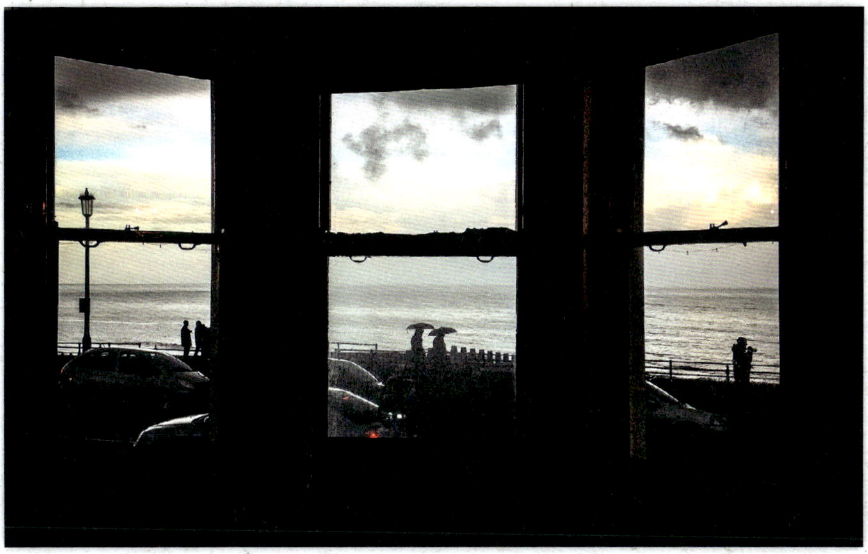

Rainy Day at Brighton Beach: der Blick aus deinem Fenster. Was siehst du? Der Tag im Küstenstädtchen Brighton ist nicht immer nur sonnig.
ISO 50 | 28 mm | f/2,4 | 1/290 s

Zehn Bilder am Zehnten

Über diese Aufgabe habe ich in einer Fotozeitschrift gelesen. Da hat sich der Redakteur vorgenommen, am zehnten Tag jedes Monats genau zehn Bilder zu machen. Tolle Idee! Trage einen festen Termin in deinen Kalender ein, gehe los und fotografiere genau fünf, zehn oder 15 Fotos – je nachdem, den wievielten Tag du dir setzt. Die Motivauswahl liegt ganz bei dir. Hauptsache, du gehst regelmäßig los!

Big Five

Die Aufgabe habe ich auf einem Blog entdeckt und fand sie eine tolle Idee, wenn man auf Reisen ist. Die „Big Five“ kennst du aus Afrika: Löwe, Wasserbüffel, Elefant und so weiter. Nun übertragen wir das auf deinen Urlaubs- oder Wohnort. Begebe dich auf Safari und fotografiere deine „Big Five“. Das können Sehenswürdigkeiten, Menschen in der Stadt, Cafés oder berühmte Bauwerke sein. Ziel ist es, eine kleine Serie der „Big Five“ zusammenzustellen. Wenn du es dir schwerer machen willst, dann mache auch nur genau fünf Fotos!

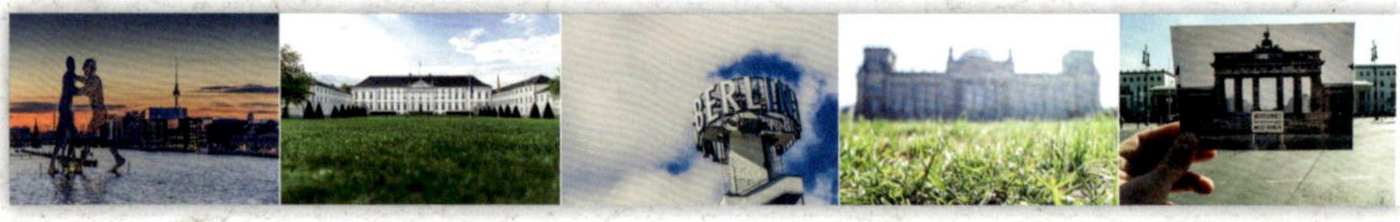

Meine „Big Five" der Stadt Berlin – vom Schloss Bellevue bis zum Brandenburger Tor. So etwas ist immer eine tolle Herausforderung für eine Fotosafari.

Du im Badezimmer – für 30 Minuten

Schließe dich mit deiner Kamera für 30 Minuten in deinem Badezimmer oder deiner Küche ein! Mit dabei ist deine Kamera. Nach 30 Minuten solltest du den Raum neu kennengelernt und jede Menge spannende Bilder und Ansichten produziert haben.

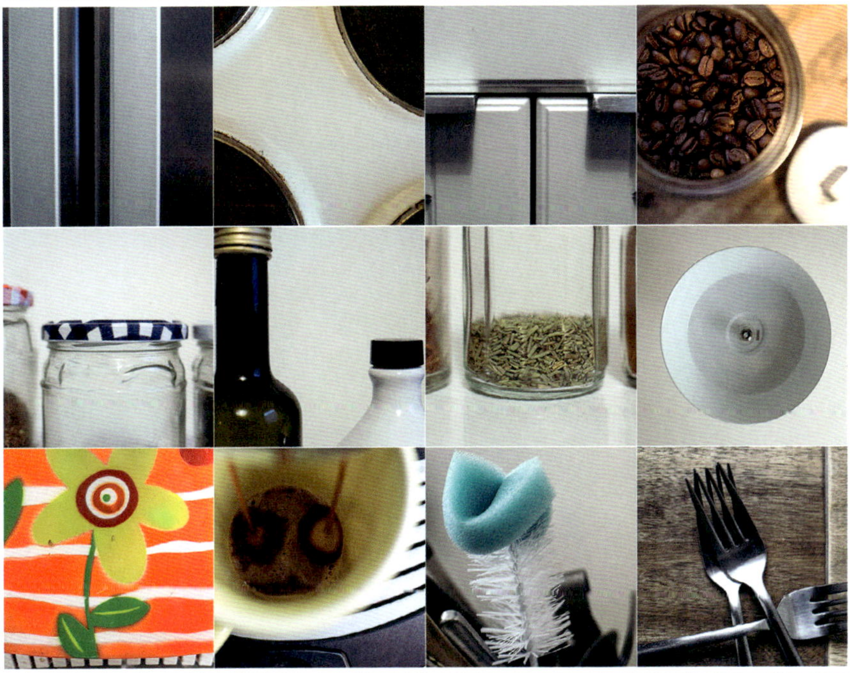

Deine Küche bietet viele Motive! Geh auf Motivsuche und fotografiere spannende Perspektiven – werde kreativ!

24 Mal auf der Stelle

Wähle einen Ort aus – oder jemand anderes wählt ihn für dich aus. Schau dich um und orientiere dich. Nun mach genau von diesem Standpunkt aus 24 individuelle Fotos, ohne deine Füße zu bewegen – wobei in die Hocke zu gehen durchaus erlaubt ist. Lass dir Zeit. Was entdeckst du, wie improvisierst du – mit Brennweiten, Bildausschnitt, Blende, Belichtungszeit und vor allem natürlich den Perspektiven?

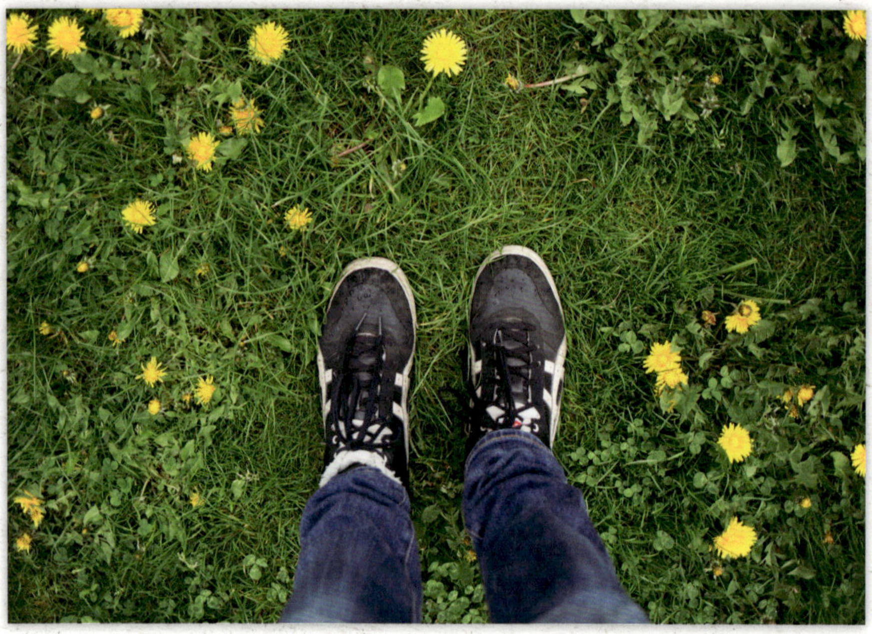

Wo stehst du? Und was gibt es zu entdecken? Lass keine Perspektive ungenutzt! ISO 160 | 35 mm | f/2,5 | 1/500 s

10 zu 1

Such dir einen Gegenstand – oder bestimmt in einer Gruppe einen Gegenstand für jeden Teilnehmer. Nun wird dieser Gegenstand genau unter die Lupe genommen. Versuche, zehn individuelle Fotos – gerne sehr abstrakt und mit viel Fantasie – zu fotografieren. Denke um die Ecke, improvisiere mit Licht, Unschärfe und lass dir etwas einfallen. Alles ist erlaubt!

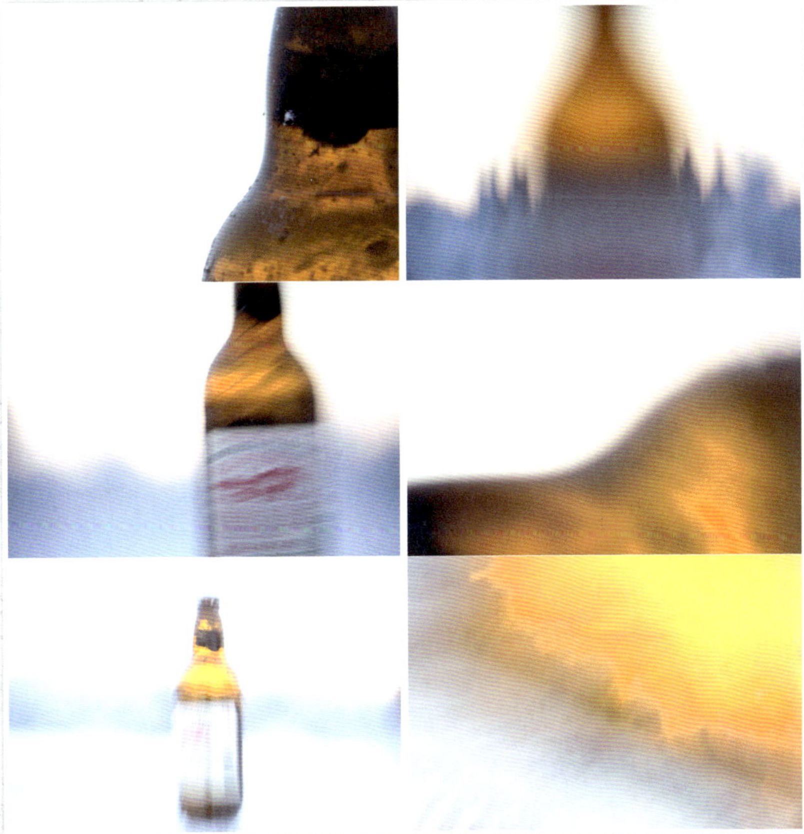

Mein Motiv war eine Bierflasche im Schnee. Es macht Spaß, das Motiv zu entfremden und nur noch mit Formen und Farben zu spielen.

Die 5 Elemente

Versuche, in einer Location die wichtigsten Regeln der Bildgestaltung aus unterschiedlichen Perspektiven zu erfüllen. Viele davon haben wir bereits hier im Buch ausprobiert. Fotografiere nun jeweils ein Foto mit dem Gestaltungsaspekt Licht, Linien, Rahmen, Farbe und Reflexion.

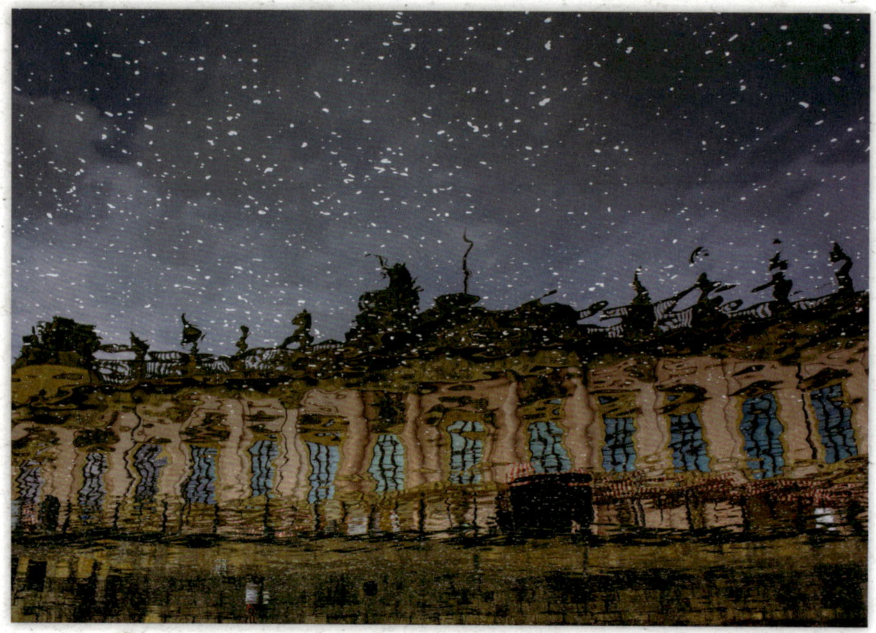

Unendlich viele Motive warten, wenn du dich aus dem Portfolio der Bildgestaltung bedienst. Suche zum Beispiel immer wieder nach Reflexionen, wie in diesem Bild. Das Deutsche Historische Museum wird sicher selten als Reflexion fotografiert. ISO 160 | 35 mm | f/9,0 | 1/125 s

Auf einen Spaziergang

Mach dich auf den Weg und gehe mit deiner Kamera spazieren. Doch halt: Wir nehmen uns immer mal wieder einen Moment, an dem wir unseren Spaziergang unterbrechen. Was ist deine Lieblingszahl? Alle zehn Schritte? Alle 50 Schritte? Gibt es neuralgische Punkte? An jedem Gullideckel? An jeder Straßenlaterne? Mit jeder Unterbrechung orientierst du dich neu und suchst nach einem Motiv. Dieses fotografische Spiel lässt dich neue Motive entdecken und bringt dich in kreativen Zugzwang – raus aus der Komfortzone!

Alle Wege führen zum Ziel

Bevor wir starten, deponieren wir unsere Kamera an einem sicheren Ort. Im Schließfach am Bahnhof? Im Auto? Egal, Hauptsache, wir haben sie nicht in unseren Händen. Dann starten wir und suchen nach Motiven. Diese fotografieren wir erst einmal nur mit den Augen. Nachdem wir ein Dutzend fotogene Perspektiven entdeckt haben, drehen wir um und betrachten erneut jede einzelne Perspektive. Fällt dir nun noch ein neuer Aspekt auf? Würdest du beim zweiten Blick das Foto bereits anders machen? Wenn wir wieder an unserem Ausgangspunkt angelangt sind, holen wir unsere Kamera und machen uns zum dritten Mal auf die Motivsuche auf dem uns nun schon sehr vertrauten Weg. Jetzt darfst du die Fotos mit deiner Kamera machen. Wie verändern sich die Motive? Was entdeckst du neu? Was verwirfst du wieder? Eine spannende Neuentdeckungsreise beginnt!

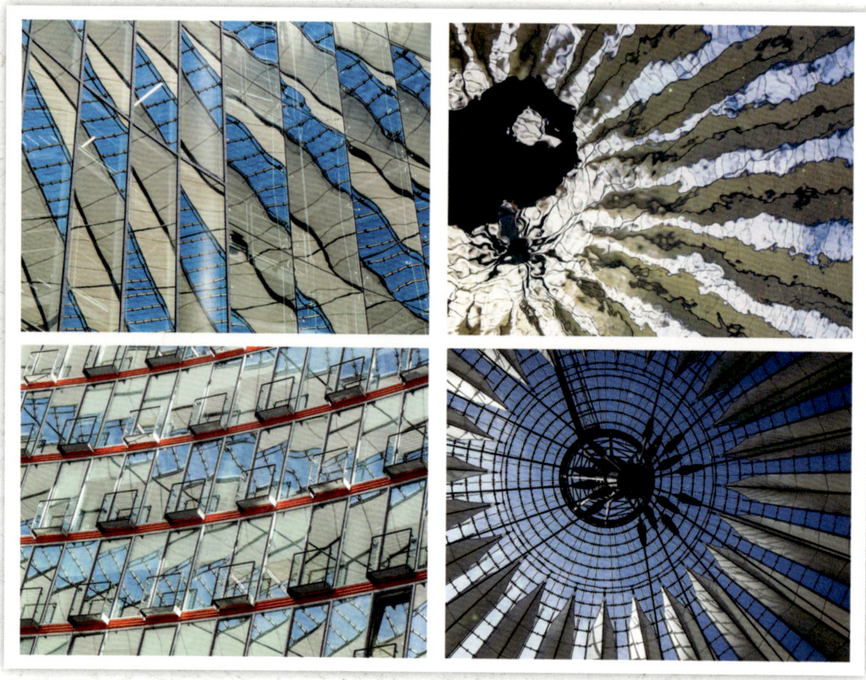

Je öfter und intensiver du ein Motiv betrachtest, desto mehr verändert es sich. Das Dach des Sony Centers habe ich schon sehr oft betrachtet – und sehe es doch immer wieder neu. Lerne, Dinge und Orte immer wieder anders zu entdecken.

Ein Wort zum Schluss

Zum Abschluss nimm dir einen Moment Zeit und schau dir an, was du im Laufe der Projekte gelernt hast. Du hast viele Grundlagen der Bildgestaltung in deine Fotos eingebaut, hast neue, kreative Bildideen erdacht und bist vielleicht auch mal an deine fotografischen Grenzen gelangt. Aber jetzt siehst du viele Motive eventuell mit anderen Augen.

Vielleicht ist dir deine Kamera ein ganzes Stück vertrauter geworden. Eines möchte ich dir raten: Hör nicht auf mit dem Lernen! Jetzt macht es nämlich besonders viel Spaß. Du hast gelernt, mit so vielen Kompositionsgrundlagen zu jonglieren. Linien, Rahmen, Licht und vieles mehr beeinflussen nun auf ganz andere Weise dein Foto. Ich wünsche dir viel Freude bei allen kommenden Fotoabenteuern. Vielleicht hast du ja Lust, mir zu schreiben, welche Aufgaben dir besonders gut gefallen haben. Sind dir sogar neue Ideen für Aufgaben gekommen? Das nächste Mal, wenn du mit deiner Kamera losziehst, hast du einen ganz „Werkzeuggürtel“ voller Techniken

Vielen Dank, dass du mit mir die Fotoprojekte ausprobiert hast.

Alles Gute
Lars

REGISTER

Bibliografische Information der Deutschen Nationalbibliothek
Die Deutsche Nationalbibliothek verzeichnet diese Publikation in der Deutschen Nationalbibliografie; detaillierte bibliografische Daten sind im Internet über http://dnb.ddb.de abrufbar.

ISBN 978-3-86910-366-2 (Print)
ISBN 978-3-86910-386-0 (PDF)
ISBN 978-3-86910-387-7 (EPUB)

Der Autor: Lars Poeck hat sich das Fotografieren selbst beigebracht. Wahrscheinlich hat er deshalb so viele Fans unter den Hobbyfotografen: Über 60 000 Fotografiebegeisterte verfolgen monatlich seinen Blog ig-fotografie.de. Seine hervorragenden Tipps und Fotoaufgaben inspirieren dabei nicht nur Einsteiger. Mit „Fotografieren in Berlin" hat er bereits den perfekten Ratgeber für alle geschrieben, die die spannendste Stadt Deutschlands fotografisch erkunden möchten. Mit seinem neuen Werk sorgt er dafür, dass auch außerhalb der Hauptstadt Fotografieren das bleibt, was es ist: das schönste Hobby der Welt.

4. Auflage

Die Ratgebermarke der Schlütersche Fachmedien GmbH
Hans-Böckler-Allee 7, 30173 Hannover
www.schluetersche.de
www.humboldt.de

Lektorat: Dateiwerk GmbH, Nathalie Röseler, Pliening
Covergestaltung: semper smile Werbeagentur GmbH, München
Coverfoto: Lars Poeck, shutterstock/Flas100; vectorEps; Ursa Major; khuntong; Kev Llewellyn
Satz: PER MEDIEN & MARKETING GmbH, Braunschweig
Druck: gutenberg beuys feindruckerei GmbH, Langenhagen